개 정 판

# 우리 활 이야기

개정판 **우리활이야기**

1판 1쇄 발행 | 1996년 7월 10일
2판 1쇄 인쇄 | 2013년 4월 15일
2판 1쇄 발행 | 2013년 4월 20일

지은이 | 정진명
펴낸이 | 양기원
펴낸곳 | 학민사

등록번호 | 제10-142호
등록일자 | 1978년 3월 22일

주소 | 서울시 마포구 독막로 10길 성지빌딩 715호(121-897)
전화 | 02-3143-3326~7
팩스 | 02-3143-3328

홈페이지 | http://www.hakminsa.co.kr
이메일 | hakminsa@hakminsa.co.kr

ISBN 978-89-7193-211-7 (03690), Printed in Korea

이 도서의 국립중앙도서관 출판시도서목록(CIP)은 e-CIP홈페이지(http://www.no.go.kr/ecip)와
국가자료공동목록시스템(http://nl.go.kr/kolisnet)에서 이용하실 수 있습니다.
(CIP제어번호 : CIP2013001937)

개 정 판

# 우리 활 이야기

정 진 명 지음

학민사
Hakmin Publishers

## | 개정판을 내며 |

　　　　　1996년에 초판을 냈는데, 17년만에 개정판을 내기에 이르렀다. 우리나라의 국궁 인구는 1만 명이 채 안 되는 현실이기에 활쏘기 책은 상업성이 없다고 판단했는데, 다행히 이 책은 재판까지 다 팔렸다. 활터보다는 우리의 전통문화를 사랑하고 이해하려는 대중들께서 구했으리라고 짐작한다. 이 참에 감사의 인사를 드린다.

　　　　원래 이 책은 우리 활을 모르는 사람들에게 전통 활쏘기를 소개하려는 교양서로 썼다. 앞으로도 이런 목적은 유효하다고 판단하여 책 전체의 체제는 그대로 두고 틀리거나 어색한 부분만 조금 손질하는 선에서 개정을 했다.

　　　　가장 많이 고친 부분은 사법이다. 처음 이 책을 낼 때는 집궁 2년차의 애송이였다. 사법에 대한 이해가 매우 부족한 상황에서 쓴 사법론은 얼굴이 늘 화끈거리는 부분이었다. 그 부분을 고칠 기회가 와서 다행이라고 생각한다.

　　　　생각하면 여러 가지로 감회가 새롭다. 처음 활쏘기 책을 내려고 했을 때는 자료가 없어서 애를 먹었다. 그렇지만 불과 10여년 사이에 좋은 책들이 꽤 많이 나왔다. 뜻한 바는 아니지만, 『조선의 궁술』이후 57년만에 처음으로 나온 활쏘기 책이라는 영예와 더불어, 활 책 출판의 물꼬를 트는 첫걸음을 찍게 되었다.

　특히 그 사이에 국궁계에 큰 변화가 생겼다. 인터넷이 그것이다. 1997년 이건호 접장이 처음으로 활쏘기 사이트를 개설한 이후 지금은 국궁계에서 인터넷이 가장 중요한 정보전달 매체로 자리 잡았다.

　그러나 이렇게 책과 인터넷 정보가 많아지면서 또 다른 고민이 생겼다. 불필요한 정보나 그릇된 정보는 오히려 올바른 길을 가는데 방해가 되기도 한다. 시간도 부족한 현대인들이 도대체 어떤 것을 보아야할지 몰라 갈팡질팡하게 된다. 그럴수록 좋은 안내서는 꼭 필요하다. 이 책을 개정하여 내기로 결심한 데는 이런 고민도 있다.

　초판을 낼 때는 김학민 사장님이 많은 조언과 배려를 해주었는데, 개정판을 내는 지금은 양기원 사장님에게 신세를 지게 되었다. 이 책이 나오도록 애써주신 두 분께 특별히 감사드린다.

2013년
청주 용박골 사말 정진명 삼가 씀

차례 우 리 활 이 야 기

우 리 활 이 야 기

# 제 01 부

# 활쏘기의
# 역사

# 궁술과 궁도

      활! 활이 있습니다. 감탄사로 시작할 수밖에 없는, 인류가 남긴 훌륭한 유산.

    먼저 이 책에서 용어를 '궁도'(弓道)라고 하지 않고, '궁술'(弓術)이라고 한 이유부터 설명해야 할 것 같습니다. 지금 활터에서 흔히 쓰는 용어는 '궁도'입니다. 그런데 이 말은 일본 냄새를 물씬 풍깁니다. 일본에 대해서 필요 이상의 적의를 보이는 것은 바람직하지 않습니다. 하지만 말이란 그것이 지닌 독특한 분위기와 역사가 있는 것이니만큼, 켕기는 구석을 그냥 지나칠 수도 없는 일입니다.

    중국에서 우리나라를 거쳐 일본으로 들어간 모든 문화에는 이상하게도 도(道)라는 이름이 달라붙습니다. 서도(書道), 다도(茶道), 검도(劍道)같은 말들이 다 그런 것들입니다. 그러니까 우리가 서예(書藝), 다례(茶禮), 검술(劍術) 등 생활의 필요에 따라 이름붙인 것들을 일본인들은 정신, 즉 도의 차원에서 받아들인 것입니다. 이것은 정신을 생활에 우선하는 것으로 여기는 그들의 습성에서 나온 결과입니다.

    활도 마찬가지입니다. 활을 쏘는 태도와 방법에서 그들은 정신을, 즉 도를 보고자 합니다. 그래서 궁도(弓道)입니다. 이것은 생동하는 현실이 아니라, 현실을 지배하는 어떤 정신에 더 관심이 있다는 것을 뜻합니다. 이런 관념성 편향은 현실을 있는 그대로 보지 못하게 하고, 더 나아가 왜곡하는 풍조를 낳기 쉽습니다. 기술(記述)의 형이상성은 아무리 좋게 얘기해도 일종의 합리화이며, 합리화란 사실 왜곡에 대한 자기변명에 지나지 않습니다.

이러한 경향은 자칫하면 정신우선주의로 나아가 사실을 왜곡시키고 그것을 합리화하는 태도를 취하게 합니다. 그래서 전통의 옹호가 국수주의와 쉽게 결탁해버리고, 그것은 종족우월주의로 이어져 근대 일본의 군국주의로 나아간 경험에서, 우리는 그 발상의 가증스러움과 위험성을 봅니다.

우리에게 활은 도(道)가 아니라 분명히 술(術)이었습니다. 이러저러한 점을 경계해서 우리 조상들은 술을 지배하는 도의 차원이 아니라 술에서 도가 저절로 흘러나오는 삶과 행동의 차원에 머무르게 한 것입니다. 그래서 '궁술'이란 말을 썼고, 궁술을 정리한 책을 『조선의 궁술』이라고 했습니다.

1947년에 이윤재가 지은 『표준 조선말 사전』에는 '궁도'라는 말이 나오지 않습니다. '궁술'이란 말만 나올 따름입니다. 그러니까 그 당시까지만 해도 궁도라는 일본식 말은 아예 쓰이지 않았거나 설령 쓰였더라도 사전에 오를 만큼 흔히 쓰이는 그런 말은 아니었다는 겁니다. 실제로 해방 전의 신문기사를 보면 활쏘기 대회를 가리키는 말로 모두 '궁술'대회라고 나타납니다. 따라서 궁도란 말이 보편화된 것은 해방 이후의 일임을 알 수 있습니다. 대체로 1970년대 들면서 '궁도'라는 말이 광범위하게 쓰입니다.

그렇다고 해서 활 쏘는 방법이나 활을 대하는 마음가짐이 그들과 완전히 다르다는 것을 의미하진 않습니다. 실제로 활을 쏘아보면 그 원리는 다를 것 없습니다. 다만 운동을 대하는 태도와 정신이 다르다는 것입니다. 아무리 투박하게 생각해도 '술'이 '도'와 떨어질 수는 없습니다. 정신이 없이 기술이 향상을 보일 리 없고, 기술 없이 정신이 배양될리 없습니다. 기술과 정신은 동전의 앞뒷면이지만, 어느 점을 강조하느냐에 따라 그 켯속은 다르다는 것입니다.

술(術)이란 고도로 완숙한 몸동작을 말합니다. 몸의 움직임만을 말한 것이 아니라 몸과 정신이 한 덩어리로 움직이는 것을 말합니다. 그러니까 '술'이라는 이름을 붙인다는 것은 몸을 다스리면 정신이 저절로든다는 인식, 따라서 정신과 몸이 일치한다는 생각이겠습니다.

일본이 정신의 우월성을 강조했다면 우리는 육체와 정신이 한 덩어리로 어울리는 조화와 균형의 상태를 중시한 것입니다. 따라서 칼부리기도 검도(劍道)가 아니라 검술(劍術), 아니면 검법(劍法)입니다. 무도(武道)가 아니라 무예(武藝) 혹은, 무술(武術)입니다. 우리가 칼과 정신이 하나로 어우러지는, 다시 말해 정신과 물질이 삶이라는 총체성 안에녹아드는 세계를 강조했다면, 저들은 칼의 쓰임에서 정신의 길, 즉 정신이 지배하는 세계를 본 것입니다. 우리의 경우 술(術)을 고도로 정련하면 그 안에 도(道)가 저절로 깃든다고 생각했고, 그 어느 것에 우선권을주지 아니하였습니다. 관념성이 강한 일본인들에 비해 현실성이 강한것이고 또 관념과 현실 그 어느 쪽으로도 치우치지 않는 중용을 취한 것이라고 하겠습니다. 현실의 변화를 수렴하고 그에 유연하게 적응한다는것입니다. 이것도 '도'와 '술'의 차이입니다.*

---

\* 일본에서 스포츠에 '도'를 붙이는 관행은 극히 최근의 일이다. 1930년대부터 서서히 나타나서 그 후에 모든 문화에 걸쳐 '도'를 붙이는 작업이 진행 중이다. 유명한 검객 미야모도 무사시(宮本武藏)의 『오륜서』에도 '궁술'이라고 나와 있는것으로 보아 각종 '도'가 근대의 산물임을 보여준다.

지금 우리들은 이것을 전혀 구분하지 않고 씁니다. 오히려 '술'을 버리고 '도'로 나아가는 경향마저 보이고 있습니다. 이 변화는 책에 나타납니다. 왜정 때(1929년) 나온 책은 『朝鮮의 弓術』이었는데, 이것을 토대로 대한궁도협회에서 새로 만든 책(1986)은 『韓國의 弓道』입니다. '궁술'이 '궁도'로 바뀌었습니다. 나아가 어떤 경우에는 마치 '술'이 '도'의 하위개념인 양 설명하기도 합니다. 좀 더 신중히 생각해야 할 문제입니다. '술'과 '도'는 상위나 하위가 아니라 성향의 차이입니다.

궁도나 궁술과는 다르게 우리 활을 가리키는 말 가운데 '국궁(國弓)'이라는 말이 있습니다. 이것은 양궁(洋弓) 때문에 생긴 말입니다. 여기서 말하는 양(洋)은 물론 서양을 말합니다. 양악(洋樂), 즉 서양음악 때문에 국악(國樂)이라는 말이 생긴 것처럼 국궁도 마찬가지입니다.

중세의 질서가 지배하던 옛날에는 황제가 거처하던 중앙을 의식해서 각 지역의 풍속을 지칭할 때 '향(鄕)'이란 말을 썼습니다. 그래서 당나라의 음악(唐樂)이 아닌 우리 음악은 향악(鄕樂)이라고 불렀습니다. 중세의 지배질서가 무너진 지금은 '향' 대신 '국'자가 즐겨 붙습니다. 그래서 '국악(國樂)'이란 말이 나온 것입니다. 활도 그래서 국궁이란 말이 나온 것이니, 이 말은 우리말의 조어법상 그 생긴 기원과 족보가 분명한 말입니다. 일제 수입품인 궁도란 말보다는 이것이 더 근거 있는 말이라고 하겠습니다. 그래서 저는 궁도란 말보다는 국궁이란 말을 쓸 것을 권하고 싶습니다. 국궁, 국궁장, 국궁개론, 국궁반, 국궁대회 같은 말이 연상됩니다.

또 한 가지 심각하게 생각해보아야 할 것은 각종 대회에서 쓰는 용어입니다. 요즘은 거의 예외 없이 무슨무슨 '궁도대회'라고 합니다. 대회장에 가보면 플래카드에 그렇게 써 놓습니다. 이건 좀 신중하게 생각해보아야 할 문제가 아닐 수 없습니다. 우선 이런 의문이 듭니다. 대회는 여러 사람들이 모여서 서로의 실력을 겨루는 것인데, 활이 도라면 과연 도(道)를 견줄 수가 있는가 하는 것입니다. 활량들이 모여서 활 쏘는 재주인 궁술을 겨룬다면 말이 되지만, 술이 아닌 도, 즉 궁도를 겨룬다는 것은 말이 안 됩니다. 어떻게 도를 겨룰 수 있단 말입니까? 도는 정신의 영역입니다. 정신의 영역은 겨룰 수가 없습니다. 게다가 도는 말로 나타낼 수 없는 심오한 현상입니다. 이런 점으로 본다면 궁도대회 운운은 어불성설이 아닐 수 없습니다.

옛날에는 어떻게 썼는가 알아보았더니, 대개 '활쏘기 대회'라고 했습니다. 예를 들면 '第1回 全國 男·女 활쏘기 大會' 같은 것이 있습니다. 이것이 정확한 말입니다. 활쏘기를 겨루는 것입니다. 그러니 활쏘기일 밖에요. 옛날 전국대회를 찍은 사진에는 그렇게 나와 있습니다. 그런데 그 후에 활쏘기라는 순우리말을 버리고 궁도대회라는 말을 썼습니다. 활을 도의 차원으로 끌어올리려는 그 의도는 갸륵합니다만, 언어가 담을 수 있는 그 내용을 보면 분명 틀린 용법입니다. 활쏘기 대회로 바꾸기를 간절히 기대해봅니다. 안 썼으면 모르되 이미 썼던 우리말을 되살려내는 것은 부끄러운 일도 아니고, 오히려 발 벗고 나서야 할 일입니다.

1부에서는 활 쏘는 기술을 중심으로 하되 활터에서 필요한 여러 가지 상식과 활에 얽힌 이야기를 두루 다루겠습니다.

# 활쏘기의 역사

　　인류가 언제부터 활을 사용했는지는 아무도 모릅니다. 다만 문화인류학이나 고고학 분야의 연구 업적을 통해서 추정할 따름입니다. 그러나 그 연구 업적이라는 것이 워낙 미미해서 활을 처음으로 사용한 주인공들이 누구인가를 밝히는 데는 분명한 한계가 있습니다. 활은 단순해서 그 유물을 남기기가 쉽지 않은 까닭입니다. 유적이 없다면 모든 학문은 사상누각이며 탁상공론에 지나지 않습니다.

　　그러나 사람에게는 눈에 보이는 유적 이외에도 눈에 보이지는 않지만 눈에 보이는 것보다 더 확실하고 믿을 만한 자료가 있습니다. 사람들의 생각이 그것입니다. 이치에 맞는 생각보다 더 확실한 자료도 기실 없는 것입니다. 활에 관한 것도 마찬가지입니다. 사람들이 활을 만들어낸 이유와 원인을 생각한다면 그 시기까지도 어느 정도는 알아낼 수 있습니다.

　　사람들이 활을 만든 까닭은 공간의 장애를 극복하기 위한 것입니다. 이것은 그럴만한 이유가 있기 때문입니다. 공간을 극복하려는 이유는 먹고 사는 문제와 직접 관련이 있습니다. 즉 사냥을 위한 것입니다. 인류 문명의 진화가 채집에서 어로, 수렵으로, 나아가 농경의 방향으로

왔다면 활이 필요한 까닭도 자연히 밝힐 수 있습니다. 열매를 따거나 풀을 뜯어먹고 살 때에는 특별한 도구가 필요 없었겠습니다만, 어로나 수렵의 단계에 들어서면 보다 많은 식량의 비축을 위해서는 도구를 개발할 수밖에 없습니다. 활은 사냥과 관계있습니다.

수렵의 처음 단계에서 사용한 도구는 덫일 것입니다. 이것은 웅덩이를 파서 함정을 만들거나 줄로 올무를 매어서 짐승이 다니는 길목에 놓는 것입니다. 짐승이 제 발로 찾아와서 걸리기 전에는 별다른 수가 없습니다. 그러니까 앉아서 기다리는 것입니다. 따라서 이것은 요행수에 의존하는 것이고, 그런 만큼 성과가 좋을 리 없습니다. 더욱이 사람이 꾀를 부리면 짐승 또한 마찬가지입니다. 더 나은 결과를 기대하려면 그 반대가 되어야 합니다. 즉 기다리는 것이 아니라 쫓아가는 것입니다.

그런데 그렇게 하는 데는 문제가 있습니다. 즉 기동력 면에서 인간은 짐승을 도저히 따라갈 수가 없다는 큰 약점이 있는 것입니다. 이 문제를 해결하지 않으면 인간은 발전할 수 없습니다. 앞서 달아나는 짐승과 뒤쫓아 가는 인간 사이의 간격을 어떤 식으로든 해결해야 합니다. 그래서 공간을 최대한 단축시킬 수 있는 도구를 개발합니다. 그래서 처음 생각해낸 것이 던지기입니다.

칼은 던질 수가 없습니다. 그래서 창을 던져봅니다. 손으로 잡고 쓸 때보다 훨씬 넓은 범위가 사정권 안에 들어옵니다. 그래서 그 다음 단계로 던지는 창, 즉 투창을 만드는 것입니다. 아프리카나 아메리카 원주민들이 들고 다니는 가늘고 기다란 창에서 그 모습을 선명히 볼 수 있습니다. 그러면 공간의 장애를 훨씬 더 많이 허물 수 있습니다. 따라서 포획량이 늘어나고 그에 따라 인구도 늘어납니다. 그에 비례해서 자연히 짐승의 수는 줄어듭니다. 따라서 새로운 도구의 필요성이 자꾸 생깁니다. 여기서 도구의 발전에 큰 비약이 일어납니다.

투창만 해도 인간의 힘으로 던지는 것입니다. 그러나 그 다음 단계에 오면 인간의 힘이 아닌 도구의 힘을 이용하는 슬기를 발휘합니다. 마침내 이렇게 해서 인류의 훌륭한 문화유산 활이 탄생합니다. 그리고는 바로 백여 년 전까지도 대단한 위력을 발휘하면서 인류 역사의 향방을 가늠하는 중요한 무기가 됩니다.

그렇다고 해서 투창의 다음 단계에서 곧바로 오늘날의 활과 화살이 나왔다고 생각하는 것은 조급한 판단입니다. 아마도 투창에서 활로 발전해간 기간은 인류가 진화하는 데 소요된 시간과 거의 같았을 것으로 짐작됩니다. 투창을 쓰던 인간들은 나무가 척 휘어졌다가 펴지면서 튕겨내는 놀라운 힘을 발견했을 것이고, 그 힘을 이용할 수는 없을까 생각했을 것입니다. 이 생각에서 나무를 휘어서 줄을 매고 거기에다 투창을 걸어서 당기는 단계까지 나아가는데 소요되었을 지루한 시간을 우리는 감히 상상하기 어렵습니다. 더욱이 고도로 숙련된 기술이 아니고는 손으로 던질 때에 비해 명중률이 결코 더 나은 것이 아니라는 사실을 알면, 과연 그것이 투창보다 더 나을까 하는 것부터가 의문이 아닐 수 없었을 것입니다. 활은 이러한 모든 의혹과 불안을 이기고 등장한 도구입니다. 이것은 위대한 인간 승리의 그것이었습니다. 그러니까 그것은 고정관념의 벽을 넘어서는 득도의 경지입니다.

그리고 곧 이어 창을 될수록 멀리 날리려면 절대로 무거워서는 안된다는 사실을 알게 되었을 것입니다. 따라서 살대를 가늘게 해야 하고 촉 또한 그러해야 합니다. 그래서 창이 점점 가늘어지고 작아집니다. 불필요한 무게와 길이를 버리고 날아가는 데 더도 말고 덜도 말고 꼭 필요한 규격으로 남습니다. 이것이 지금 쓰는 화살입니다. 그리고 화살이 날아가면서 균형을 잡으려면 뒷부분보다 앞부분이 무거워야 한다는 사실을 수십 차례 수백 차례 시행착오를 겪으면서 정말로 느려터지도록 깨달았을 것입니다.

화살의 꽁무니에 깃을 단다는 것은 활의 역사에서 하나의 혁명일 것입니다. 그리고 짐작하겠지만, 이것은 활의 발달과정 중 가장 늦은 단계에서 나온 발상일 것입니다. 허공을 가르는 물체가 바람의 저항을 받는다는 사실을 깨닫고 그 방향을 조절하는데 깃이 큰 효과를 낸다는 사실을 아는 데 걸리는 시간은 화살의 진화과정에서 소요되는 다른 지식보다 상상할 수 없이 긴 세월이 걸렸을 것입니다. 이것은 인류가 오늘날 로켓이나 미사일을 개발하는 일보다 더 어려우면 어려웠지 결코 쉽지는 않았을 그런 일이었을 것입니다.

더욱이 깃의 상태에 따라서 화살이 돌면서 날아간다는 사실을 알고 방향조절을 하게 되기까지 겪어야 할 시행착오는 상상 이상으로 어려운 일이었을 것입니다. 화살에 깃을 닮으로써 활은 그 전과 전혀 새로운 세계를 인간에게 열어줍니다. 아무리 멀어도 목표물을 정확히 맞힐 수 있다는 사실 앞에 인간은 경악을 했을 것입니다. 따라서 이 깃은 인간의 지능이 가장 발달한 단계에서 나왔을 것이고, 어려운 그 만큼 오랜 세월이 걸렸을 것입니다.

활 또한 마찬가지입니다. 처음엔 아무 나무나 휘어서 끈으로 매었겠지만, 시간이 흐르면서 더 잘 휘고 더 센 나무를 골랐을 것입니다. 그리고 가장 알맞은 길이를 오랜 경험으로 터득했을 것입니다. 지루하지만 참으로 의미 있는 시간이 활과 함께 숨 쉬며 인류를 문명의 새벽으로 인도한 것입니다.

활은 원시인의 생존에 필요불가결이었던 만큼 거의 본능에 가까운 것으로 보아도 틀리지 않을 것입니다. 그렇다면 활의 사용은 사람이 도구를 사용하기 시작한 그 순간부터라고 해도 과언이 아닐 것입니다. 사람이 도구를 만들어서 사용하기 시작한 시기를 인류학자들은 네안데르탈인부터라고 점칩니다. 네안데르탈인이란 독일의 네안데르탈에서 발견된 사람 뼈에 붙인 이름으로, 우리가 구석기라고 부른 시기의 주인공들입니다. 그들은 돌을 깨서 자기들의 의도대로 만들어 썼습니다. 그래서 돌창을 만들고 돌칼을 만들어서 사냥에 나섭니다. 아마 활도 이들이 만들었을 것입니다. 이들이 깬석기, 즉 타제석기를 만들었다면 돌을 깨서 창으로 썼을 것이고, 창을 썼다면 투창과 활의 단계로 나아가는 것은 벗어날 수 없는 인류문명의 진행방향이기 때문입니다. 이때가 지금으로부터 3~10만 년 전쯤 됩니다. 이들이 그린 사냥 그림이 암벽이나 동굴에 남아있습니다. 거기에 활을 쏘는 그림도 나옵니다.

그리고 빙하기가 몇 차례 잦아들면서 세대교체가 이루어집니다. 추위에 적응하지 못한 부족은 죽고 그 시련을 극복한 인종이 주인이 됩니다. 자연의 재해를 극복했다는 것은 그 이전과는 다른 슬기를 부렸다는 것입니다. 이들 다음에 오는 사람들을 크로마뇽인이라고 부릅니다. 크로마뇽인들은 이들보다 더 정교한 도구를 개발합니다. 이른바 신석기가 그것입니다. 이때에 이르면 돌을 갈아서 오늘날과 별로 다를 것이 없는 정교한 무기를 만듭니다. 칼도 그렇고 창, 화살촉도 그렇습니다. 우리나라 곳곳에서 발견되는 신석기 유적들이 이것을 잘 보여줍니다. 이들이 오늘날 인류의 직계조상입니다. 지금으로부터 3만 년 전의 일입니다.

이들은 돌을 다루는데 기막힌 재주를 가지고 있는 사람들이었습니다. 그러니까 돌을 중요시하게 되고 돌을 남다르게 여겼을 것임은 어렵지 않게 짐작할 수 있습니다. 그래서 무덤도 돌로 합니다. 그것이 고인돌입니다.

이 땅에 터를 잡고 산 사람들은 죽음을 땅 밑이나 하늘 위에 있는 어떤 곳으로 간다고 생각하지 않았습니다. 다만 이 땅의 끝 어디엔가 아득히 먼 곳에 간다고 생각했습니다. 그곳이 바로 저승입니다. 그런데 재미있는 것은 그곳에 가는 데는 비용이 든다고 생각한 것입니다. 그런 생각이 무덤에 주인공이 쓰던 물건을 넣어주는 풍습을 낳습니다. 저승으로 편히 가려면 노자도 많이 가져가야 한다고 생각한 결과, 지위가 높은 사람들의 무덤에는 별의별 물건을 다 넣었습니다. 그가 생시에 쓰던 칼이며 붓, 그릇, 말장구, 그리고는 심하면 사람까지도 산 채로 매장했습니다. 그것이 악명 높은 순장(殉葬)입니다. 이것은 역사시대 이후에도 한 동안 계속됩니다.

　무덤에 그가 살아생전에 쓰던 물건들을 넣어주는 관습은 끈질기게 남아서 요즘도 사람이 죽으면 염을 할 때 입에 쌀알을 넣고, 동전을 넣어줍니다. 그러니까 돌을 가장 소중히 여기던 사람들이 죽은 자에게 할 수 있는 가장 훌륭한 선물이란 그들이 실컷 쓰고도 남을 만큼의 돌을 주는 것이었음은 말할 필요도 없는 것입니다. 그러니까 고인돌은 죽은 자가 저승으로 갈 때 쓰라고 산 사람들이 마지막으로 준 선물일 것입니다. 지위가 높으면 고인돌도 그 만큼 큰 것도 그들의 씀씀이가 여느 사람에 비해 크다는 그런 이유입니다.

　활은 원래 사냥하고자 하는 의도에서 만들어진 것입니다. 그리고 활은 그 당시까지 인류가 만들어낸 최고의 무기였습니다. 그 만큼 기능이 좋았고 그에 비례해서 노획량도 늘어났을 것입니다. 그러나 여기서 문제가 또 생깁니다. 많아지는 노획량을 바탕으로 인류가 급격히 늘어나면 그와 비례해서 짐승의 수는 줄어들기 마련입니다. 그러니까 무기가 좋아도 잡을 수 있는 짐승의 수는 제한되어 있으니 식량 문제는 다시 원점으로 돌아온 셈입니다. 여기서 다른 방법을 생각합니다. 그리고 오랜 실험으로 불안을 이기고 '목축'이라는 새로운 단계로 나아갑니다. 이제는 잡는 것이 아니라 기르는 것입니다. 여기서 무한한 식량생산이 가

능해지고 인류는 비로소 안정된 식량공급으로 엄청난 숫자로 불어나면서 지구의 주인이 됩니다.

그리고 만 년 전쯤에 이르면 인류는 새로운 단계로 접어듭니다. 초원지대에서 목축이 성행할 무렵, 비옥한 평야지대에서는 농사라는 새로운 실험이 시작된 것입니다. 즉 신석기 말기에 발생한 인류의 첫 번째 위대한 혁명, 농경이 시작되면서 이를 바탕으로 바야흐로 세계 곳곳에서는 국가를 형성하는 단계로 접어드는 것입니다. 이 과정에서 부족 상호간에 무자비한 침략과 약탈이 시작되고, 그 단계에서 평화로이 사용되던 모든 도구는 살상과 방어를 위한 무기로 그 기능을 바꿉니다. 그때 다른 도구들이 감히 따를 수 없는, 가공한 위력을 발휘하는 무기는 두말할 것도 없이 활입니다. 인류의 발전을 선도하던 활이 또한 인류를 파멸의 구렁텅이로 이끄는 순간입니다.

동양에서는 수렵과 채집의 단계를 마감하고 농경사회로 접어드는 단계가 만 년 전, 신석기 말기가 됩니다. 그리고 청동기 시대로 접어들면서 여기저기 흩어져있던 부족들은 기지개를 켜면서 나라를 세웁니다. 그 과정에서 우리는 풍부한 신화를 만납니다. 단군신화가 그렇고 고구려의 동명성왕 신화가 그렇습니다. 특히 단군신화는 신석기와 청동기문화를 바탕으로 이루어진 이야기입니다. 그 연대는 기원전 2333년으로 알려졌습니다. 이 때쯤이면 동북아에서는 청동기를 바탕으로 고대국가가 형성되기 시작한 것입니다. 그리고 이 시기를 전후해서 중국에도 나라가 서기 시작합니다. 그 과정을 아주 잘 보여주는 것이 사마천의 『사기』입니다.

고대부족의 세력재편과정에서 활이 맡은 역할의 중요성은 두말할 필요가 없겠습니다. 그래서 고대국가 초기 단계에서는 활이 하늘의 뜻을 지상에 전하는 도구로 묘사되곤 합니다. 그리고 활을 잘 쏘는 사람은 당연히 나라를 여는 창시자로 등장합니다. 고구려를 세운 주몽 신화가 그런 경우입니다. 이는 중국도 마찬가지여서 신화 곳곳에서 활 이야기가 등장합니다. 아홉 개나 되는 해를 활로 쏘아서 떨어뜨린 예의 경우도 그렇죠.

그런데 그런 중에서도 가장 훌륭한 활로 알려진 것은 우리 조상들이 쓰던 활입니다. 기록은 엉성하지만 중국 측의 기록에서 우리 활에 대해 늘 두려움을 갖고 있었던 점으로 미루어 알 수 있습니다. 예를 들면 중국인들이 동방의 우리를 동이(東夷)라고 한 것이 그것입니다. 夷란 大와 弓의 합성어입니다. 큰 활을 찬 사람을 뜻하는 회의(會義)글자입니다. 우리 측에서 기록을 남기지 않아서 정확한 것을 알 수 없습니다. 안타깝지만 남의 눈에 비친 기록이라도 살피지 않을 수 없습니다.

중국 측의 기록에 처음 나오는 활은 각궁(角弓)입니다. 『시경(詩經)』「소아(小雅)」에 나옵니다.

손에 익은 활이라도　騂騂角弓
늦추면 뒤집힌다.　翩其反矣
형제친척 사이는　兄弟昏姻
멀리 하지 말라.　無胥遠矣
……
눈이 펑펑 쏟아져도　雨雪浮浮
햇살이 나면 녹는다.　見晛曰流
오랑캐 같은 풍속　如蠻如髦
나는 그를 걱정한다.　我是用憂

여기에 각궁이 처음 등장합니다. 그런데 여기의 각궁이 이 시가 쓰일 당시 사람들이 쓰던 말인지, 아니면 후대에 기록한 사람들이 붙인 이름인지 분명하지 않습니다. 왜냐하면 우리가 경(經)으로 떠받드는 책들은 역경이라고 하는 주나라의 역을 빼놓고는 모두 진시황의 분서갱유 때 불타버렸기 때문입니다. 그래서 한나라의 선비들이 여기저기 남아있는 책 쪼가리들을 다시 주워 모아서 부족한 부분은 기억을 되살려 보충한 것이 현재 우리가 보고 있는 시(詩), 서(書)입니다. 여기에다 존경의 의미로 경 자를 붙여서 시경, 서경이라고 한 것은 이기철학의 체계가 완성되는 송나라 때입니다. 역은 그것이 점복서라는 이유로 불태워질 운명을 아슬아슬하게 벗어났습니다. 따라서 『시경』에 등장하는 각궁은 언제 이름인지 분명하지 않습니다. 그러나 이 책을 엮을 당시에는 분명히 각궁이란 말이 쓰였음을 알 수 있습니다.

주희는 각궁을 '뿔로 장식한 활'이라고 주를 달고 있습니다. 여기서는 '좋은 활'이란 뜻으로 쓰이고 있습니다. 활이 좋다는 것은 그 기능을 말하는 것이지 그 모양을 말하는 것이 아닙니다. 주희는 모양을 염두에 두고 말하고 있으니, 옳은 견해라고 보기 어렵습니다. 주희는 활을 쏘아보지도 않은 백면서생이기 때문에 사정을 몰랐던 것입니다.

시경은 중국의 백성들이 부르던 민요를 채집한 것입니다. 따라서 고대 중국의 백성들이 좋은 것으로 여긴 활을 뜻합니다. 여기서 고대 중국인들이 '좋은 활'로 여겼을 활이 무엇인가를 생각해보십시오. 당연히 동방의 활입니다. 기능이 우수한 활을 그들이 본땄으리라는 것은 요즘과 다르지 않다는 점에서 짐작하기 어렵지 않습니다. 동방의 활을 그들은 두려워했고, 동방을 활의 본고장으로 여겼습니다. 그래서 한자가 생길 당시부터 동쪽에 사는 사람들을 '夷'라고 불렀던 것입니다. 그러니 여기서 각궁이란 '夷들이 쓰는 활, 혹은 그들의 활을 본뜬 활'이라는 뜻이 될 것입니다. 앞에서도 밝혔지만 여기서 말하는 각궁의 '角'은 재료인 뿔을 가리키는 것이 아니라 고대 동방에 사는 사람들을 가리키는 말이었던 것입니다. 그러니까 각궁은 동방인들이 쓰는 활의 뜻이 됩니다. 아니면 동이족이 쓰는 활을 본떠서 만든 그들의 활이겠지요. 그러다가 나중에 활에 들어가는 뿔을 가리키는 말로 굳어지면서 각궁이 '뿔로 만든 활'이란 뜻으로 정착합니다.

　　중국인들은 동방에 사는 사람들을 두려워하면서도 한편으로는 부러워하는 이율배반에 시달립니다. 중국인들의 이런 심리는 고구려가 멸망할 때까지 계속됩니다. 공자가 주나라의 도가 다한 것을 보고 동방에 가서 살고 싶다고 한 것도 그런 심리의 표현입니다. 위의 민요에서도 그런 흔적을 볼 수 있습니다. 끝 부분에 오랑캐 같다고 욕하고 있습니다. 비유는 이미 아는 것을 바탕으로 새로운 것을 설명하는 방식이므로 그 사람의 생활에서 저절로 흘러나오는 것입니다. 따라서 비유가 앞뒤로 일치를 보여주고 있습니다. 즉 자신들의 행동을 오랑캐의 그것에 비유하고 있습니다. '蠻'이란 남쪽 오랑캐를 가리킵니다. 좋지 않은 점을 비유하고 있습니다. 반면에 각궁은 좋은 면으로 쓰인 비유입니다. 각궁을 아끼듯이 친척을 사랑하라는 것입니다. 그렇다면 그들이 부러워할 각궁의 주인이 누구겠습니까? 당연히 경쟁자인 동이뿐입니다.

　　이 활은 중국의 고대인들이 인식한 우리 조상들의 활입니다. 그런데 그 당시 우리나라는 중국의 난하(欒河) 동쪽에서부터 대동강에 걸친 거대한 나라를 형성하고 있었습니다. 단군조선이 그것입니다. 여기에 이어 위만(衛滿), 기자(箕子) 조선이 오기 때문에 단군조선을 다른 조선과 구별하려고 『삼국유사』를 편찬한 일연이 고조선(古朝鮮)이라고 이름 붙입니다. 그런데 이 고조선은 워낙 오래된 나라이고 그 자료가 남아있지 않아서 어떤 무기를 썼는지 알 수 없습니다. 그래서 천상 그 후대의 국가에서 쓴 무기를 통해서 짐작해보는 수밖에 없습니다.

　　고조선은 우리 역사에서 미궁으로 남은 나라입니다. 자료가 전혀 남아있지 않아서 나라의 모습이 어떠했는지, 그 규모는 어땠는지, 언제 생겼는지 전혀 알 수 없습니다. 다만, 중국 측의 자료에 간간이 남아있어서 그 편린을 언뜻언뜻 보여줍니다. 그러나 그나마 고조선의 모습을 제대로 알기에는 어림없는 분량입니다. 사마천의 『사기』에 조선전이 있지만, 그것도 조선의 전체 모습이 아니라, 조선이 한나라에게 망할 당시의 사정만 간략히 적혀있을 따름입니다. 그리고 그 이후의 사서에서는 아예 사라져버립니다. 그러다가 천년 가까이 지난 뒤 고려의 일연이 편찬한 『삼국유사』에 느닷없이 사실이 아닌 신화로 등장합니다.

고조선은 우리가 상상할 수 있는 것 이상으로 거대한 나라였던 것 같습니다. 당시 중국의 한나라보다 더 컸으면 컸지 결코 작지 않은 나라였습니다. 이것은 고조선을 계승한 고구려만을 보아도 알 수 있습니다. 그 거대한 제국 수나라, 당나라도 고구려에게 어이없이 패합니다. 그리고 고구려 역사 어느 구석을 읽어보아도 저들에게 비굴한 모습을 보인 적이 없습니다. 이 고구려보다 더 큰 것이 고조선입니다. 그래서 역사학자들에겐 고조선이라고 하는 나라가 아주 매력을 주는 나라입니다.

그러나 워낙 자료가 없어놔서 감히 손을 대지 못합니다. 이런 딱한 사정은 북한보다 남한이 더 심합니다. 북한은 그나마 고조선의 후기 수도인 평양이 있어서 유적이 발굴되고 있고, 그래서 아무래도 남한보다는 관심도 많고, 실적도 많습니다. 그래서 그런지 고조선에 관한 볼만한 업적도 북한에서 먼저 나왔습니다. 여기저기 흩어진 자료를 박박 긁어 모아서 고조선의 모습을 처음으로 체계 있게 재구성한 사람은 리지린입니다. 그는 60년대에 『고조선 연구』(열사람, 1989)라는 불후의 명작을 썼습니다. 주로 중국 측의 사서에 등장하는 기록을 검토해서 고조선의 규모와 성격을 밝히고 있습니다. 그러나 자료의 부족으로 손을 미처 대지 못한 부분도 많습니다.

이러한 작업은 북한 정권의 고조선에 관한 관심과도 일치합니다. 우리 겨레의 주체성을 유별나게 강조하는 주체사상의 성격상 고조선의 정체 규명은 반드시 해야 할 임무입니다. 60년대 일본의 임나일본부설과 관련한 광개토왕비의 해석에 북한 측이 대단히 민감한 반응을 보이고서 국가 차원에서 연구를 추진해서 일본 사학계를 코가 납작하도록 눌러버린 것도 이와 관련이 있습니다.

민족주체성의 강조는 1994년 현재, 단군릉(檀君陵) 복원 사업에서도 나타납니다. 북한은 김일성 주석이 죽기 전에 마지막 교시로 남긴 단군릉을 복원했습니다. 몇 년 전에 평양 근교에서 단군의 능으로 추정되는 무덤을 발굴했고, 그곳에 있는 두 구의 뼈를 감식한 결과 단군의 개천연대와 비슷하다는 것입니다. 그리고 그곳이 옛날부터 단군릉이었다고 전해오는 설화를 토대로 발굴한 결과, 학계에서 단군릉으로 판정한 것입니다. 그리고 성역화사업에 착수했고, 준공을 한 것입니다. 텔레비전 화면에 나오는 능의 모습을 보면 정말 어마어마합니다. 능에서 돌 깎는 작업을 하는 인부가 코끼리 잔등에 달라붙은 개미를 연상할 정도로 규모가 큽니다. 이집트의 피라미드에 못지않습니다.

그런데 문제가 없지 않습니다. 단군이 실재하는 인물이라는 증거야 그쪽의 학술결과이지만, 단군에 대한 해석상의 차이가 있을 수 있습니다. 예를 들어 단군릉이 있다는 사실은 충분히 있을 수 있는 일입니다. 그런데 그 경우는 단군이 한 사람일 경우입니다. 역사상의 단군이 딱 한 명뿐이겠느냐는 의문이 남습니다. 왜냐하면 2천년 동안이나 지속된 나라를 한 명의 군주가 다스렸다는 것은 아무래도 무리일 듯싶기 때문입니다. 그래서 이 의문을 해소하는 방법으로, 단군이란 칭호를 군주를 가리키는 보통명사로 해석하는 견해가 설득력을 얻습니다. 여러 명의 단군이 대대로 다스렸다고 보는 것이 자연스러운 발상입니다. 단군이 고유명사가 아니라 보통명사임은 고구려를 세운 주몽을 『삼국유사』의 「왕력」에서 '단군의 아들(壇君之子)'이라고 한 점에서도 그렇습니다. 이것은 주몽이 단군의 아들이라는 얘기가 아니라 그 이전에 있던 조선이라고 하는 나라의 권위를 고구려가 계승했다는 뜻입니다. 일종의 정통성 확보라고 할 수 있습니다. 그러니까 이런 용례에서 보면, 단군이란 한 사람을 가리키는 고유명사가 아니라, 왕을 가리키는 고대 언어였다고 보는 것입니다. 따라서 북한에서 발굴한 능이 정말 단군의 능이라면 그것은 많은 단군 가운데 한 명일 것입니다.

남한에서는 윤내현이라고 하는 학자가 70년대부터 고대사에 관한 문제를 제기해서 학계에 파문을 일으켰습니다. 고조선의 수도는 발해만 근처에 있었다는 것이고, 당시 정치상황의 변동에 따라서 세 번이나 수도를 옮겼다는 것입니다. 그리고 중국의 난하에서 임진강에 이르는 곳이 고조선의 강역이었다고 주장합니다. 교과서에서 정식으로 가르치던 남한 학계의 주장을 뒤엎는 결과입니다. 그러면서도 그냥 덮어두고 말기에는 너무 아픈 곳을 찌른, 상당히 설득력 있는 주장이라는 점에서 기존의 역사학계가 바짝 긴장했습니다. 그 과정이 『한국고대사신론』(일지사, 1986)이라는 책으로 정리되었습니다. 그리고 그간의 연구를 종합해서 『고조선 연구』(1994년 말)라는 역작으로 엮었습니다.

그런데 이러한 주장을 한 사람은 윤내현이 처음은 아닙니다. 그 전에도 신채호나 정인보 같은 민족사학자들은 고조선이 한반도가 아니라 중국 땅에 있었다는 사실을 주장했습니다. 그런데 이러한 주장이 7, 80년대에 이르러 다시 관심을 끌고 있습니다. 재야 사학계와 민족종교를 표방하는 종교계에서 새로운 자료를 들고 나온 것입니다. 『환단고기』, 『규원사화』, 『단기고사』, 『부도지』 같은 책들이 그런 것들입니다. 이것이야말로 잃어버린 우리 고대사를 해결해줄 수 있는 참된 자료라고 주장합니다. 그러면서 『삼국사기』의 사대성을 혹독하게 비판합니다.

그런데 정식 학계(보통 대학에서 진을 치고 있는 사람들)에서는 이것을 위작으로 간주합니다. 즉 누군가 근래에 지어낸 것이라는 주장입니다. 그러면서 그런 이유를 꼬치꼬치 따집니다.* 그리고 그 주장이 상당히 설득력이 있습니다. 물론 재야사학과 종교계에서는 새로운 자료라는 주장을 바꾸지 않습니다. 그러나 여태까지 나온 자료를 검토할 때, 이상의 책을 정식 자료로 삼기에는 아직 문제점이 없지 않은가 합니다. 감정이 동의한다고 해서 없는 일을 만들어내는 것은 사대주의보다 더 나쁜 일이기 때문입니다. 더 자세하게 검토한 다음의 일일 것입니다.

중국 측의 사서에 처음 나타나는 활은 낙랑단궁(樂浪檀弓)입니다. 『삼국지』예(濊)전에, "낙랑단궁이 이곳에서 나온다"고 쓰여 있습니다. 무슨 활이라고 명시하지는 않았지만, 부여, 옥저, 마한, 진한, 변한 등에도 궁시가 있었다고 나옵니다. 아마 이들도 동일한 활을 썼을 것으로 보입니다. 왜냐하면 이들은 모두 단군조선이라고 하는 거대한 나라의 지배하에 있었고, 그러면서도 스스로 독립해있는 제후국이었기 때문입니다. 낙랑 또한 마찬가지입니다.

낙랑단궁은 박달나무로 만들었을 것으로 추정합니다. 단군(檀君)의 '檀'도 '박달나무'인 것으로 보아 이와 관련이 있지 않을까 짐작해봅니다. 그런데 이 단궁은 매우 성능이 우수해서 후에 각궁이 나온 뒤에도 같이 쓰였습니다. 처음엔 박달나무만을 쓰다가 후대로 내려오면서 산뽕나무와 애끼찌나무가 쓰이지 않았을까 추정해볼 따름입니다. 애기찌는 산비마자(山篦麻子)로 나무활의 재료로 쓰이기 때문에 궁간목(弓幹木)이라는 별칭을 얻을 정도입니다. 주로 활 만들 때 쓰는 1-2년

---

\* 　　　조인성, 「규원사화와 환단고기」, 한국사시민강좌 제2집, 일조각, 1988.

생 대나무를 말합니다. 뽕나무도 마찬가지여서 궁간상(弓幹桑)이라고
도 합니다.

그런데 당시의 단궁을 만든 재료가 과연 박달나무였는지는 확실하
지 않습니다. 이름이 단궁이니, 단의 뜻인 박달나무로 만들었다고 하는
것입니다. 그런데 옛날에는 꼭 한문의 뜻만으로 쓴 것이 아니고 사정에
따라서 음을 따서 쓰기도 했습니다. '단'의 뜻은 박달나무이지만, 박달
이라고 쓰면 사정은 달라집니다. 박달이란, 동이족을 나타내는 말이기
때문입니다. 이것이 나중에는 배달(培達)로 굳어져 '배달의 기수'라는
우스꽝스런 홍보영화 제목으로 쓰이기도 합니다. 배달이란 우리 겨레가
사는 땅을 가리키는 말입니다. 달(達)은 아사달, 응달 등의 말에서 보듯
이 사람들이 살 만한 땅을 가리키는 말입니다. 박은 '밝다'의 '붉'입니
다. 해가 비친다는 뜻입니다. 그러니까 박달은 '해가 비치는 땅'이라는
뜻입니다. 해를 따라 이동하고 해의 자손으로 자부한 우리 겨레의 심성
과 일치하는 말입니다. 이것을 다른 말로 적으면 각궁 설명할 때 인용한
여러 이름이 됩니다. 고구려를 가리키는 부족 이름 맥도 기실 같은 말입
니다. 그렇다면 단궁은 재료를 나타낸 말이면서 또한 겨레를 나타낸 말
이라고 할 수 있습니다. 그러면 단궁이나 맥궁은 같은 것일 수 있습니
다. 좀 더 검토해야 할 일입니다만, 이것이 사실이라면 각궁의 역사는
현재 알려진 것보다 훨씬 더 거슬러 올라갈 것입니다.

거대한 나라 조선이 한나라의 협잡과 지배층의 내부분열로 멸망하
고 동방은 바야흐로 각 제후들이 패권을 다투는 혼돈의 시대로 접어듭
니다. 이 와중에서 두각을 나타내는 나라가 고구려입니다. 그리고는 고
조선이 차지하고 있던 영역 대부분을 석권합니다. 그들 스스로 단군의
후예를 자처합니다. 주몽을 단군의 아들이라고 하는 것이 그것입니다.
원래, 고구려는 고조선 지배하의 소수민족이었다가 고조선이 망하면서

지배자로 새롭게 부상한 종족입니다. 중국 측 자료에는 맥족(貊族)이라고 적고 있습니다. 명목뿐인 한사군을 몰아내고 고조선이 잃었던 강역 대부분을 되찾으면서 강대한 제국으로 발돋움합니다. 그래서 동방을 지배하는 두 기둥 중에서 한 축을 떠맡습니다. 수와 당의 두 차례 침입을 거뜬히 물리친 결과에서 보듯이 고구려는 막강한 군대를 가진 나라였습니다. 그 중에서 고구려 군대의 근간을 이루는 것은 철기(鐵騎)라고 하는 기병이었습니다. 철기는 갑옷을 말에까지 입힌 군대입니다. 조그만 둥근 쇠고리를 무수하게 엮어서 치렁치렁 늘어지게 만들어서 옷처럼 입습니다. 다칠 염려가 없으니 용감할 수밖에 없습니다. 이들 앞에서는 수나라나 당나라의 군사들도 벌벌 떨었습니다.

고구려의 무장과 무기는 다양했습니다. 그 중에서도 가장 훌륭한 것은 말할 것도 없이 활입니다. 이것은 중국인들이 부러워하면서도 흉내 낼 수 없는 것이었습니다. 그래서 고구려와 함께 세계 최고의 활, 각궁이 나타납니다. 이것이 기록에 나타나는 것은 『시경』이 처음이고 그 다음에는 우부강표전(虞溥江表傳)에 "오나라 손권 때에 고구려 사신이 각궁을 바쳤다"고 나옵니다. 이때는 이미 현재의 각궁과 같은 활이 나왔을 것으로 추정합니다. 고구려 산상왕(山上王) 26년(서기222)의 일입니다.

이를 바탕으로 각궁의 시대가 전개됩니다. 참고로, 중국 측 사료에 나타난 우리 조상들의 무기와 무장에 관한 기록을 옮겨 적습니다. 그런데 고려해야 할 것이 있습니다. 우리나라의 옛 모습을 가장 풍부하게 전하는 것은 진(晋)나라 사람 진수(陳壽)가 쓴 역사책 『삼국지(三國志)』입니다. 그 후대의 기록은 대개 이와 비슷합니다. 이것은 후대의 기록자들이 새로운 자료를 찾아서 쓴 것이 아니라, 이미 있던 이 책에서 인용했음을 뜻합니다. 따라서 삼국지 이후의 자료는 특별히 눈여겨 볼 만한 것

이 없습니다. 다만 고구려와 원수지간이었던 수나라와 당나라의 기록이
그중 좀 낫습니다. 그러나 이것들은 고구려의 후기를 다루고 있어서 고
구려인들의 생활습속을 아는 데는 앞의 『삼국지』에 미치지 못합니다.
그래서 여기서는 가능한 한 중복을 피했습니다.

## ▲ 부여(夫餘)

• 사람들은 아주 용감하고 날래며, 부지런하고 정중해서 노략질을
  하지 않는다. 그리고 무기로는 활과 화살, 칼과 창이 있다.
  (其人麤大彊勇而謹厚, 不爲寇鈔, 弖弓矢刀矛爲兵 : 『後漢書』
  東夷列傳)
• 무기는 활과 화살, 칼, 창 등이고, 집집마다 갑옷과 무기가 있다.
  (以弓矢刀矛爲兵, 家家自有鎧仗 : 『三國志』魏書 東夷列傳)

## ▲ 읍루(挹婁)

• 읍루는 옛날 숙신이 있던 나라이다. …… 부여를 섬긴다. ……
  매우 용감하며 험한 산에 산다. 또 활을 잘 쏘아서 능히 사람의
  눈을 맞춘다. 활은 네 자인데 노만큼 세다. 살은 광대싸리로 만든
  화살을 쓰는데, 길이가 한 자 여덟 치이다. 푸른 돌로 촉을 쓰는
  데, 촉에 독을 발라서 맞으면 죽는다.
  (挹婁, 古肅愼之國也 …… 臣屬夫餘 …… 而多勇力, 處山陰, 又
  善射, 發能入人目, 弓長四尺, 力如弩, 矢用楛, 長一尺八寸, 靑
  石爲鏃, 鏃皆施毒, 中人卽死 : 『後漢書』東夷列傳)

## ▲ 고구려(高句麗)

- 고구려는 일명 맥이라고도 한다. 별종이 있는데 소수에 의거해서 산다. 그래서 이름을 소수맥이라고 부른다. 거기서 아주 좋은 활이 나오는데 이른바 맥궁이라고 한 것이 이것이다.

  (句麗, 一名貊耳, 有別種, 依小水爲居, 因名曰小水貊, 出好弓, 所謂貊弓是也. :『後漢書』東夷列傳 및 『三國志』魏書 東夷列傳)

- 사람들은 기운과 힘을 숭상하고 활과 화살, 칼과 창을 잘 다룬다. 갑옷과 무기가 있어 싸움을 잘한다.

  (國人尙氣力, 便弓矢刀矛, 有鎧甲, 習戰鬪 :『梁書』東夷列傳 및 『南史』東夷列傳)

- 무기는 중국과 거의 같다. 봄가을에 바자울을 치고 사냥을 하는데 왕이 몸소 거기 나온다.

  (兵器與中國略同, 及春秋校獵, 王親臨之 :『北史』東夷列傳 및 『隋書』東夷列傳)

- 풍속이, 아랫것들이 사는 허술한 집에 이르기까지 책읽기를 좋아한다. 거리마다 큰 집을 지어놓았는데, 이를 경당이라고 부른다. 아이들은 장가가기 전까지 이곳에서 밤낮으로 책을 읽고 활쏘기를 익힌다.

  (俗愛書籍, 至於衡門厮養之家, 各於街衢造大屋, 謂之扃堂, 子弟未婚之前, 晝夜於此讀書習射 :『舊唐書』東夷列傳)

## ▲ 동옥저(東沃沮)

• 동옥저는 …… 마을마다 우두머리가 있다. 사람들은 성품이 곧
고 용감하다. 창을 잘 쓰며 보전에 능하다.

(東沃沮 …… 有邑落長帥, 人性質直彊勇, 便持矛步戰 :『後漢
書』東夷列傳)

## ▲ 예(濊)

• 예는 보전에 능하고 길이가 세 길이나 되는 창을 쓴다. 혹은 여
럿이 같이 잡고 쓴다. 낙랑단궁이 이곳에서 나온다.

(濊 …… 作矛長三丈, 或數人共持之, 樂浪檀弓出其地 :『後漢
書』東夷列傳)

## ▲ 한(韓)

• 한에는 세 갈래가 있다. 하나는 마한, 다른 하나는 진한, 또 다른
하나는 변한이다. …… 활을 호라고 한다.

(韓有三種, 一曰馬韓, 二曰辰韓, 三曰弁韓 …… 弓爲弧 :『後漢
書』東夷列傳)

• 마한은 …… 활과 창과 방패를 잘 쓴다.

(馬韓 …… 善用弓楯矛櫓 :『晋書』東夷列傳)

## ▲ 숙신(肅愼)

- 청룡 4년 5월 정사에 숙신이 광대싸리로 만든 화살을 바쳤다.

  (青龍四年五月 丁巳, 肅愼氏獻楛矢 : 『三國志』魏書 明帝紀)

- 경원 3년 여름 사월 요동군에 숙신이 사신을 보내어 조공을 했는데 다음과 같은 것을 보냈다. 길이가 세 자 닷 치인 활 서른 개, 길이가 한 자 여덟 치인 광대싸리 화살, 석노 삼백 매, 껍질을 뼈와 쇠로 섞어 만든 갑옷 스무 벌 등이다.

  (景元三年夏四月, 遼東郡言肅愼國遣使重譯入貢, 獻其國弓三十張, 長三尺五寸, 楛矢長一尺八寸, 石砮三百枚, 皮骨鐵雜鎧二十領 : 『三國志』魏書 三小帝紀 陳留王 奐)

- 함녕 5년 12월, 숙신이 호시와 석노를 바쳤다.

  (咸寧五年十二月, 肅愼來獻楛矢石砮 : 『晋書』武帝紀)

- 태흥 5년 12월, 숙신이 호시와 석노를 바쳤다.

  (太興二年八月, 肅愼來獻楛矢石砮 : 『晋書』元帝紀)

- 석노와 갑옷이 있다. 단궁은 세 자 닷 치이고 광대싸리로 만든 살은 길이가 한 자 여덟 치이다. 그 나라 동북쪽에 산이 있는데 거기서 돌이 난다. 그 돌은 쇠도 뚫을 만큼 날카롭다. 그 돌을 캐려면 반드시 먼저 신령님께 기원한다. 무제 때 그 활과 화살을 바쳤다.

  (有石砮, 皮骨之甲, 檀弓三尺五寸, 楛矢長有咫, 其國東北有山出石, 其利入鐵, 將取之, 必先祈神, 武帝時獻其楛矢石砮)

- 대명 3년, 숙신이 호시와 석노를 바쳤다.

  (大明三年, 肅愼來獻楛矢石砮 : 『宋書』孝武帝本紀)

## ▲ 물길(勿吉), 혹은 말갈(靺鞨)

- 정시 4년 봄 2월 정미, 물길국에서 광대싸리로 만든 살을 바쳤다.

  (正始四年春二月, 己未, 勿吉國貢楛矢 : 『魏書』帝紀 世宗)

- 물길은 고구려 북쪽에 있다. 말갈이라고도 하는데, 옛날 숙신국
  이다 …… 활쏘기와 사냥을 잘 한다. 활의 길이는 세 자이고, 살
  의 길이는 한 자 두 치이고 돌로 촉을 만든다. …… 늘 칠팔월에
  독약을 만들어서 살촉에 바른다. 짐승을 쏘아서 맞으면 죽는다.

  (勿吉國, 在高句麗北, 一曰靺鞨, 舊肅新國也 …… 善射獵, 弓
  長三尺, 箭長尺二寸, 以石爲鏃 …… 常七八月造毒藥傳箭鏃, 射
  禽獸, 中者便死 : 『魏書』列傳 勿吉 및 『北史』列傳)

- 경명 2년 8월, 물길국에서 광대싸리로 만든 살을 바쳤다.

  (景明二年八月, 勿吉國貢楛矢 : 『北史』魏本紀 世宗宣武皇帝)

- 말갈은 고구려의 북쪽에 있다. …… 불열에서부터 동쪽으로는
  살촉을 모두 돌로 쓰는데, 즉 옛날의 숙신이다. …… 사람들은
  모두 활을 쏘아서 사냥을 하는 것으로 일을 삼는다. 각궁의 길이
  는 세 자요, 화살의 길이는 한 자 두 치이다.

  (靺鞨, 在高麗之北, …… 自拂涅以東, 矢皆石鏃, 卽古之肅愼也,
  …… 人皆射獵爲業, 角弓長三尺, 箭長尺有二寸 : 『隋書』東夷
  列傳)

- 말갈은 대개 숙신의 땅이다. 나중에 위나라에서는 물길이라고
  불렀다. …… 병기로는 각궁과 광대싸리로 만든 화살이 있다.

  靺鞨, 蓋肅愼之地, 後魏爲之勿吉, …… 兵器有角弓及楛矢 :
  『舊唐書』北狄列傳

## ▲ 실위(失韋, 또는 室韋)

• 실위국은 물길의 북쪽 천리에 있다. …… 사내들은 머리를 땋는
  다. 그리고 각궁을 쓴다. 화살은 매우 길다.

  (失韋國, 在勿吉北千里, …… 丈夫索髮, 用角弓, 其箭尤長 :
  『魏書』列傳 및 北史列傳)

• 토양이 쇠가 적게 나서, 대개 고구려에서 얻어다 쓴다. 무기로는
  각궁과 광대싸리로 만든 살이 있다. 사람들은 활을 아주 잘 쏜다.

  (土小金鐵, 率資於高麗, 器有角弓楛矢, 人尤善射 :『唐書』北狄
  列傳)

## ▲ 백제(百濟)

• 무기로는 활과 살과 칼 및 창이 있다. 풍속이 활쏘고 말타는 것
  을 중시한다.

  (兵有弓箭刀稍, 俗重騎射 :『周書』異域列傳 및 『北史』百濟)

• 풍속이 말타고 활쏘는 것을 숭상한다.

  (俗尙騎射 :『隋書』東夷列傳)

## ▲ 신라(新羅)

• 글과 무기는 중국과 같다 …… 8월 15일에 잔치를 벌이고, 벼슬
  아치들로 하여금 활을 쏘게 하여 상을 준다.

  (其文字甲兵同於中國 …… 至八月十五日, 設樂, 令官人射, 賞
  以馬布 :『隋書』東夷列傳)

# 활과 화살

5천년 동안 형태가 크게 변하지 않고 유지된 풍속과 전통이 있다면 그것은 국보감일 것입니다. 요즘 중요무형문화제라는 제도를 두어 국가에서도 우리의 전통을 지키려는 노력을 합니다. 잘 살펴보면 불교문화도 우리나라에 들어온 지 2천년 정도에 지나지 않습니다. 그런데 활쏘기는 우리 민족이 처음 이 땅에 나타났을 때부터 지금까지 고스란히 제 모습을 간직하고 있습니다. 이 놀라운 사실을 사람들이 의외로 모릅니다. 고구려 고분벽화에 나오는 활이 지금도 활터에서 쓰이고 있다면 이것이야말로 놀랄 일이 아닐까요? 실제로 그렇습니다. 지금 활터에서는 5천 년 전에 쓴 활을 아직도 쓰고 있습니다. 활터는 통째로 살아있는 우리 전통 문화의 정수입니다. 활과 화살에 대해 알아보면 저절로 이런 우리 전통의 정수를 찾아가는 길이 됩니다.

## ▲ 활

활 쏘는 데 활이 필요한 것은 당연한 일입니다. 그런데 활의 어원은 분명치 않습니다. 다만 활의 주요 기능이 몸체를 구부리는 것이어서 아주 가느다란 나무를 쓰기 때문에 가늘다는 뜻에서 온 것으로 추측됩니다. '회초리'의 〈회〉, '팔회목'의 〈회〉, '홰치다'의 〈홰〉 같은 말과 연관이 있는 것으로 보입니다. 이 〈회〉는 가늘다는 뜻이고, 가느다란 나무를 뜻합니다. '화라지'가 바로 가는 나무 땔감을 가리키는 말입니다. '화라지'는 〈활+아지〉의 구성이죠. 따라서 활도 여기서 연장된 것으로 보입니다. '활개', '활짝' 같은 말을 보면 어느 정도 암시를 얻을 수 있습니다.

국궁에서 쓰는 우리 활은 각궁(角弓)이라고 합니다. 활은 우리나라의 각궁이 세계에서 최고로 좋다고 합니다. 그 기능도 그렇고 모양도 그렇고 사람에게 부담을 주지 않는 점에서도 그렇습니다. 어떤 기준으로 보아도 세계 최고의 질을 자랑합니다. 기구를 사용하는 모든 운동은 기구에서 받는 충격이 몸에 전해지기 마련입니다. 예를 들면, 정구를 많이 치거나 또 좋지 않은 라켓을 사용하면 팔꿈치가 아픈 엘보라는 병에 걸리는 그런 것 말입니다. 그런데 활은 구부러졌다 펴지는 힘으로 살을 내보내는데, 그때 화살이 싣고 나가는 탄력 외의 잔여충격이 생기기 마련입니다. 각궁은 이 잔여충격을 그 안에서 스스로 완벽하게 흡수해서 손에는 전혀 충격을 전혀 주지 않는다는 것입니다. 놀라운 일입니다. 그래서 좋다는 겁니다. 세계의 어느 활도 그렇지를 못하다고 합니다.

그리고 우리나라의 활은 유달리 짧습니다. 그것은 활을 사용한 사람들의 생활습성과 관련이 있습니다. 고구려는 잦은 싸움으로 무기를 사용하는 데 능수능란했고 또 말 타는 생활에 익숙했습니다. 고구려의 기병은 고구려 군대를 지탱하는 기둥이었습니다. 따라서 활도 말을 타고 달리면서 쏘게 됩니다. 그러니까 활이 거치적거리지 않도록 하려면 멀리 날린다는 기능을 약화시키지 않는 한도 내에서 활의 길이를 최대한 줄이는 것이 가장 현명합니다. 이것이 우리 활이 짧은 이유입니다.

이것은 일본인들의 활과 비교해보면 쉽게 드러납니다. 일본인들의 활은 땅바닥에 끌릴 정도로 깁니다. 그들은 말을 타지 않기 때문입니다. 말을 타지 않는다기보다 주력부대가 기마가 아니기 때문일 것입니다.

우리 활을 각궁이라고 하는 것은 활을 만드는 재료에 물소의 뿔이 들어가기 때문입니다. 그런데 이 활의 제작방법은 고구려 때부터 변함이 없었습니다. 그렇다면 우리는 여기서 각궁이라는 말에 대해서 깊이 생각해볼 필요가 있습니다. 지금은 무소뿔을 쓰는데 이것을 쓰기 전에는 각궁이 아닌 다른 이름으로 불렀겠느냐 하는 것입니다. 무소뿔은 남쪽 지방에서 수입합니다. 그런데 옛날에는 그럴 수 없었을 것입니다. 무엇을 썼을까요. 그 때는 황해도나 제주도에서 나는 한 뼘 이상 되는 황소 뿔을 썼다고 합니다.

그런데 과연 뿔이 들어갔다고 해서 각궁이라고 불렀을까 하는 점이 자못 궁금합니다. 그렇다면 뿔이 안 들어가면 각궁이라고 부르지 않았을까요? 그렇지는 않았을 것입니다. 그래도 분명히 각궁이라고 불렀습니다. 각궁은 동이족이 쓰는 활을 가리키는 말로 쓰였습니다. 이것은 이 말이 재료 때문에 붙여진 것이 아니라는 것을 의미합니다. 그래서 옛 기록을 찾아보면 당서(唐書)에 각궁이란 말이 실제로 나옵니다.

이 활은 원래 고구려에서 쓰던 활입니다. 단궁(檀弓)은 박달나무를 재료로 해서 만든 활이란 뜻이고 맥궁(貊弓)이란 맥족(貊族), 즉 고구려 민족이 쓰는 활이라는 뜻입니다. 앞엣것은 재료에 따라, 뒤엣것은 사용 주체에 따라 붙인 이름입니다. 그렇다면 맥궁은 무엇이었을까요? 그것은 바로 각궁이었을 것으로 봅니다. 그러니까 각궁의 전통은 고구려였으므로 고구려의 맥궁이 각궁이었던 것으로 추측됩니다. 사용자에 따라 명명하면 '맥궁', 재료에 따라 명명하면 '각궁'이 된다고 보겠습니다.

그런데 어원을 추적해보면, 각궁과 맥궁은 기실 같은 말을 다른 한

자로 표기한 것에 지나지 않습니다. 왜냐하면 맥은 한자의 의미를 따온 것이 아니고 그저 중국인들이 고구려 민족을 부르는 대로 음을 적은 것으로 보이기 때문입니다. '맥'이란 '붉다, 붉은'의 '붉'을 한자로 적은 것입니다. 이것은 태양을 숭배하는 동방민족의 심성을 잘 반영하는 말입니다. 그리고 이런 음차(音借)는 이것뿐만이 아닙니다. 불내(不耐), 불이(不而), 국내(國內), 불령지(不令之), 환도(丸都), 부리(夫里), 부여(夫餘), 발(發) 등으로 다양하게 표기되었습니다.[5] 하지만 모두다 '붉'의 기록입니다.

그렇다면 각궁의 '角' 또한 이와 마찬가지라는 사실 금방 알 수 있습니다. 각의 뜻은 '뿔'이고, 뿔의 중세표기는 '쓸'인데, 고대에는 경음화 현상이 발달하지 않았을 것으로 보아 이 말의 원형은 '블', '볼'이나 '플', '폴'이었을 것으로 추정됩니다. 즉 한눈에도 '붉'과 거의 유사한 음임을 알 수 있습니다. 그러니까 맥궁의 '맥(貊)'은 음차(音借)기록이고, 각궁의 '각(角)'은 훈차(訓借)기록인 것입니다. 이것이 나중에는 무소뿔이 들어감에 따라 그것을 가리키는 말로 알고 그렇게 정착한 것으로 보입니다. 원래는 뿔이 들어간다고 해서 각궁이 아니라 고구려 민족이

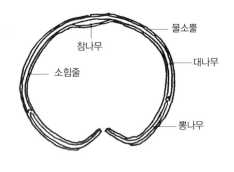

참나무

물소뿔

대나무

소힘줄

뽕나무

**각궁의 구조**

5)    양주동, 『증정 고가연구』, 일조각, 1965.

쏜다는 의미로 붙여진 말입니다.

이것은 고구려의 간접지배를 받던 실위(室韋)에서도 각궁을 썼다는 당서의 기록을 보면 더욱 분명합니다. 즉, "땅에서 쇠가 적게 나서 대개 고구려에서 얻어다 쓰며 무기에는 각궁과 호시가 있는데 사람들은 아주 잘 쏜다.(土少金鐵, 率資於高麗, 器有角弓楛矢, 人尤善射)"라고 적었습니다. 그것은 각궁이 고구려만 쓰는 것이 아니었다는 것입니다. 동북아 민족에게 두루두루 쓰이는 활에 붙이는 이름이었습니다. 따라서 각은 재료에 따라 붙인 이름이 아니라 활을 쓰는 동방 사람들을 가리키는 의미입니다.

사정이 이러하다면 단궁도 마찬가지로 해석할 수 있습니다. '檀弓'은 檀이 '박달나무 단'이어서 으레 박달나무로 만든 활이려니 여깁니다. 그 생각처럼 단궁은 박달나무로 만들었을 것입니다. 그러나 과연 이 이름이 암시하는 바가 그것 '뿐'이겠느냐 하는 것입니다. 각궁의 경우처럼 민족을 가리키는 말과 활의 재료를 가리키는 말이 겹쳐서 쓰이지 않았을까 하는 의심을 한 번쯤 던져보는 것도 무익하진 않습니다. 그런 눈으로 보면 단궁도 각궁과 마찬가지입니다. 檀은 '박달'입니다. 이 박달은 앞에서 보았듯이 우리 겨레를 가리키는 말이고*, 또 태양숭배 사상을 잘 반영하는 말입니다. 뿌리는 '붉돌'일 것입니다.

이 말은 요즘에도 살아있어서 70년대 국군 홍보영화로, 영화 시작 전에 상영되던 '배달의 기수' 같은 데에서 쓰던 '배달'이 바로 이것입니다. 이것을 '培達'이라고 적어놓고서 지식인인 양하는 사람도 있습니다.

'달'은 음달, 양달이라는 말에서 보듯이 땅을 가리키는 말이고,

---

\* 　　　　이익의 『성호새설』에서도 이와 같이 해석했다.

'배'는 밝다는 뜻이니 '배달'을 번역하면 '조선(朝鮮)'이 되는 것입니다. 따라서 단궁은 박달나무로 만든 활이라는 뜻이면서 배달겨레가 쓴 활이라는 뜻도 됩니다. 그 배달에 사는 겨레의 임금을 가리키는 말이 단군(檀君)인 것도 기실 그런 까닭입니다. 단군의 '단'을 '박달'로 바꾸어 놓고 읽으면 단궁(檀弓)은 박달궁이 됩니다. 각궁의 각(角)을 '붉'으로 바꾸어 놓고 읽으면 각궁은 '붉궁'이 됩니다. '박달궁'과 '붉궁', 똑같은 말입니다. 그러니까 단궁, 맥궁, 각궁은 모두 같은 말임을 알 수 있습니다.

원래 예부터 활은 동이족의 맥궁(貊弓)이 유명했었습니다. 그래서 중국의 사서에 단궁(檀弓)이니 각궁(角弓)이니 해서 자주 오르내렸습니다. 그리고 우리가 보기엔 자못 언짢고 또 좀 건방진 일이지만, 중국인들은 스스로를 세계의 중심이라고 생각하고 동서남북에 사는 사람들을 오랑캐로 여기어 이름을 붙였는데, 우리를 가리키는 말은 동이(東夷)입니다. 夷는 大와 弓을 합친 말입니다. 큰 활을 찬 사람들이라는 뜻입니다. 여기서 쓰인 大는 활의 크기를 얘기한다기보다는 활의 기능이 좋다는 쪽일 것입니다. 중국인들이 우리를 어떻게 생각하고 있었는가를 잘 보여주는 옙니다.

이것은 다른 민족을 서융(西戎), 남만(南蠻), 북적(北狄)이라고 해서 모두 벌레나 짐승에 비유한 것과 좋은 대조를 보입니다. 융(戎)은 개[戎], 만(蠻)은 벌레[虫], 적(狄)은 이리[犭]를 나타냅니다. 자기들보다 더 나은 무기를 만들고 다루는 고조선이나 고구려가 강성한 까닭입니다. 활이 천보 밖까지 나갔다든가, 양만춘이 안시성 꼭대기서 쏜 화살이 수양제의 눈알을 꿰었다는 둥 하는 이야기가 거짓말이 아님을 활의 위력에서 압니다.

그런데 이 각궁은 시위를 걸지 않은 상태로 보면 둥글게 구부러져

있습니다. 그러니까 활을 사
용하려면 반대편으로 뒤집
어서 시위를 걸어야 합니다.
활을 쏠 수 있게끔 시위를
거는 것을 '얹는다'고 합니
다. 그래서 '얹은 활'이 되
는 겁니다. 반대로 다 쏘고
난 뒤 두려고 시위를 내리는

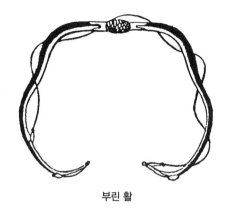

부린 활

것을 '부린다'고 합니다. 그러니까 '부린 활'이 됩니다. 서커스를 구경
하다 보면 뼈마디가 고무줄처럼 유연한 아가씨들이 몸을 완전히 뒤로
뒤집어서 사람들의 감탄을 사는 수가 있습니다. 부린활이 바로 그 모습
입니다. 그 늘씬한 아가씨들이 몸을 펴서 앞으로 구부리면 잘 빠진 활,
'얹은 활'이 됩니다.

거기에 들어가는 재료를 잠깐 살펴보면 이렇습니다. 무소뿔, 소의
등뼈에서 뽑아낸 힘줄, 대나무, 뽕나무, 참나무, 민어의 부레를 지방질
을 제거하여 만든 민어부레풀, 벚나무 껍질 등입니다.

우리나라 지명에는 '화산'이라는 이름이 많습니다. 대개 이런 산들
은 두 개의 비슷한 봉우리로 이루어진 산입니다. 그러니까 그 봉우리 두
개가 만드는 능선의 모양이 활모양을 닮았다는 뜻입니다. 원래는 '활
산'이었겠지요. 그런데 'ㄹ'발음이 불편하니까 떼어버린 것입니다. '화
살'도 원래는 '활살'이었던 것처럼 말입니다. 활을 얹으면 바로 그 모양
입니다. 활을 얹으면, 손으로 잡는 부분(줌통)이 잘록하게 들어가면서
봉우리 두 개가 만들어집니다. 활을 부리면 그 반대편으로 젖혀지면서
둥그렇게 늘어집니다.

활은 크게 세 도막으로 되어 있습니다. 손으로 잡는 부분은 참나무

로 만들고, 맨 끝부분은 뽕나무로 하며, 중간은 대나무를 사용합니다. 활의 가장 큰 부분은 물론 가운데 도막인 대나무입니다. 대나무를 불에 쪼여서 둥글게 휩니다. 그리고 뽕나무를 잘라서 양쪽 끝에 잇습니다. 대나무는 양 끝을 V자 모양으로 뾰족하게 깎습니다. 그리고 그 끝에 붙이는 뽕나무는 V자 모양으로 홈을 팝니다. 뾰족한 대나무 끝을 뽕나무 끝에 파인 홈에 끼우고 풀로 붙이는 겁니다.

그런데 옛날에는 꼭 풀로 붙였던 것만 같지는 않고, 두 부분을 얇게 깎아서 겹치게 대고는 끈으로 묶거나 쇠로 고정시키기도 했던 것 같습니다. 고구려 성터에서 발견되는 활의 유물들이 그런 모습을 보이고 있고, 또 고구려 고분벽화 수렵도 속의 사내들이 쓰는 활에도 그 마디를 묶은 모양이 분명하게 그려져 있습니다.

특히 고구려 고분벽화에 그려진 활에는 세 군데를 묶은 표시를 하기도 했습니다. 이것은 짧은 황소 뿔로 대니까 잇닿은 부분이 가장 먼저 떨어지기 때문에 그것을 막으려고 끈으로 단단히 묶어서 보강한 것입니다. 이러한 황소 뿔 활은 한국전쟁 전후까지 만들었습니다. 물론 동남아 지역으로부터 무소뿔을 수입할 수 없어서 궁여지책으로 한 것입니다. 이렇게 황소 뿔로 만든 각궁을 특히 '삼각궁'이라고 했습니다.(예천궁장 권영구) 조선왕조실록에 자주 나오는 '향각궁'이 그것입니다.

그리고 출토된 자료를 보면 뽕나무 대신 소의 갈비뼈를 사용하기도 했습니다. 그리고 활의 한 가운데는 손으로 잡기 편한 모양으로 참나무를 깎아서 댑니다. 이렇게 하면 일단 활의 골격은 갖춰진 것입니다. 둥글게 휘인 활을 뒤로 젖혀서 얹으면 바로 봉우리 두 개가 생기는 국궁이 됩니다. 고구려 벽화 수렵도 속의 그 활입니다.

활의 양끝에 대는 뽕나무는 예나 지금이나 우리나라에 흔한 것이지만, 북방민족인 고구려가 활의 가운데 도막인 대나무를 쓰기는 어려웠을 것입니다. 그렇다면 무엇을 썼을까요. 민간에서 목궁 재료로 쓰이는 회목이나 버드나무 같은 것을 썼을지도 모르겠습니다. 어쨌든 탄력이 좋은 나무를 썼을 것으로 짐작됩니다.

이상에서 본 것처럼, 나무들이 만드는 활채에 탄력을 보강하기 위해서 활의 앞뒤로 다른 것들을 덧댑니다. 활의 안쪽에는 뻣뻣하게 버티는 성질을 가진 것들을 댑니다. 소의 뿔을 대기도 했는데, 이 경우 황소의 뿔은 작아서 지금처럼 활채 전부에 대지 못하고 힘을 가장 많이 받는 한오금까지만 댔습니다. 그래서 이런 것을 휘궁(撝弓)이라고 합니다. 그러나 요즘은 따뜻한 남쪽지방에서 나는 무소뿔을 얇게 깎아서 댑니다. 그러면 이것은 활채 안쪽에 붙어서 휜 나무가 일어서도록 밀어주는 역할을 합니다.

그리고 바깥으로는 휜 나무를 당겨주는 것을 댑니다. 그것으로 쓰는 재료는 소의 등줄기에서 뽑은 힘줄입니다. 활을 당기면 활채의 바깥에 붙은 힘줄이 고무줄처럼 늘어났다가 줄어들면서 나무의 힘을 보강해 줍니다.

그러니까 활이 디귿(ㄷ)자처럼 휘었다가 펴질 때, 세 가지 힘을 동시에 받는 것입니다. 활의 몸체가 펴지면서 내는 힘, 그 안쪽에서 밀어주는 뿔의 힘, 바깥에서 당기는 힘줄의 힘, 이 세 가지가 살을 날리는 것입니다.

그런데 여기서 살펴보았듯이 각궁은 단순한 나무가 아니라 소의 힘줄이나 무소뿔 같은 동물성 재료도 들어갑니다. 그런 만큼 온도 변화에 민감합니다. 마치 살아있는 생물처럼 온도에 따라서 그 탄력에 많은 변화가 있습니다. 각궁이 숨을 쉰다는 것도 그런 뜻입니다. 다루기도 그만큼 까다롭습니다. 그래서 겨울에 쏘는 활이 따로 있고, 여름에 쏘는 활이 따로 있습니다. 각궁의 가장 큰 단점입니다.

손으로 잡는 부분을 줌, 혹은 줌통이라고 합니다. 쥔다는 뜻입니다. 줌통을 얇은 헝겊으로 싸는데 그것을 줌피라고 합니다. 땀이 스미도록 한 것입니다. 그 줌피의 끝부분을 아귀라고 합니다. 그리고 손으로 쥐는 부분은 참나무로 댔는데 참나무가 끝나는 부분을 '대림끝'이라고 합니다. 대개는 밖에다가 실을 한 두 치 정도 촘촘히 감아놓습니다.

실로 감아놓은 부분은 대개 활에서 네 군댑니다. 줌의 위아랫쪽 대림끝 두 곳과 뽕나무 끝의 휘는 부분 두 곳, 그곳을 '정탈목'이라고 합니다. 줌통을 잡고 화살을 엄지손에 걸면 살이 활에 닿습니다. 그 부분에 가죽을 붙입니다. 살이 나가면서 활채를 깎기 때문에 닿는 것을 방지하자는 것입니다. 그것을 출전피(出箭皮)라고 합니다. 살을 내보내는 가죽이라는 뜻입니다.

그리고 활을 당기면 휘어지는데 휘는 그 부분을 '오금'이라고 합니다. '오그라든다, 오그린다.' 같은 말에서 그 흔적을 찾을 수 있습니다. 손이나 발의 접히는 부분도 오금이라고 하니 활에도 마찬가지 이름이 붙은 것입니다. 활이 내는 힘

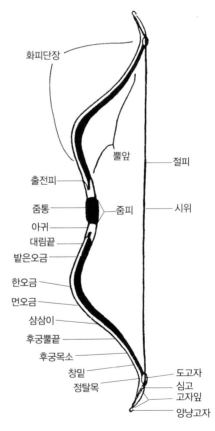

화피단장
뿔앞
절피
출전피
줌통
줌피
시위
아귀
대림끝
밭은오금
한오금
먼오금
삼삼이
후궁뿔끝
후궁목소
창밑
도고자
정탈목
심고
고자잎
양냥고자

**활의 각부분 명칭**

의 대부분은 가장 많이 휘는 오금에서 납니다.

오금도 셋으로 나눕니다. 줌통 쪽에서 휘기 시작하는 부분을 '밭은 오금'이라고 합니다. '밭은'이란 짧은, 연이은, 가까운 등의 뜻을 지니고 있는 말입니다. 이 말은 '밭은기침'이라는 말에 간신히 그 흔적이 남아 있습니다. 밭은기침은 크고 시원시원하게 하지 못하고 짧은 간격으로 다급히 나는 얕은 기침을 말합니다. 그러니까 활채의 밭은 곳에서 밭게 휘는 오금이라는 뜻이겠습니다.

그리고 활이 봉우리처럼 휘는, 즉 가장 많이 휘는 부분을 '한오 금'이라고 합니다. '한'이란 하나(一)의 뜻이 아니라 크다(大)는 뜻입니 다. '한숨'은 크게 내쉬는 숨을 말합니다. 대전을 '한밭'이라고 하는 것도 그렇습니다. 원래는 한밭이었는데 한을 大로, 밭을 田으로 번역 해서 대전(大田)이 된 것입니다. 그런 만큼 탄력의 대부분이 이곳에서 나옵니다.

그리고 한오금보다 더 바깥쪽, 즉 산으로 치면 흘러내리는 비탈 부 분을 '먼오금'이라고 합니다. 줌으로부터 멀리 있는 오금이라는 뜻이겠 습니다.

그리고 대나무와 뽕나무를 잇는 부분을 '삼삼이'라고 합니다. 아마 도 그 연결이 삼삼하다는, 즉 자연스럽게 잘 되었다는 뜻인 것 같습니 다. 그리고 삼삼이를 지나서 안쪽에 대는 뿔이 끝나는 부분을 '후궁뿔 끝'이라고 합니다. 활 뒤에 댄 뿔이 끝나는 부분이라는 뜻이겠습니다.

후궁이란, 휘궁을 말합니다. 그러니까 활에 대는 무소뿔이 짧아서 끝까지 대지 못하고 끝부분을 반 뼘 가량 대지 못한 것을 말합니다. 한 자로 '喉弓'이라 쓰고, '휘궁'이라고 읽습니다.

그리고 활채는 후궁뿔끝을 지나면서 지금까지와는 정반대로 휘기 시작합니다. 반대로 휘기 시작하는 부분, 즉 도고지에서 삼삼이까지를

'후궁목소'라고 합니다. 밋밋하게 반대 방향으로 휘면서 정탈목까지 올라가는데 정탈목에 이르기 직전을 '창밋'이라고 합니다. 그리고 정탈목에 이르면 활채는 급히 뒤로 젖혀집니다. 화살이 나가는 방향으로 잘록하게 휩니다. 휜 거기서부터 끝까지가 '고자'입니다. 이 고자에 시위의 끝부분인 심고가 길게 걸립니다.

'고자'는 '끝'의 옛말입니다. 그러니까 고자는 옛 모습대로 재구하면 〈곶+ ㆍ 〉가 될 것입니다. 아래아( ㆍ )는 그 음가가 약해서 상황에 따라서 다른 모음으로 변하기도 하고 아예 사라지기도 합니다. 그래서 조선어 맞춤법을 제정할 당시인 1933년에는 이 아래아를 아예 없애버렸습니다. 그래서 그 때 'ㅗ, ㅓ, ㅏ, ㅣ, ㅡ, ㅜ'의 모음으로 바뀌었습니다. 아래아의 음가가 불안정하다는 것은 고자에서도 증명이 됩니다. 즉 어떤 책에서는 고자라고 하는가 하면 어떤 책에는 고지라고 적혀있습니다. 그러니까 '고ㅈ'의 아래아( ㆍ )가 〈ㅏ〉로, 혹은 〈ㅣ〉로 변해서 '고자, 고지'로 나아간 것입니다.

고지란 곶의 뜻입니다. 뾰족하게 튀어나온 것을 가리키는 말입니다. 지금도 '곶'(串)이라는 말로 남아있습니다. 해안에서 바다로 불쑥 솟아나간 땅을 가리키는 말입니다. '장산곶'이라든가 황원곶(黃原串), 도두음곶(都豆音串), 연평곶(延平串) 등 무슨무슨 곶 하는 지명들은 모두 그런 것들입니다. 옛 기록에도 남아 있는데 강화도(江華島)를 고구려 때는 갑비고차(甲比古次)라고 했습니다. 여기서 '古次'는 바로 '곶, 고자'의 이두 표기입니다. 그래서 강화도를 지금도 갑곶(甲串)이라고 부릅니다.

강화도는 예부터 한강으로 들어가는 입구였기 때문에 전략상 요충지였습니다. 조선 말기에 유럽 열강이 통상을 요구하고 말을 듣지 않는 조정을 위협하려고 함포사격을 가하며 쳐들어온 곳도 바로 이곳입니다.

이곳은 한강을 따라서 서울로 가는 길이었기 때문입니다. 따라서 조선이 수도 방위상 그곳을 중요시한 것은 당연한 일입니다. 그래서 그곳에는 포대를 만들어서 방비했습니다. 그 당시 쓰던 포대가 지금도 남아있습니다. 갑곶돈대(甲串墩臺), 광성보(廣城堡), 초지진(草芝鎭), 덕진진(德津鎭) 등이 그것입니다.

활의 고자도 이것과 마찬가지입니다. 그러니까 활의 고자란 활의 맨 끝에 불쑥 튀어나온 끝이라는 뜻입니다.

도고자는 고자가 시작되는 부분에 동그랗게 잘라댄 가죽을 가리킵니다. '도+고자'의 구성을 보입니다. 고자의 가장 우두머리, 즉 윗부분이라는 뜻입니다. '도'는 우리말에서 가장 높은 것을 나타내는 말입니다. 예를 들면 도사공(都沙工)이란 말이 있습니다. 사공 중에서 가장 우두머리를 나타내는 말입니다. 한자로 쓰였다고 해서 한자에서 온 말이라고 생각하면 착각입니다. 음만을 적은 것입니다. 그 증거로 동사 중에 '도맡다'는 말이 있습니다. 다 맡는다는 말입니다. 이것은 순 우리말 접두사입니다. 도사공의 '도'도 마찬가지입니다. 도고자의 '도'도 마찬가지입니다. 어떤 사람은 도고자를 '돈고자'라고 합니다. 그곳에 붙인 가죽이 돈 모양처럼 둥글기 때문에 그렇게 붙였겠습니다만, 이건 틀린 것입니다. 도고자가 맞습니다.

그리고 고자의 끝부분에 시위를 걸기 편하도록 삐져나온 곳이 있습니다. 그것을 '냥냥고자'라고 합니다. '냥냥+고자'의 구성을 보입니다만, 냥냥의 뜻을 정확히 알 수 없습니다. 다만 '양냥이뼈'라든가, '냥냥하다' 등의 말이 있어서 그 뜻을 짐작해볼 따름입니다. 양냥이뼈는 턱뼈를 가리키는 말입니다. 머리 중에서 턱이 뾰족하기 때문에 붙여진 이름일 것입니다. 따라서 양냥은 뾰족한 것을 가리키는 말로 추측할 수 있습니다. '냥냥하다'는 말도 가냘프다든가 튼튼하지 못한 것, 혹은 호리

호리한 것을 가리키는 말이니, 양냥고자는 고자 중에서도 가장 가느다란 부분이라는 뜻이 될 것입니다. 고자 중에서 삐져나온 양냥고자를 빼놓고 심고를 받치는 부분을 '고자잎'이라고 합니다. 마치 잎사귀처럼 생겼다는 뜻입니다. 그렇게 생각하고 보면 정말 그렇게 생겼습니다. 버들잎 같은 것이 연상됩니다.

그리고 뿔을 댄 쪽을 '뿔앞)이라고 합니다. 그 반대편을 '화피단장'이라고 합니다. 화피(樺皮)란 벚나무 껍질을 말합니다. 뿔을 댄 쪽은 그냥 두지만, 바깥쪽은 소의 힘줄이 드러나서 보기가 싫으니 보기 좋게 단장한 것입니다.

이상에 따라서 활의 각 부위의 크기를 정리하면 다음과 같습니다.

- 부린활의 길이(弛弓)는 네 자 두 치(四尺二寸)에서 네 자 두 치 닷 푼(四尺二寸五分)
- 얹은활의 길이(張弓)는 세 자 닷 치(三尺五寸)에서 세 자 여섯 치(三尺六寸)로 이것은 시위의 길이에 따라 작은 차이가 생깁니다.
- 줌허리통의 길이는 네 치(四寸)
- 줌허리몸피는 한 치 닷 푼(一寸五分)에서 한 치 예닐곱 푼(一寸六,七分)
- 줌의 길이는 두 치(二寸)
- 줌몸피는 위쪽이 두 치 닷 푼(二寸五分)이고 아랫쪽이 세 치(三寸)에서 세 치 두 세 푼(三寸二, 三分)입니다. 손의 크기와 힘의 세기에 따라서 차이가 생깁니다.
- 오금너비는 한 치 한 푼(一寸一分)에서 한 치 두 세 푼(一寸二, 三分)입니다. 활이 강하고 연함에 따라서 아홉 푼(九分)에서 한 치(一寸)까지 되기도 합니다.

• 삼삼이 넓이는 일곱 푼(七分)에서 여덟 푼(八分)

• 고자 길이는 세 치 닷 푼(三尺五分)

• 고자 너비는 위쪽이 여섯 푼(六分)에서 일곱 푼(七分)이고, 아래쪽은 한 치(一寸)에서 한 치 한 푼(一寸一分)이 됩니다. 오금과 삼삼이의 너비에 따라 적당하게 합니다.

• 양냥고자의 길이는 여섯 푼(六分)에서 일곱 푼(七分)

• 양냥고자 몸피는 뒤쪽의 껍질(裏皮)를 제외하고 몸체만 여섯 푼(六分)에서 일곱푼(七分)

• 도고자는 좌우의 너비가 여덟 푼(八分)에서 한 치(一寸)이고, 길이는 여섯 푼(六分)에서 일곱 푼(七分)

• 줌싸기(紮)는 쓰는 사람에 따라 차이가 있습니다.

• 시위는 전체 길이가 세 자 다섯 치(三尺五寸)에서 세 자 다섯 치 닷 푼(三寸五寸五分)이나 양끝의 심고를 제외하면 두 자 여덟 치(兩尺八寸)에서 두 자 아홉 치(兩尺九寸)입니다. 심고는 고자에 따라 한 두 푼(一二分)의 차이가 있으나 세 치 닷 푼(三寸五分)으로 셈하면 양끝까지 합한 길이가 일곱 치(七寸)가 되어 전체 길이가 세 자 다섯 치(三尺五寸)입니다.

• 시위몸피는 닷 푼(五分)에서 여섯 푼(六分)입니다. 삼결실(三甲絲)로 만드는데 센 활(强弓)은 240번 감고, 보통활(中弓)은 210번, 약한 활(軟弓)은 180번 감습니다.

• 절피의 길이는 대략 한 치 닷 푼(一寸五分)이지만 사람에 따라 두세 푼의 차이가 있습니다.

이상으로, 활몸의 길이를 합하면 줌머리에서 오금까지가 다섯 치 닷 푼(五寸五分), 오금에서 삼삼이까지 다섯 치 닷 푼(五寸五分), 도고지 밑에 이르기까지 네 자 닷 푼(四尺五分), 도고자에서 양냥고자까지 네 치 닷 푼(四寸五分)을 합하여 두 자(兩尺)가 되니 이는 줌의 한쪽이라, 양쪽을 합하면 네 자(四尺)가 됩니다. 이에다 가 줌의 길이 두 치(二寸)를 합하면 활부린 길이 네 자 두 치(四尺 二寸)가 됩니다.

시위는 크게 세 부분으로 이루어져 있습니다. 시위, 심고, 절피가 그것입니다.

시위는 활줄을 말합니다. 이것은 명주실로 만듭니다. 명주실은 누에고치에서 뽑은 실로, 비단을 짜는 데 쓰입니다. 질기고 신축성이 아주 적어서 탄력을 요구하는 곳에는 모두 이 줄을 썼습니다. 가야금이나 거문고의 현도 이것으로 합니다. 활에 맞는 길이로 양쪽에 못을 두 개 박아놓고 가느다란 명주실을 여러 번 돌려 감습니다. 그러면 두툼한 시위가 됩니다. 양끝에 올무처럼 둥근 고리를 댑니다. 그것을 심고라고 합니다. 심고의 끝을 양냥고자에 걸면 심고는 고자잎 전체에 착 안깁니다.

오늬를 끼우는 부분은 잘 닳기 때문에 가느다란 실로 시위에 덧감아서 시위가 끊어지지 않도록 한 것이 있습니다. 그것이 절피입니다. 물론 오늬에 알맞은 굵기로 시위를 동입니다. 그리고 시위는 가느다란 명주실 여러 가닥이 합쳐진 것이기 때문에 활을 부린 상태에서는 흩어집니다. 지저분하고 관리하기도 안 좋습니다. 그래서 밀(蜜)을 발라놓습니다. 밀은 꿀을 말하는데 여기서는 먹는 꿀이 아니라 꿀을 빼내고 난 벌집 같은 것을 말합니다.

그런데 각궁은 좋기는 한데 활을 쏠 때마다 불에 대고 얹어야 하는 불편한 점이 있습니다. 보관하기도 까다롭고 얹기도 까다롭습니다. 이성계가 위화도에서 회군할 때 갖다 붙인 이유 중의 하나도 장마철이라서 활이 늘어진다(時方暑雨 弩弓解膠 大軍疫疾 不可)는 것이었습니다.

그 만큼 다루기가 까다롭다는 것입니다. 아랫목에 마누라는 재우지 못해도 활을 놓는다는 말이 있을 정도로 각궁은 다루고 보관하기가 까다롭습니다.

필요는 무언가를 만들어냅니다. 그래서 개량궁을 만들었습니다. 아마도 양궁의 재질을 모방해서 만들었겠습니다. 양궁재질인 글래스 파이바(Glass Fiber)를 각궁 모양으로 만든 것입니다. 그래서인지 활의 세기도 파운드로 표시합니다. 그런데 이거 말이 됩니까? 아무리 개량궁이라고 해도 우리 활인데 파운드를 근으로 환산하지 못할 만큼 생각이 못 미치는 것이 우리들의 수준이란 말입니까? 빨리 바꿔야 할 것입니다. 우리나라 사람의 평균치는 45~50파운드짜리입니다. 옛날에는 근수로 나타냈습니다. 47파운드면 근수로는 아마 스물너댓 근쯤 될 겁니다. 그런데 옛 기록에 보면 이름난 장군들이 쓴 활은 백 근짜리였네, 백오십근이였네, 합니다. 삼백근짜리까지도 썼다고 합니다. 밥을 한 말을 먹었다는 둥 하는 것과도 관련이 있는 말이겠지요.

옛날에는 활을 몇 근짜리를 썼느냐가 그 사람의 기운을 나타내는 자였습니다. 그래서 활로 기운 자랑을 하는 사례가 여기저기서 보입니다. 예를 들면 고구려 유리왕의 아들인 해명태자는 기운이 센 장사로 유명했습니다. 유리왕이 늘 불안해할 정도로 이웃나라들에게 큰소리를 쳤습니다. 이 소문을 들은 황룡국에서 아주 센 강궁을 선물했습니다. 황룡국은 고구려와 패권을 다투는 나라였습니다. 자기를 시험해보고자 하는 의도를 안 태자는 사신이 보는 앞에서 활을 당겨서 부러뜨렸습니다. 놀라는 사신에게 "내 힘이 센 것이 아니라 활이 약한 것이다"라고 했습니다. 황룡국의 왕이 이 말을 듣고 크게 놀랐습니다.

그런데 이 때문에 태자는 죽게 됩니다. 태자는 유리왕의 유약한 정책을 비판하고, 또 도읍을 옮겼는데도 왕을 따라가지 않고 옛 도읍에 그

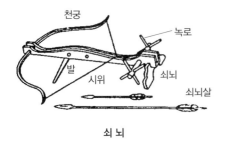

천궁

녹로

발

시위

쇠뇌

쇠뇌살

**쇠 뇌**

대로 남아서 말썽을 피웁니다. 그렇잖아도 약한 나라라서 이웃나라와 잘 지내야 사직이 무사한데 태자라는 놈이 눈치코치 없이 함부로 힘을 과시하고 다닙니다. 왕으로서는 큰일이지요. 이로 인해 전쟁이 일어나면 국력이 약한 고구려가 언제까지 버틸 수 있을지 불안한 것입니다. 이대로 두었다간 나라의 장래를 기약할 수 없다고 판단한 것이겠지요. 아들에게 자결하라고 칼을 내리는 유리왕. 태자는 하늘을 우러러 탄식하고는 벌판에 창을 거꾸로 꽂아놓고 자기가 사랑하는 말을 타고 힘껏 달리다가 몸을 창 위로 던집니다. 고구려의 첫 아침을 장식했던 한 영웅의 장엄한 최후입니다. 그래서 형을 존경하던 동생 무휼(無恤)이 태자가 됩니다. 그리고 나중에 대해주류왕(大解朱瑠王, 혹은 大武神王)이 됩니다.

大자가 붙은 것으로 보아 알 수 있듯이 고구려가 한 나라로서 그 기틀을 완전히 잡은 것은 이 왕 때입니다. 부여도 이 왕에게 망합니다. 영웅 곁에는 영웅이 모여드는 법입니다. 이 왕에게는 대단한 영웅들이 모여들었습니다. 얼굴이 희고 두 눈이 빛나며 칼을 귀신처럼 잘 써서 결국 부여왕 대소(帶素)의 목을 베는 구척장사 괴유(怪由), 긴 창을 잘 쓰는 마로(麻盧), 꾀 많은 을두지(乙豆智)같은 영웅들이 다 그런 사람들입니다. 이 시대를 배경으로 소설을 쓴다면 나관중이 쓴 『삼국지연의』에 못지않은 웅장한 서사시가 나올 것입니다. 그리고 영웅은 짐승도 알아보는 법이어서 '거루(駏驤)'라고 하는 훌륭한 말을 얻습니다. 유비가 적토마를 얻은 것과 비교됩니다.

옛날에 쓰던 활은 모두 일곱 가지라고 합니다. 그런데 아깝게도 각궁 한 가지만이 전합니다. 기록상에 나타나는 나머지 활을 정리하면 다음과 같습니다.

① 정량궁(正兩弓) : 흔히 큰 활이라고 하니 말 그대로 길이가 다섯 자 다섯 치(五尺五寸)입니다. 줌의 정중앙으로부터 도고지까지 길이가 두 자 두 푼(兩尺二分), 아귀의 너비가 한 자 네 푼(一尺四分), 오금의 너비가 한 치 닷 푼(一寸五分), 창밑의 너비가 한 치 석 푼(一寸三分), 도고지부터 양냥고자까지 길이가 여섯 치 석 푼(六寸三分), 고자의 너비가 한 치 일곱 푼(一寸七分), 양냥고자의 길이가 한 치(一寸)입니다. 그 제도가 각궁과 같되 몸체(體幹)가 크고 두터우며(厚大) 강하여 쏘는 사람이 활을 가득 당길 때는 앞으로 뛰어나가면서 그 반동의 힘으로 쏘는 것이 보통이고, 서서 쏘는 사람이 드물며 전시용입니다. 초시와 복시에 이 활을 쓰며, 무인으로서 등단한 사람들 가운데 이 활을 쏘지 않는 자가 없습니다.

② 예궁(禮弓) : 본이름은 큰 활(大弓)입니다. 길이가 여섯 자(六尺)이며 제도는 각궁과 같으나, 여섯 가지 재료(六材)를 합해서 만드니 궁중 연사(宮中燕射)와 반궁대사례(泮宮大射禮)와 향음주례(鄉飲酒禮)에 쓰이므로 예궁이라는 호칭이 있습니다.

③ 목궁(木弓) : 외자이름(홑이름, 單名)으로 호(弧)이며, 궁간목(弓幹木, 앳기찌)과 궁간상(弓幹桑, 산뽕나무)로 만드니 제도가 극히 단순하여 전쟁과 수렵에 다 씁니다.

④ 철궁(鐵弓) : 쇠로 만들며, 전쟁 때 씁니다.

⑤ 철태궁(鐵胎弓) : 그 제도가 각궁과 같습니다. 다만 활의 몸채(幹)를 쇠로 만들어 전쟁과 수렵에 다 씁니다.

⑥ 동개활(弜) : 활과 살을 동개, 즉 건(鞬)에 넣어서 등에 지고 말
타고 달리며 쏘는데 쓰이니 전쟁용입니다. 그 제도가 각궁과
같되 여섯 가지 재료로 만드는 것이 다릅니다. 가장 작은 활입
니다.

⑦ 각궁(角弓) : 후궁(帿弓)이라고 하며 또는 장궁(長弓)이라고도
합니다. 전쟁과 수렵에 쓰이는 것과 연악(讌樂)과 운동에 쓰이
는 두 가지가 있습니다.

## ▲ 화 살

화살은 보통 죽시(竹矢)를 씁니다. 말 그대로 대나무로 만든 살입
니다. 가늘 고 긴 대나무를 구해서 만들어야 하기 때문에 살이 좋으려면
우선 재료인 대나무가 좋아야 합니다. 그래서 중부 이남에서 나는 시누
대(海藏竹)를 많이 씁니다.

아시다시피 대나무의 북한계선은 금북정맥(錦北正脈), 즉 차령산
맥 이남입니다. 그래서 같은 충청도라고 하더라도 대천의 대나무와 그
위쪽인 서산, 당진의 대나무가 전혀 다릅니다. 그러니까 지금은 안 그렇
지만 옛날에는 북쪽에서는 대나무 화살을 쓸 수 없었다는 결론입니다.

그렇다면 어떤 화살을 썼을까 하는 궁금증이 생깁니다. 남쪽 지방
에서 수입해다가 쓰지 않았겠느냐구요? 그러다가 사이가 안 좋은 백제
나 신라가 수입을 금지하면 어떡합니까? 그보다 가장 흔히 쓴 것은 광대
싸리였다고 합니다. 옛 기록에 호시(楛矢)로 나오는 것입니다. 광대싸리
란 통이 굵고 곧게 자라는 싸리입니다. 대나무처럼 곧게 잘 자랍니다.
봄철에 싹이 날 때 광대싸리 등치를 베어놓으면 그 밑동 둘레에서 싹이
수북이 돋아납니다. 이것이 여름 한 철 자라면 사람의 키를 넘습니다.

아주 곧지요. 매년 봄에 한 번씩 손질을 해주어야 하는 불편만 무릅쓰면 이보다 더 좋은 살감도 없습니다. 주산지는 함경북도 지방입니다. 이성계가 즐겨 썼다는 것도 이 화살입니다.

호시는 중국 측의 기록에 오래 전부터 나타납니다. 숙신, 여진 지방의 특산물로 중국에 자주 공물로 바쳤습니다. 숙신에서는 촉도 청석(靑石:흑요석)을 쓰고 거기에 독을 발랐다고 합니다. 나중에 고려에 오면 광대싸리 주산지인 함경북도가 여진의 활동무대가 되어 호시를 못 쓰게 됩니다. 그래서 고려 때는 버드나무가지로 살(柳條)을 만들어 씁니다.

대나무는 아무리 잘 자라도 마디가 없을 수 없습니다. 이것을 살로 쓰려면 당연히 마디 부분을 깎아내야 합니다. 보통 마디는 셋입니다. 그래서 가운데 있는 마디는 '허릿간마디' 라고 합니다. 촉 쪽으로 있는 마디는 맨 아래에 있다고 해서 '아랫마디' 라고 합니다. 반대로 그 위쪽은 깃이 있는 곳이어서 '깃간마디' 라고 합니다. 깃간마디 위쪽으로 깃이 세 갈래 붙어 있습니다. 깃은 화살이 날아가는 방향을 일정하도록 조절하는 작용을 합니다. 깃의 끝이 약간 굽어서 붙었기 때문에 화살은 돌면서 날아가게 됩니다. 대개 꿩깃으로 씁니다. 옛날에는 흰죽지참수리깃을 최고로 쳤다고 합니다. 흰 색이 내는 멋 때문이겠지요.

재미있는 것은 여름이나 가을철에 살을 엉뚱한 곳으로 쏘아서 찾지 못하고 하루를 넘기면 깃이 하나도 남지 않는다는 것입니다. 알고 보니 밤 사이에 귀뚜라미나, 메뚜기, 방아깨비 같은 것들이 갉아먹는 것입니다. 두 세 순 내는 동안에도 갉습니다. 그래서 살을 잃어버렸으면 날을 넘기지 말고 찾아야 합니다. 깃 사이에다가 이름이나 소속 정 이름을 씁니다. 이것을 각명(刻名)이라고 합니다. 이 깃은 잘 구겨집니다. 나무에 붙어서 나무와 같이 다루니 당연한 일입니다. 깃이 구겨지면 살이 날아가는데 영향을 줍니다. 그래서 구겨진 깃은 똑바로 펴야 하는데 수증기에 쏘이면 거짓말처럼 곧게 펴집니다. 여기저기서 물건을 다루는 놀라운 슬기를 배웁니다.

그리고 살의 꽁지는 시위에 끼우도록 홈을 팠는데 그곳을 '오늬'라고 합니다. 『훈몽자회』에는 '오늬'로 쓰여 있습니다. '온+늬'의 구성을 보입니다. 온은 '온누리', '온(百)' 등에서 보듯이 가득하다는 뜻입니다. 홈에 시위 줄을 가득 차게 한다는 뜻이겠지요. 물론 '늬'는 명사화접미사입니다. 하늬바람의 '하늬'와 똑같은 구성입니다. 대나무는 속이 비었으니까 그대로 홈만 파서 시위에 끼워 쓰면 금방 쪼개집니다. 그래서 그 홈 만드는 부

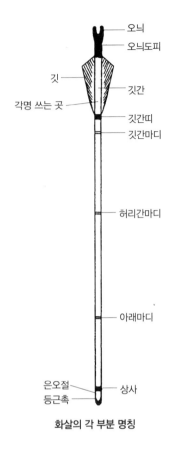

**화살의 각 부분 명칭**

분은 다른 나무를 씁니다. 싸리나무입니다. 싸리나무로 오늬를 만들어서 대나무의 꽁무니에 콕 끼우는 겁니다. 그리고 충격으로 오늬가 떨어져나가거나 혹은 대나무가 쪼개지지 않도록 겉을 쌉니다. 그것을 오늬도피라고 합니다. 도피(桃皮)는 복숭아나무껍질입니다. 촉 쪽에도 마찬가지입니다. 촉을 박은 부분이 쪼개지지 않도록 싸는 것을 상사라고 합니다. 촉은 순우리말로는 '살밑'인데 옛날에는 날카로운 촉을 썼습니다만, 살상의 의미가 사라지고 스포츠로 굳은 지금은 둥근 촉을 씁니다.

은오절(隱五節)이란 말이 있습니다. 말뜻은 '숨겨진 다섯째 마디'

입니다. 죽시에 나타난 마디는 모두 셋이라고 말했습니다. 그런데 양끝까지 합하면 모두 다섯으로 볼 수 있습니다. 오늬를 첫마디로 본다면 촉에 닿는 부분은 깃간마디, 아랫마디를 거쳐, 다섯째 마디가 될 것입니다. 그런데 그것이 대나무가 갈라지지 말라고 싼 상사가 촉 속에 들어있게 됩니다. 이른바 '숨겨진' 것입니다. 그래서 '은오절'이라고 한 것입니다. 또 토리도 있습니다. 이것은 둥근 촉에는 없지만 전시에는 살상용 촉을 달 때 죽시 끝에 끼워서 쇠촉을 고정시키도록 한 것입니다.

대나무에는 마디마다 눈이 있기 마련입니다. 여기서 눈이 자라서 가지가 되는 것입니다. 따라서 살에도 그 눈의 자취가 그대로 남아있습니다. 화살을 시위에 끼울 때는 깃간마디의 댓눈이 위로 향하도록 끼웁니다. 오늬도 그렇게 끼우도록 만들어져 있습니다. 그렇게 끼우면 깃 사이에 활이 붙습니다. 깃이 활의 몸통을 치고나가지 않도록 배려한 것입니다.

그런데 몇 년 전에 새로운 화살이 나왔습니다. 카본으로 만든 화살입니다. 그래서 카본살이라고 합니다. 규격은 죽시와 똑같지만 굵기가 훨씬 더 가늡니다. 이것은 바람의 영향을 덜 받는다는 뜻입니다. 그래서 기록경기를 할 때는 죽시보다 카본살을 씁니다만, 5단 이상인 명궁대회에서는 각궁과 죽시밖에 못 씁니다. 협회에서 그렇게 정한 것입니다. 우리활의 전통을 보존하기 위한 처방이겠습니다. 그리고 실제로 쏘아보면 죽시와 카본살은 그 느낌이 차이가 있습니다. 뭐라고 딱 꼬집어 말할 수는 없지만, 카본이 기계에 찍혀 나온 운명 그대로 차가운 느낌이라면 죽시는 활을 차고 나가는 손맛이 있다고나 할까요. 아마 생명이 있는 것과 없는 것의 차이 같습니다.

그리고 많이 쓰는 것은 아니지만 치마화살도 있습니다. 재미있는 이름입니다. 말 그대로 오늬 쪽은 가늘고 촉 쪽으로 가면서 점점 굵어지는 살입니다. 그 모양이 치마를 닮은 것입니다.

그리고 소리화살도 있습니다. 옛날부터 '우는 살'
이라고 불렀던 것입니다. 화살 촉 뒤에 속이 빈 나무
깍지를 달아서, 살이 날면 바람이 그 안에서 소용돌이
를 일으키면서 소리를 냅니다. 바람이 불 때 방향이 제
대로 맞으면 빈 병 주둥이가 우는 것과 같은 이치입니
다. 단소나 대금도 이 원리를 이용하고 있습니다. 단
소, 대금, 퉁소 등이 다 그렇습니다. 입술의 방향이 조

우는 살

금만 틀리면 소리가 나지 않습니다. 처음 배우는 사람은 소리를 내는 일
자체가 힘들어서 애를 먹습니다. 이 우는 살은 주로 사냥을 할 때 썼는
데 고구려 고분벽화에도 보입니다. 이성계가 특히 좋아했다고 합니다.
그래서 이성계가 쓰던 화살을 대초명적(大哨鳴鏑)이라고 합니다. 명적
은 우는 살이라는 뜻이니, 큰 소리로 우는 살이라는 뜻입니다. 촉 뒤에
붙인 나무 깍지가 컸기 때문에 우는 소리도 크게 나는 것입니다. 나무깍
지의 크기가 배(梨)만 했다고 합니다.

화살이 휘거나 쪼개지는 것을 '졸간다'고 말합니다. 이것을 확인
하는 방법은 엄지와 중지를 오그려 손톱을 맞대고 골짜기를 만듭니다.
그 골짜기에 살의 중심 부분을 걸치고서 핑그르 돌려보면 곧고 반듯한
살은 차르르 하는 경쾌한 소리를 내며 돌아갑니다. 휜 살은 덜덜덜 떨
며 돌아가고, 금이 가거나 뒤틀린 살은 툭툭툭 하는 둔탁한 소리를 냅
니다. 살이 부러지거나 쪼개지면 균열이 간 부분이 소리를 흡수하기 때
문입니다.

금이 간 살은 반드시 버려야 합니다. 아깝다고 그대로 쓰다가는 큰
사고를 당합니다. 활의 탄력이 강하기 때문에 조그만 부분이 스쳐도 손
에는 엄청난 상처가 생깁니다. 휜 살은 곧게 잡아주어야 합니다. 보통

비스듬히 겨누어보아서 휜 부분을 찾아내서는 반대편으로 휘어주면 되는데, 처음에는 휜 부분을 찾아내기가 무척 어렵습니다. 그냥 잡으면 곧 원상태로 돌아갑니다. 그래서 불에 쪼이며 잡아야 합니다. 화로나 난로에 쪼이면 편합니다만, 화로가 없을 때에는 라이터 불로 휜 부분만 조금 지지고서 잡아도 당분간은 쓸 수 있습니다.

활이 무게를 외제로 나타내는데 반해서 화살은 규격을 국산으로 표시합니다. 화살을 주문할 때 '육오에 육오' 이런 식으로 주문합니다. 육오란 한자 六五입니다. 앞에 육오는 길이, 뒤의 육오는 무게입니다. 가장 흔하게 쓰는 살이 육오에 육오 화살입니다. 길이는 두 자 여섯 치 닷 푼(2尺 6寸 5分)입니다. 무게는 여섯 돈 닷 푼(6돈 5分)입니다. 그러니까 길이를 나타내는 앞의 육오는 두 자를 빼고서 하는 말입니다.

그런데 재미있는 현상이 있습니다. 우리말에서 미세한 단위로 들어가면 길이를 나타내는 단위나 무게를 나타내는 단위가 같다는 점입니다. 둘 다 '푼'입니다. 모순되는 것 같습니다만, 저는 여기서 우리 조상의 슬기를 또 한 번 봅니다. 길이가 짧아지면 짧아질수록 무게를 잰다는 일이 의미가 없어지고, 무게가 작아지면 작아질수록 길이를 잰다는 일이 의미가 없어진다는 뜻입니다. 그러니까 극소의 세계에서는 길이와 무게가 다 필요하지 않고 어느 하나만 알면 된다는 것입니다. 과연 그렇습니다. 극히 작은 것에서 무게나 길이를 따로 잰다는 것이 무의미합니다. 극히 작은 세계에서는 어느 하나만 알아도 불편하지 않다는 것입니다. 무게와 길이가 하나로 만나는 불가사의한 세계가 여기 있습니다.

화살도 활에 따라서 쓰는 것이니만큼 활의 숫자만큼이나 다양했지만 지금 전하는 살은 아깝게도 활과 마찬가지로 유엽전뿐입니다. 옛날에 있었던 살을 정리하면 다음과 같습니다.

① 나무살(木箭) : 이름과 같이 나무로 만든 것이니, 표적을 세우고 서서 쏘되(步射) 세 발(三矢)을 씁니다.

② 쇠살(鐵箭) : 육량전, 아량전, 장전 세 종류로 나닙니다.

- 육량전(六兩箭) : 싸리(枯), 대(竹), 쇠(鐵), 힘줄(筋), 깃(羽), 도피(桃皮), 풀(膠) 등 일곱 가지 재료로 만들어 살의 무게가 여섯 냥(六兩)이 되므로 이 이름이 붙었습니다. 그냥 육냥이라고도 합니다. 또 이것이 쇠살의 정식 냥수(兩數)에 부합하는 것이라 하여 정량(正兩)이라고도 합니다. 무과 초시와 복시에 정량궁, 즉 큰 활로 쓰고 세 발을 쓰며 거리는 팔십 보부터 백보이니 전투용입니다.

- 아량(亞兩) : 육량과 똑같이 만들고 그 무게가 넉 냥(四兩)이니 정식 냥수(正式兩數)에 버금가는 것이라 하여 이런 이름이 붙었습니다.

- 장전(長箭) : 육량과 똑같고 무게가 한 냥(一兩)으로부터 한 냥 오 륙 전(錢)까지이니 전시에 궁수(弓手)용입니다.

③ 예전(禮箭) : 길이가 세 자(三尺)요, 깃이 크니 반궁대사례(泮宮大射禮)와 궁중연사와 향음주례에 쓰입니다. 네 발(四矢)을 쓰는데, 사(四)라는 수를 승(乘)이라 하므로 예궁과 이 살을 칭하여 대궁승시(大弓乘矢)라고 합니다.

④ 편전(片箭) : 속칭 '애기살'이라고 하며 살이 작아서 붙여진 이름입니다. 길이는 촉을 제거하고 천을 마를 때 재는 자(布帛尺)로 여덟 치(八寸)이니 무과 초시와 복시에

편전

세 발을 쓰며 거리는 일백 삼십 보입니다. 이것을 대나무 통에 넣고서 발사하니 이는 과거시험(科規)의 표준(準的)이요, 천보 이상을 날아가며, 살의 관통력(着力)이 강하고 촉이 날카로워 갑옷이라도 능히 꿰뚫습니다.

⑤ 동개살 : 대우전(大羽箭)이며 동개, 즉 건 (鞬)에 넣으므로 동개와 함께 이 이름이 붙었으며 전시마상용입니다.

⑥ 장군전(將軍箭) : 순전히 쇠로 만드니 그 무게가 세 근(三斤)에서 닷 근이요, 포 (砲)와 노(弩)로 쏘아서 적선을 파괴하는 데 씁니다.

동개살

⑦ 세전(細箭) : '가는 대'라고 하며 적진에 격서를 보낼 때만 씁니 다. 습사 시에 이백팔십 보 밖의 푸른 휘장(靑帳)을 넘겨야 제대 로(主) 쏜 것으로 칩니다.

⑧ 유엽전(柳葉箭) : 무과 초시와 복시와 취재(取才) 등 모든 시험 과 습사에 씁니다. 그 무게가 여덟 돈(八錢)이며 다섯 발(五矢) 을 쓰고 무과 초시와 복시에 쓰는 것 외에는 촉을 날카롭게 하 는 것을 금하며 거리는 120보로 합니다.

유엽전은 각궁에 쓰니 일곱 가지 재료로써 만듭니다. 그 길이 는 두 자 일곱 치(兩尺七寸)에서 두 자 아홉 치입니다. 쏘는 이 의 팔(臂)과 활의 장단이 따르며 법정 무게가 여덟 돈(八錢)이니 여섯 돈(六錢)에서부터 가장 무거운 것은 한 냥(一兩) 이상에 이 르며 살대(苛)는 대로 하고 오늬는 광대싸리로, 깃은 꿩깃으로 하며 촉은 시우쇠(正鐵)로 합니다.

그리고 화살에 대해서 알고 있으면 도움이 되는 점을 정리하면 다음과 같습니다.

① 상사 부분보다 깃간이 가늘면 살걸음은 빠르나 영축(零縮 : 화살이 덜가고 더 가는 것)이 약간 생깁니다.
② 상사 부분보다 깃간이 더 굵으면 살걸음이 느립니다.
③ 위와 아래의 굵기가 고른 것이 잘 맞습니다.
④ 깃이 높으면 살걸음은 느리나 방향은 정확하게 갑니다.
⑤ 허리힘이 약하면 깃 먹는 살이 많고, 강하면 대체로 바로 먹습니다.
⑥ 대(矢竹)의 면이 한 쪽은 얇고 다른 쪽은 두꺼우면 바로 먹지 않습니다.
⑦ 오늬가 너무 꼭 끼이거나 헐거워도 바로 먹지 않습니다.
⑧ 깃이 일정하게 붙어있지 않거나 높고 낮아도 살이 꼬리질을 합니다.
⑨ 대의 색이 너무 짙으면 졸이 잘 가지 않으나 잘 부러지고 너무 엷으면 졸은 많이 가지만 덜 부러집니다.

## ▲ 깍 지

깍지는 활시위를 걸어서 당기는 엄지손가락에 끼우는 쇠뿔을 말합니다. 한자로는 각지(角指)라고 씁니다. 각지가 경음화를 일으켜서 깍지가 된 것처럼 보입니다. 그리고 많은 사람들이 그렇게 생각하고 있습니다. 그런데 이것은 억지입니다. 오히려 그 반대가 맞는 것 같습니다. 즉 깍지라는 말은 순 우리말입니다. 콩깍지란 말이 있어서 그 증거가 됩니다. 알맹이를 싸고 보호하는 껍데기를 말합니다. 손가락에 끼는 깍지도 마찬가지입니다. 그러니까 깍지를 '角指'로 쓰는 것은 원래 우리말에 한자를 억지로 갖다 붙인 결과입니다.

깍지

　이것은 아득한 옛날에는 없었던 것 같습니다. 즉 깍지 없이 그냥 맨손가락으로 당겼다는 것입니다. 엄지손가락이 아프겠지만 인간의 적응력이란 상상을 초월하는 엄청난 것이어서 곧 그 자리에 굳은 살이 박이기 마련입니다. 임진왜란 때 탄금대에 배수진을 친 조선의 병사들이 활을 하도 많이 쏘아서 달아오른 손가락을 식히느라 물에 적셨다는 전설이 있는 것을 보면 깍지를 낀 것은 그리 오래 되지 않았을 것 같습니다. 그리고 전쟁이 일상화되었던 고대에는 활 쏘는 일이 단순한 운동이나 장난이 아니라, 사람의 목숨을 놓고 분과 초를 다투는 일이었기 때문에 깍지 끼는 일이 오히려 번거로웠을 것입니다. 그리고 오래 전에 활을 쏜 사람들 가운데에는 깍지를 쓰는 대신 엄지손가락에 헝겊을 감고 쏘았다는 사람도 있습니다. 『훈몽자회』에는 '헐겁지'라고 나옵니다.

　깍지는 쇠뿔로 만듭니다. 깍지를 보면 소는 버릴 것이 하나도 없다는 옛말이 떠오릅니다. 쓸모가 없는 것 같은 쇠뿔도 이렇게 깍지로 쓰이는 것입니다. 쇠뿔의 끝을 잘라냅니다. 원뿔이 되지요. 원뿔 끝을 잘라내고 엄지손가락을 넣습니다. 그러면 닿아서 더 들어가지 않겠지요. 그 때 손톱이 닿는 부분을 깎아냅니다. 그러면 뿔이 한 부분만 뚫리면서 손가락이 드러납니다. 그 원리로 깍지는 엄지손가락에 걸립니다. 타원형으로 깎아서 옆으로 뉘어 끼우고는 손가락을 돌려서 바로 세우면 끝마디에 걸립니다. 그래서 딱딱한 쇠뿔이 엄지손가락 안쪽을 덮습니다. 그

깍지 위에 시위를 걸고 당기는 것입니다. 그러면 미끈한 뿔을 타고 시위가 잘 벗겨집니다.

사람들이 멋을 부리면서 화살의 깃으로 흰죽지참수리깃을 선호하듯이 깍지도 둘레를 둥글게 돌아가면서 하얀 색이 박힌 뿔을 좋아합니다. 제주도에서만 사는 검정소의 뿔로 만들기 때문에 꽤 비쌉니다. 보통 깍지가 1만원인데 비해 그런 깍지는 3~5만원을 호가합니다.

여기까지는 암깍지를 설명한 것입니다. 암깍지가 있고 숫깍지가 있습니다. 암깍지가 엄지손가락 안쪽을 덮는 반면 숫깍지는 손가락과 직각으로 서게 됩니다. 굵은 막대처럼 생겼습니다. 웬만한 도장 굵기입니다. 그래서 시위에 걸고서 깍지처럼 손가락을 웅크릴 필요가 없습니다. 곧게 펴서 숫깍지를 움켜잡고 당기면 됩니다. 턱깍지라는 것도 있습니다. 암깍지 끝에 시위가 걸리도록 홈을 판 것입니다.

### ▲ 궁 대

궁대(弓帶)는 말 그대로 활을 쏠 때 허리에 차는 띠를 말합니다. 화살을 한 순(5개) 허리에 찬 궁대에 꽂고 하나씩 빼어 쏘는 겁니다. 그리고 활을 쏘고 난 뒤에는 풀어서 각궁을 그 안에다 넣습니다.

궁대는 헝겊을 길게 잘라서 긴 쪽으로 반을 접어 꿰맵니다. 그것을 뒤집으면 자루처럼 됩니다. 활을 쏘지 않을 때는 부려서 거기다 집어넣습

궁 대

다. 활이 긁히지 않도록 보호하는 활집 노릇도 해줍니다.

궁대 끝은 앞뒤로 똑같은 주머니가 달려 있습니다. 옛날에는 활을 쏠 때 두루마기까지 갖춰 입었는데, 궁대는 두루마기 안에 찼습니다. 그러니 촉이 두루마기 안으로 들어갑니다. 촉에는 흙이 묻어서 옷을 더럽힙니다. 그래서 촉이 들어가는 자리를 마련한 것이 궁대 끝의 그 주머니입니다.

### ▲ 살 통

화살을 넣어가지고 다니는 통입니다. 죽시는 꿩깃이 달려있기 때문에 잘 구겨집니다. 전통에 넣어야만 오래 쓸 수 있습니다. 오동나무로 만든 것을 최상품으로 칩니다만, 종이로 만든 지전통(紙箭筒)도 있습니다. 흔히는 구하기 쉬운 대나무로 만든 전통을 씁니다.

### ▲ 복 장

활을 쏠 때 갖춰야 할 복장은 딱히 어떠해야 한다고 하는 것은 없습니다. 그러나 활쏘기가 옛날부터 양반사회에서 행해진 것이니만큼 신분에 걸맞게 점잖은 복장을 했습니다. 옛날 활쏘기 대회 사진을 보면 노인들이 두루마기까지 갖춰 입고 사대에 선 모습을 볼 수 있습니다. 요즘은 운동하는데 불편하지 않은 복장이면 됩니다.

복장과 관련하여 또 한 가지 생각해볼 것이 있습니다. 이것은 복식사 연구자들이 해야 할 몫입니다만, 내가 과문한 탓인지 여태까지 이것에 대해 언급한 글을 본 적이 없습니다. 옛날부터 중국인들은 그들 특유의 자긍심으로 주변 부족을 깔보느라고 쓴 말 가운데 좌임(左袵)이란 말이 있습니다. 예를 들면 이민족과 싸우다가 패배할 뻔한 것을 가리켜 '하마터면 좌임을 할 뻔했다'는 등의 표현을 합니다. 오랑캐의 풍속을 따를 뻔했다는 뜻입니다.

그렇다면 좌임이 무엇이기에 이 건방진 자들이 그런 표현을 썼을까요? '임'은 옷깃을 가리키는 말입니다. 그러니까 좌임은 옷깃을 왼쪽으로 여민다는 뜻입니다. 이 말로 미루어보면 중국인들은 옛날부터 좌임이 아니라 우임, 그러니까 옷깃을 오른쪽으로 여몄다는 것을 알 수 있습니다. 자기들처럼 하지 않는 놈들이라는 뜻으로 좌임이라고 욕했던 것입니다. 이런 욕을 얻어먹기 싫었는지 요즘은 전통 한복에서도 모두 우임으로 합니다. 중국식의 풍속에 따르다 보니 우리 옷까지 바꾼 것입니다.

그런데 왜 오랑캐들은 우임이 아닌 좌임을 택했을까요? 모든 풍속은 반드시 그렇게 된 이유가 있는 법입니다. 중국인들이 우임을 했다면 그들이 그렇게 할 수밖에 없는 이유가 있고, 우리가 좌임을 했다면 반드시 그렇게 할 수밖에 없는 이유가 있었던 것입니다. 특히 삶에 밀접한 옷은 삶의 필요에 따라 바뀌는 것이기 때문에 더더욱 그렇습니다. 이것이 함부로 남의 문화에 대한 입방아가 되어서는 안 되는 까닭입니다.

우리 조상들이 중국인들의 비웃음을 당해가면서도 좌임을 고집한 것은 순전히 활 때문이었습니다. 활을 당기면 시위는 가슴 전체에 닿습니다. 만약 그 안에 거치적거리는 것이 있으면 시위에 걸립니다. 그런데 옷고름을 오른쪽에 달아 보십시오. 그러면 시위에 채여 떨어져나갈 것입니다. 그러니 옷깃을 오른쪽으로 여밀 수 없었던 것입니다. 활 쏘는 민족은 반드시 좌임을 하게 되어 있습니다.

이것은 고분벽화에 타나나는 고구려인들의 옷이 분명하게 말해주고 있습니다. 그들의 옷에는 옷고름도 없습니다. 옷고름 없이 옷깃을 왼쪽으로 여미며 허리에 끈을 묶었습니다. 활시위에 걸리적거리기 때문입니다. 고구려인들의 옷은 활을 쏘기에 알맞게 만들어져 있습니다. 활을 별로 쏘지 않는 중국인들은 옷깃을 왼쪽으로 여밀 필요가 없었던 것입니다. 이런 것도 모르고 남을 비웃고 있으니, 참새가 뱀더러 다리 없다고 흉보는 것과 다를 것이 하나도 없습니다.

고구려인들의 옷이 활을 쏘는데 알맞게 만들어져있다는 것은 소매만 보아도 알 수 있습니다. 소매의 통이 좁습니다. 통이 넓어서 소매 깃이 늘어지면 시위가 치기 때문입니다. 활동성이 강한 옷일수록 소매는 좁아지기 마련입니다. 거치적거리기 때문이지요. 뒤집어 얘기하면 소매통이 넓고 바지통이 넓은 사람들은 겉치레를 좋아하고 별로 움직임이 없는 사람들, 그러니까 지배자들이라는 것을 알 수 있습니다. 예상대로 고구려에도 지배층부터 중국의 풍속을 본뜨기 시작합니다. 그래서 지배층의 의상을 보면 대체로 화려하고 통이 지나치게 넓습니다. 좌임에서 우임으로 바꾼 것도 지배층에서부터 시작되었음을 짐작하기 어렵지 않습니다. 몸을 많이 움직일 필요가 없는 계층이기 때문입니다. 그래서 고구려 벽화에는 좌임과 우임이 다 같이 나옵니다. 지배계층은 당연히 우임이고, 통이 넓은 옷을 입습니다. 그러니까 자신들의 삶을 생각지 않고 외국의 문화를 흉내는 못된 버릇은 허례허식을 좋아하는 지배층부터 시작되었다는 것을 알 수 있습니다.

# 활쏘기의
# 원론

# 활터의 구조

## ▲ 활터 이름

활터는 정이라고 부릅니다. 전통 있는 활터에는 정자가 한 채 있기 마련입니다. 정자의 현판을 보면 대개 무슨무슨 '정(亭)'이라고 쓰여 있습니다. 그리고 그 지역에 걸맞는 이름이 대개 두 자 더 붙습니다.

예를 들면 여기 단양의 경우는 '대성정(大盛亭)'입니다. 이곳 신단양은 남한강이 싸안고 돌아가는 곳에 있는데, 그 물굽이 한 그 산이 솟아있고, 그 산의 치맛자락에 주욱 돌아가며 집들이 옹기종기 들어서 있습니다. 이른바 풍수지리에서 말하는 연화부수(蓮花浮水) 형에 해당합니다. 그 가운데 솟은 산의 이름이 대성산입니다. 그래서 그 이름을 딴 것입니다. 또 그 말뜻을 보면 크게 성한다는 것이니, 그 뜻을 취한 바도 없지 않습니다. 그리고 제천의 경우는 옛날부터 유명한 의림지(義林池)의 이름을 따서 '의림정'입니다.

그렇다고 꼭 지역의 특성과 연관된 이름만 사용하는 것은 아닙니다. 우리나라의 국궁 1번지는 황학정(黃鶴亭)입니다. 고종황제가 활을 쏘던 곳이라고 하지요. 남산에는 석호정(石虎亭)이 있고, 괴산의 경우는 사호정(射虎亭)입니다. 석호나 사호란 고사와 관련된 말로, 범을 쏜다는 뜻입니다. 또 지역에 따라 관덕정이라는 활터도 꽤 많습니다. 지역의 특성과는 상관없는 이름입니다. 그렇기는 해도 이름이 주는 정서가 있기 때문에 대부분은 자기들에게 낯익은 이름을 붙입니다.

활터에다가 다락 이름인 정(亭)을 붙인 것은 활의 기능과 관계가 있습니다. 원래 정자라는 것은 옛날의 선비들이 글공부를 하다가 잠시 쉬려고 만든 것입니다. 문제의 그 '쉬는' 방법은 여러 가지입니다.

정자에서 우리가 먼저 떠올릴 수 있는 것은 풍류입니다. 풍악을 울려가며 노는 것 말입니다. 조선시대의 그림에서 많이 볼 수 있는 내용입니다. 대개 양반들이 기생을 동원해서 소리며 악기를 갖춰놓고 공부로 뜨거워진 마음과 몸을 달래는 것입니다. 그러다가 여기에 탐닉해서 패가망신하는 과정이 풍부한 이야깃감으로 야사나 소설에 등장합니다. 이런 것은 정자의 안 좋은 측면입니다.

그러나 정자를 꼭 그런 식으로 사용한 것만은 아닙니다. 정자 하면 그 옆에 강물이 흘러야 하는 것쯤으로 생각하지만 농부들이 일하다가 쉬는 곳에 지은 원두막도 정자의 일종입니다. 선비들은 이 정자를 놀이 장소 겸 심신단련의 장소로 여겼습니다. 활이 그 증거입니다. 한편으로는 풍류를 잽히면서 한편으로는 활을 들고 나와서 체력을 단련했던 것입니다.

조선시대의 점잖은 선비들을 생각하면, 한 가지 궁금한 것이 없지 않습니다. 요즘은 갖가지 운동이 있어서 건강을 관리하는데 도움이 되지만 옛날의 점잖은 선비들은 건강관리를 과연 어떻게 했을까 하는 점입니다. 평민들이야 맨날 일을 해야 하니까 굳이 운동을 따로 할 필요가 없겠지요. 그러나 사시사철 책상 앞에 앉아서 책만 들여다보고 있는 선비들은 어떻게 건강관리를 했을까 하는 점입니다.

그런데 활을 배우면서 그것은 기우였다는 것을 알았습니다. 옛날 선비들은 반드시 활을 쏘았던 것입니다. 언뜻 보면 왼손으로 활을 잡고 오른손으로 시위를 당기니 어깨운동 밖에 안 될 것 같지만, 그렇지 않습니다. 뒤에서 다시 이야기하겠지만 온몸을 이용하지 않고는 활을 쏠 수가 없습니다. 그 건강관리를 선비들은 정자에서 했던 것입니다. 물론 옛날에 활 쏠 때는 기생들까지 불러다 놓고서 한 발 한 발 맞출 때마다 '지화자 좋다!'를 불리며 쏘았다고 합니다. 관중(貫中)하면 축배 한 잔, 못 맞추면 벌주 한 잔, 이래저래 술을 마시면서 선비들만의 풍류를 즐겼던 것입니다. 풍류와 건강관리의 일석이조를 노린 것입니다. 이것이 활터에 정자가 있는 까닭입니다.

그러면 정자가 없는 활터는 어떨까요? 실제로 경기도 지역에는 추수가 끝나고 난 논밭에 돌아다니며 활쏘기 하는 풍속이 많았습니다. 이런 분위기 속에서 활 백일장도 열렸죠. 이와 같이 활터에 정자가 없으면 활터 이름이 '터'라고 붙습니다.

옛날에는 활터 이름도 아주 다양했습니다. 건물이 없으면 '터', 정자가 있으면 '정(亭)', 음식을 해먹을 수 있는 시설이 갖추어졌으면 '당(堂)', 이런 식입니다. 실제로 『조선의 궁술』에 '노지사터'라는 이름이 나옵니다. 그리고 읍배당, 권무당 같은 이름도 있습니다. 그러니까 우리 전통에서 활터 이름이 '정'으로 획일화된 건 아주 최근의 일임을 알 수 있습니다. 활터의 성격에 따라서 다양한 이름을 붙일 필요가 있고, 그런 전통은 충분히 되살려 쓸 수 있는 것이기도 합니다.

최근 경기도 장호원에 '뚝방터'라는 활터가 생겼습니다. 이름을 보면 강가 뚝방에 있는 활터임을 대번에 알 수 있겠죠. 활터 이름으로 모양까지 연상시킬 수 있는 아름다운 우리말 이름이어서 정감이 갑니다. 지금은 이름이 모두 '정'으로 획일화되었는데, 이것은 활터 문화의 다양성 면에서도 큰 손해입니다. 그런 점에서 장호원의 '뚝방터'는 다양성을 살린 아주 좋은 사례라고 할 수 있습니다.

## ▲ 사 대

사대(射臺)는 말 그대로 한량들이 활을 쏘려고 서는 장소를 뜻합니다. '설자리'라고도 합니다. '설자리'가 본말이었겠습니다만, 사대라는 한자가 워낙 오래 쓰여서 오히려 우리말이 어색할 지경입니다. 그렇지만 지금도 '설자리'라고 합니다.

## ▲ 무 겁

화살이 떨어지는 자리를 '무겁'이라고 합니다. 무겁에는 과녁이 있습니다. 과녁은, 원래 '관혁(貫革)'이었습니다만, 우리말 화하면서 '과녁'으로 그대로 굳었습니다. 우리말로는 '솔'이라고 합니다. 이 말은 조선 중종 22년(1527)에 최세진이 지은 『훈몽자회』에 나오는데, 속칭 토붕(土堋)이라고도 한답니다. 붕(堋)은 흙을 높이 쌓은 것을 말합니다. 그러니까 요즘 같은 과녁이 생기기 전 옛날에는 흙을 담장처럼 높이 쌓아 올려서 표적으로 삼았다는 사실을 알 수 있습니다. 이 흙벽에다가 천을 대고 거기에 사냥감을 그려 넣었겠지요. 이 흙 과녁을 베로 하면서 솔과 베가 합쳐서 '소포'가 됩니다. 솔의 'ㄹ'이 생략되고, 베를 뜻하는 한자 포(布)가 쓰인 것입니다.

과녁이란 말은 중국의 제도에서 왔습니다. 옛날 주나라에서는 센 활(强弓)을 쏠 때는 표적을 갑옷이나 가죽으로 삼았습니다. 그래서 관혁(貫革)이라고 한 것입니다. 동양의 모든 나라는 주나라의 제도를 즐겨서 본떴습니다.

우리가 무심코 쓰는 말 가운데 정곡이란 말이 있습니다. 어떤 일의 핵심을 지적할 때 '정곡을 찔렀다'고 합니다. 이것도 과녁을 가리키는 말입니다. 옛날에는 과녁을 베로 썼습니다. 즉 베를 네모 반듯하게 자릅니다. 이 베의 위쪽과 아래쪽에 가로로 벌이줄을 대서 두 나무 기둥에 묶습니다. 이 기둥을 솔대라고 합니다. 그리고 이 솔대를 땅에 박으면 소포는 나무기둥 사이에 플래카드처럼 펼쳐집니다. 이것을 후(帿)라고 합니다. 이것은 언제나 들고 다닐 수 있습니다. 기둥만 박으면 둘둘 말았던 소포를 쉽게 펼쳐서 과녁을 만들 수 있는 이점이 있습니다. 따라서 활 쏘는 사람들이 즐겨 썼을 것임을 미루어 알 수 있습니다. 이 베 과녁한 가운데에다가 네모난 가죽을 댑니다. 이것을 곡(鵠)이라고 합니다. 혹은 가죽 대신 베에 직접 그리거나 헝겊을 덧대기도 하는데 그럴 때는 정(正)이라고 합니다. 따라서 정곡이란 정과 곡 두 가지를 합친 말로 소포의 중앙부분을 말합니다. 이 정곡을 관(貫) 혹은 적(的)이라고도 합니다. 우리말로는 알과녁이라고 하지요. 그래서 그곳을 맞추면 관중(貫中)이라고 하는 것입니다.

조선시대에는 활과 화살이 다양했기 때문에 거기에 맞추어서 과녁도 다양했습니다. 애기살(片箭)의 경우는 지우(木手)들이 쓰는 자(營造尺)로 가로는 여덟 자 세 치(246cm), 세로는 열 자 여덟 치(320cm), 관은 가로 두 자 두 치, 세로는 두 자 네 치로 했습니다.

보통 말하는 관혁은 가로 여덟 자 세 치(246cm), 세로 열 자 여덟 치(320cm)이고 관은 전체의 1/3이었습니다. 유엽전은 가로 네 자 여섯 치(137cm), 세로 여섯 자 여섯 치(196cm)이고 관은 1/3이었습니다.

이상에서 말한 것은 관청에서 썼다고 해서 관소관혁(官所貫革)이라고 합니다. 민간에서는 이와는 조금 달리 중포(中布)라고 해서 가로

열 자, 세로 열 네자짜리를 썼습니다.

앞서 말한 소포(帿)와 관소관혁은 같이 쓰인 것 같습니다. 대개 활터에서는 과녁을 고정시켜서 놓기 때문에 옮길 필요가 없으니 관을 쓴 것 같습니다. 확인할 수 있는 바로는 고려대학교 박물관에 소장된 김홍도의 그림에 이 과녁의 모습이 나옵니다. 김홍도(金弘道)는 영정조 연간(1745~1816)의 인물이니, 조선의 활터 풍속을 잘 보여줍니다. 이 과녁은 뒤로 좀 기울어 있고 가로보다 세로가 조금 더 길쭉합입니다. 가운데는 네모난 관(貫)이 있고, 상단에 가로로 굵은 선을 짤막하게 넣었습니다. 그림의 오른쪽 하단에는 갓 쓴 선비들이 활을 들고 모여 있습니다. 정자는 활터 오른쪽에 멀찌감치 있습니다. 관소관혁의 모습입니다. 무엇으로 만들었는지는 알 수 없습니다. 그러나 관소관혁이 소포와 주나라의 법제를 본떴을 것이라면 아마도 베를 잘라서 만들고 틀만 나무로 짰을 것입니다. 조선 말기에 활을 잘 쏘아서 베를 찢는다고 사람들이 불평을 하니 베를 찢지 않으려고 맞춘 곳만 계속해서 맞추었다는 명궁의 이야기가 나옵니다. 그러다가 아예 베 대신 나무로 만들었을 것입니다. 그러면 과녁에 박힌 살을 뽑아야 하는데, 그런 필요 때문에 살을 뽑는 노루발(獐足)을 고안합니다.

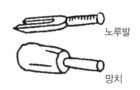

노루발

망치

**노루발과 망치**

그런데 사정(射亭)이 아니라 여기저기 옮겨 다니면서 쏘는 사람들은 소포를 둘둘 말아 가지고 다니다가 활을 쏠 때면 널찍한 장소에서 소포를 펼쳐 솔대를 세우고 쏜 것 같습니다. 소포를 세우는 이야기가 『조선의 궁술』에도 나옵니다.

지금 쓰는 과녁은 1960년대에 대한궁도협회에서 통일시킨 것입니다. 이것은 조선시대에 시행되던 무과의 한 과목이었던 유엽전의 표적에 준하여 만들었습니다. 과녁의 크기는 가로가 여섯 자 여섯 치(六尺六寸), 세로가 여덟 자 여덟 치(八尺八寸)입니다. 그리고 뒤쪽으로 15도 기울입니다. 가운데에 빨간색을 칠한 홍심(紅心)이 있고, 검은 바탕에 사방을 흰색으로 둘렀습니다. 그리고 띠를 두른 것처럼 위쪽 이마쯤에 한 줄을 가로로 더 그었습니다. 그러니까 과녁은 멀리서 보면 한자의 同자처럼 보입니다. 또 흰색을 바탕으로 보면 가운데 검정네모는 소포의 관(貫)입니다. 그 관 안에 홍심이 들어있는 것입니다.

우리나라의 활터가 통일된 모습을 보이는 것은 한국전쟁 후의 일입니다. 그 전까지는 지방마다 거리와 과녁 모습이 조금씩 달랐습니다. 거리의 경우 유엽전 거리 120보를 미터법(cm)으로 환산하는 과정에서 조금씩 차이가 났던 것입니다. 1자가 30.3cm인 것은 일본자입니다. 그렇지만 활터는 조선의 전통이고, 조선은 30.8cm짜리 자를 썼습니다.* 그래서 각기 다른 길이로 120보를 환산하다 보니 혼란이 일었던 것입니다. 지역마다 달라서 어지러우니까 대한궁도협회에서 그것을 통일하여 권장했고, 각 지역의 활터에서 그것을 따른 것입니다.

보통 장소가 협소한 정에서는 과녁을 하나만 놓습니다만 좀 넓으면 두 셋을 놓습니다. 그럴 때는 왼쪽부터 번호를 붙입니다. 1관, 2관, 3관 하는 식으로 번호를 붙입니다. 2개일 경우에는 그 방향을 따서 동관, 서관이라는 말을 쓰기도 합니다.

---

\* 구사들의 말을 들어보면 해방 전의 과녁거리는 150미터였다고 한다. 이것을 미터법으로 환산하면 활터의 자는 30.9cm 정도가 된다.

## ▲ 살날이(運矢臺)

과녁 주변에 흩어진 살을 주워서 나르는 장치입니다. 과녁까지 거리가 145미터이기 때문에 사대와 과녁 양옆에 각각 바퀴를 설치하고 줄을 매어서 화살을 실어 나를 수 있도록 한 것입니다.

## ▲ 주살대

주살대는 원래 '줄살대'였겠지요. 여기서 발음하기 불편한 'ㄹ'이 탈락하고 주살대가 되었을 것입니다. 활살이 화살로 바뀐 것처럼 말입니다. 사대 옆에 긴 대나무를 세워서 낚시처럼 줄을 늘이고 그 끝에 화살 하나를 매달아 놓습니다. 살촉에 구멍을 내고 가느다란 줄을 맵니다. 이것은 활을 처음 배우는 사람들이 자세를 바르게 익히는 데 사용합니다. 궁체를 잡기도 전에 사대에 서면 명중에만 신경을 써서 자세가 흐트러지는 줄도 모르게 됩니다. 이를 방지하려면 과녁을 의식하지 않게 해야 합니다. 그 때 주살대에 달린 화살로 연습하는 것입니다. 그러면 맞는데 신경을 쓰지 않기 때문에 자연 자세를 점검할 수 있습니다. 그런데 궁체는 늘 변하는 것이어서 신참이 아니라도 자세에 이상이 있다고 느끼면 언제든지 나와서 주살대를 쓰면서 궁체를 바로잡습니다.

# 활터의 구성원

## ▲ 한 량

활 쏘는 사람을 한량(閑良)이라고 부릅니다. 한가한 사람들이라는 뜻으로 붙였겠습니다만, 꼭 부유한 사람에게만 붙은 것 같지는 않습니다. 깊이 생각해보면 활은 마음의 여유가 있는 사람들이나 혹은 수양을 하는 사람들이 하는 것입니다. 한량이란 그런 뜻 같습니다. 일없이 노는 사람들이라는 안 좋은 이미지로 쓰이기도 합니다만, 본래는 좋은 의미였던 것 같습니다. 그리고 활터에서는 지금도 좋은 말로 쓰이고 있습니다.

한량은 활 쏘는 사람을 뜻하지만, 본래는 이렇지 않았습니다. 조선시대만 해도 이보다 더 넓은 의미로 쓰였습니다. 즉 문과에 뜻을 두지 않고(投筆) 무과로 나아가기로 마음을 먹어서 활을 배우고 있거나, 혹은 무과에 합격을 하고서도 아직 벼슬을 하지 못한 사람을 부르는 말이었습니다. 그리고 복시와 전시를 거쳐 벼슬길로 나아가면 그때는 '출신'이라고 불렀습니다. 출신사군(出身事君)의 준말입니다.

조선의 과거제도는 문과와 무과로 나누었습니다. 문과는 다시 경서의 지식을 묻는 명경(明經)과 문장을 짓는 제술(製述)로 나누었습니다. 향시에서 명경으로 합격하면 생원(生員), 제술로 합격하면 진사(進士)라고 불렀습니다. 이와 마찬가지로 무과에 합격한 사람을 한량이라고 부른 것입니다. 벼슬길에 나아간 사람을 출신이라고 부른 것에 비해서 한량은 이보다 더 넓은 의미, 그러니까 출신할 준비를 하는 사람들까지 두루 가리키는 말로 쓰였습니다. 나중에 생원과 진사가 양반을 가리키는 보통명사로 굳은 것처럼 한량이란 말도 무인을 가리키는 말로 굳었다가, 다시 활 쏘는 사람을 가리키는 말로 굳었습니다. 조선을 대표하는 무기는 활이었던 까닭입니다.

　조선은 학문을 하는 선비들의 나라였던 만큼, 무과는 문과의 경우처럼 선발과정이나 방식이 일정하지 않았습니다. 전쟁이 터지면 많이 뽑고, 평화 시에는 적게 뽑습니다. 원래 군대라는 것이 필요악이어서 평화가 지속될수록 인기도 없고, 또 별 위력을 발휘하지 못합니다. 그러다 보니 무과는 문과처럼 일정한 격식이 없이 인재를 선발하는 경우가 많았습니다. 사정이 이렇다 보니 무과에 종사하는 사람을 가리키는 말도 문과의 생원이나 진사처럼 그 호칭이 선명히 정리되지 않았던 것입니다. 그래서 한량이란 말도 아주 넓게 쓰여서 출신하고자 하는 모든 사람을 가리키는 말로 쓰인 것입니다.

　물론 한량이란 말이 조선시대에 생긴 것은 아닙니다. 『동국통감(東國通鑑)』의 고려 신종(神宗) 3년 조에도 한량이란 말이 나옵니다. 그러나 이것이 조선 시대에 들어와서는 과거제도로 편입되면서 이와 같은 의미로 쓰였습니다. 그것은 조선의 병제를 설명한 『만기요람(萬機要覽)』이나 『무과총요(武科總要)』라는 책을 보면 알 수 있습니다.

　후대로 내려오면서 한량이란 말은 '활량'이라는 말로 정착하여 활터에 쓰입니다.* 인천 지역에서는 편사의 전통이 아직도 남아있는

데, 이 지역에서 특히 활량이라는 말을 씁니다. 단순히 과녁 맞추는 기술만이 아니라 풍류를 즐길 줄도 아는 넉넉한 사람을 가리키는 말로 쓰입니다.

## ▲ 사 두

사두(射頭)는 그 정의 우두머리를 뜻합니다. 어느 집단이든 우두머리가 있기 마련입니다. 활터에서는 이 우두머리의 권위가 대단합니다. 물론 선비들의 습속이겠습니다만, 그런 만큼 덕망 있는 사람이 맡습니다. 나이 또한 고려해야겠지요. 요즘은 임기제로 바뀌어서 2년마다 새로 뽑습니다. 정을 대표합니다.

활이 아득한 옛날부터 전해오는 것이니만큼 거기서 지켜지는 예의범절도 다른 사회에 비해서 엄격합니다. 강제가 아니라 마음속에서 우러나서 따르는 전통을 지키지만 그렇지 못할 경우 강제를 행하게 됩니다. 이 경우 모든 권한이 사두에게 있습니다. 사두는 생사여탈의 권한이 있습니다. 그 만큼 막강합니다. 활을 쏘다가도 사두가 나타나면 일제히 멈추고서 사대 아래까지 내려와서 모십니다. 사두가 화살을 주우러 가는 경우도 없습니다. 정을 떠날 때도 모든 회원이 다 내려와서 인사를 합니다. 물론 옛날의 풍속입니다. 그렇지만 그 풍속의 잔상이 활터에는 아직도 많이 남아있습니다.

다른 모임에서는 그 우두머리를 보통 회장이라고 부릅니다. 그런데 활터에서는 사두라고 합니다. 이건 아무 것도 아닌 것 같지만, 잘 뜯

---

\*　　이기문의 『동아새국어사전』에는 '①한량(閑良)이 변한 말 ②활을 쏘는 사람 ③ 빈둥거리면서도 돈 잘 쓰고 호탕한 남자' 라는 의미로 '활량' 이 소개되어 있다.

어보면 특별한 의미를 담고 있는 말 같습니다. '사'는 한자로 쏜다는 뜻이니까 별 문제가 없지만, 두는 '머리'라는 뜻이니까 좀 눈여겨보아야 할 것 같습니다. 머리라는 것은 생물체에게 있는 것입니다. 머리가 있으면 당연히 몸통이 있을 것이고, 또 꼬리가 있을 것입니다. 그러니까 활터를 이끄는 우두머리는 그냥 모임의 대표자인 회장이 아니라, 그것을 이끄는 존재임을 뜻합니다. 그리고 이것은 단결의 의미를 내포하기도 합니다.

회장이란 그를 추켜세운 구성원이 뜻을 달리 해도 상관없는 단순 집합을 의미합니다. 그러나 사두란 그렇지 않습니다. 머리라는 표현은 처음부터 끝까지 하나로 움직이는, 그래서 따로따로는 별 의미가 없는 유기체를 나타냅니다. 그래서 사두라는 명칭은 단순히 대표자를 뜻하지 않고, 대표자이면서 그 정의 모든 움직임까지 통제하는 자를 뜻합니다. 이것은 동양에서 지켜진 나라의 개념과 비슷합니다. 가정을 확장시킨 것이 나라이지요. 그런 의식이 활터에 적용된 것 같습니다.

지역에 따라서 사두를 달리 부르기도 합니다. 영남과 호남 지역에서는 주로 사수(射首)라는 말을 많이 썼고, 호남7정에서는 사백(射伯)이라는 말을 썼습니다. 또 지역 활터의 한량들을 지원한 후원단체인 사계의 대표 이름이 활터의 대표 이름으로 쓰인 경우도 있습니다. 전라북도 일부 지역에서 쓰는 사장(射長)이 그것입니다. 그래서 현재 활터 대표 이름은 사두, 사수, 사백, 사장입니다. 이것만으로도 활터의 다양성을 엿볼 수 있습니다. 그렇지만 1970년대 들어 명칭을 통일해야 한다는 엉뚱한 운동이 일어 활터 대표자 이름이 '사두' 하나로 획일화되어가는 중입니다. 심히 걱정스러운 '짓'입니다. 다양성이 사라진 활터는 과녁 맞추는 짓 하나만 남게 됩니다. 그 반대급부는 전통문화의 단절과 말살입니다.

### ▲ 부사두

부사두는 사두를 도와서 정의 일을 집행하는 사람입니다. 실제로
정의 행사를 계획하고 추진하는 등 자질구레한 일은 이들이 맡아 합니
다. 사두가 정의 상징이라면 부사두는 정의 실무자입니다. 모든 계획을
집행하는 당사자들입니다. 가장 활달하고 활동성이 강하면서 통솔력이
있는 사람으로 합니다.

### ▲ 사 범

사범은 새로 배우는 사람이나 한량들의 궁체(弓體)를 교정해주는
사람입니다. 옛날에는 선생(先生)이라고 했는데 교사를 가리키는 말과
혼동이 되어서 그런지 쓰지 않습니다. 대신 사범이라는 일본말을 쓰고
있습니다.

사범은 흔히 운동을 지도하는 사람을 가리킵니다. 본디 활터에서는
활을 쏘는 기술과 활터에서 지켜야 하는 예의범절이 나뉘지 않았기 때문
에, 후학을 지도하는 사람은 기술만 가리키는 것이 아니라 예의범절까지
도 아울러 가르쳤습니다. 이것이 활터의 풍속이었습니다. 그러니까 활을
통해 기술 이상의 것을 가르치고 배운 것입니다. 그러니 배우고 가르친
사람 사이는 그 성격상 재주만으로 우열을 따질 수 없는 것입니다. 따라
서 기술이 아무리 낫더라도 활 쏜 연조가 오래되거나 또는 자기에게 가
르쳐준 선배를 깔보지 못하는 것이 우리의 전통이고 보면, 그 전통이 잘
살아있는 곳이 활터이기도 합니다. 그러니 서양식으로 테크닉만 가르치
는 그런 역할을 하는 사람은 활터엔 없는 셈입니다. 사범이란 바로 테크
닉만을 가르치는 사람을 가리키는 말입니다. 기술과 삶이 한 덩어리로

어울린 그 무엇을 가르쳐주는 사람이란 점에서 활터에서 말하는 사범은 오히려 '스승'에 더 가깝습니다. 그래서 '스승'이란 의미에서 '선생'이라 했고, 그것도 아니면 '교장(敎長)'이란 말을 썼습니다. 지역에 따라서 교두라고도 불렀습니다. 교장이나 교두나 같은 말입니다.

사범이란 일본식 말이 정착한 것은 활을 만지고 살펴주는 사람에게 붙일 적당한 말이 없어서 그런 것 같습니다. 활터에는 한량들이 활을 쏠 수 있도록 각궁을 얹어주고, 때로는 살과 활을 만들어서 생계를 잇는 사람들이 있었습니다. 일종의 기술자이면서 심부름꾼이라고 할 수 있지요. 옛날 책에 나오는 궁장이니, 시장이니 하는 부류가 바로 그런 사람들입니다. 한량들이 쓰는 활과 살을 제공하여 그것을 생계수단으로 삼으면서, 나아가 활을 처음 배우는 사람에게 간단한 기술을 가르쳐주거나 활 쏘는 모습까지 보아준 것이지요. 재정이 풍부한 정에서는 아예 궁장이나 시장을 고용하여 활터를 관리하게 하곤 했습니다. 그런 사람들을 부를 적당한 말이 없자, 일본식 사범이란 말을 빌어다 쓴 것입니다. 그런 흔적이 남아서 요즘도 재력이 든든한 정에서는 보수를 주어가면서 사범을 상주시킵니다.


▲ 총 무


총무는 재산을 관리하고 정의 모든 일을 기획하며 문서를 관리하는 사람입니다. 옛날에는 행수(行首)라고 불렀습니다만, 행수는 인격과 예절을 지도하는 자격까지 두루 갖추었기 때문에 이 역시 선생처럼 요즘은 총무로 대체되었습니다.

# 활터 예절

활터는 오랜 전통이 살아있기 때문에 예절이 엄격한 편입니다. 생활 속의 여러 예절은 잡다하게 많고 다른 사회와 비슷한 면이 있지만, 활터에서 꼭 지켜야 할 예절은 세 가지입니다. 등정례, 팔찌동, 초시례가 그것입니다.

## ▲ 등정례

활터에 처음 올라왔을 때 먼저 올라와 있는 사람에게 하는 예의입니다. 자신이 왔음을 알리기 위해 '왔습니다'라고 합니다. 그러면 먼저 와서 활을 쏘던 사람들은 '오시오'라고 합니다.

## ▲ 팔찌동

사대에 서는 순서를 팔찌동이라고 합니다. 활터는 예를 중시하는 만큼 그 서는 자리를 정하는 것도 까다롭습니다. 어찌 보면 쓸 데 없는 일 같아 보이기도 하지만, 활은 기술이 아니라 마음을 다스리는 것이니 마음의 질서가 겉으로 드러나는 것을 예라고 한다면 그렇게 간단히 치부해버릴 일만도 아닙니다.

'팔찌동'의 '동'은 순 우리말로, '동일한 속성을 지닌 것들의 어떤 묶음'이라는 뜻을 지닙니다. 그러니까 팔찌동은 팔찌와 관계된 것들을 한 덩어리로 묶은 것일 것입니다. '동'의 쓰임은 많습니다. 깍짓동, 웃동아리, 곁동 등등. 웃동아리의 '웃동'은 윗몸을 말하는 것입니다만, '윗몸'이 아니고, '웃동'인 것은 단순히 상체만을 말한 것이 아니라, 상체와 관련된 모든 것을 말하는 것입니다. 예를 들어 한량이 활을 들게 되면 활까지도 한 묶음으로 쳐서 웃동에 포함시키는 것입니다. 깍짓동도 마찬가지입니다. 깍지 낀 손만을 말하는 것이 아니라 깍지라는 장비를 끌어당기는 팔뚝과 어깨까지 통틀어 한 덩어리로 묶어서 말하는 것입니다.

'팔찌'는 활을 쏠 때 시위가 소매를 치지 말라고 소매를 묶는 마련을 말합니다. 발싸개처럼, 혹은 붕대처럼 팔에 둘둘 말아서 묶는 것도 있고 네모반듯한 헝겊에 예쁜 무늬를 넣어서 가장자리에 고리를 만들고 끝에 긴 끈을 매달아서 그 고리에 지그재그로 꿰어서 묶도록 된 것도 있습니다. 마치 요즘 운동화 끈을 묶듯이 말이지요. 팔찌의 '찌'는 '지'이겠습니다만, 이런 말은 '결지' 같은 말에서도 볼 수 있습니다.

그러니까 팔찌동이란, 팔찌에 놓이는 한 덩어리의 질서를 말하는 것일 것입니다. 따라서 팔찌동 위를 서로 사양한다는 것은 남의 팔찌동 위쪽에 서는 것을 사양한다는 뜻입니다. 한량이 사대에 서면 위와 아래가 있습니다. 건물을 향해 섰을 때 오른쪽이 가장 위쪽입니다. 따라서 과녁을 향해 서면 왼쪽이 윗자리가 됩니다. 따라서 나의 왼손, 즉 팔찌 낀 줌손 쪽이 윗자리입니다. 겸양을 나타내기 위하여 윗자리를 양보한다는 뜻입니다. 그래서 순서를 정하여 서는 것을 팔찌동이라고 한 것입니다. 활터에서만 볼 수 있는 특수한 용어이면서 활터의 분위기를 아주 잘 보여주는 말입니다.

사두가 서는 맨 앞자리는 절대로 서지 않는 법이며, 남의 정에 가면 맨 끝, 그러니까 오른쪽에 서는 것이 예의입니다. 보통 사대에 서기 전에 그곳 한량들에게 "제가 어디 서면 되겠습니까?" 하고 물으면 신분과 나이를 고려해서 설 곳을 지정해 줍니다.

원래 정에서 팔찌동을 정하는 첫째 기준은 계급이었습니다. 그래서 음관(蔭官)으로 벼슬을 얻은 사람은 과거를 거쳐서 벼슬한 사람의 팔찌동 위에 서지 못한다는 얘기가 나오기도 했습니다. 그런 다음에는 나이와 인격이었지요. 그런데 요즈음은 계급이 사라진 평등사회이니, 계급이란 별 의미가 없습니다. 그래서 대개는 나이순이나 활을 배운 순서대로 섭니다. 그 순서는 정마다 사정이 다르니 정하는 기준도 다를 것입니다.

지금까지 한 설명은 우궁(右弓)의 경우입니다. 좌궁의 경우도 대개는 같습니다만, 몇 가지 거꾸로 생각해야 할 것도 있습니다. 우궁에게 왼쪽이 상석이었듯이 좌궁에게는 오른쪽이 상석입니다. 따라서 좌우궁이 섞어서 설 때에는 우궁이 왼쪽에 서고 좌궁이 오른쪽에 섭니다. 좌궁이 둘 이상인 경우에는 어른이 오른쪽에 섭니다. 아랫사람에게는 등을 보이지 않는다는 원칙이 지켜집니다.

좌궁과 우궁을 차별하지 않기 때문에 쏠 때도 발시를 먼저 하는 순서가 있습니다. 첫 순에 우궁이 먼저 발시했으면 그 다음 순은 좌궁이 먼저 쏘는 것입니다. 이런 차례를 자연스럽게 지키는 것입니다.

그리고 일단 한 순을 내기 시작했으면 사대에서 쏘고 있는 한량이 아무리 아랫사람이라고 해도 중간에 끼어들어서 쏘지 못합니다. 한 순을 다 낸 다음에 같이 사대에 나가서는 것입니다. 그리고 동관과 서관이

다르다고 해서 따로 떨어져서 쏘지 않는 법입니다. 늘 같이 나가서 쏘고 같이 끝나고 같이 물러섭니다. 동진동퇴(同進同退)입니다. 활이 개인경기이면서 단체경기일 수 있는 것입니다. 서로간의 협동과 신뢰를 중요시한 정신을 엿볼 수 있습니다.

### ▲ 초시례

초시례(初矢禮)란 활터에 올라와서 활을 처음 낼 때 먼저 올라온 한량들에게 취하는 예의입니다. 활을 왼쪽에서부터 내기 시작해서 자기 차례가 오면 "활 배웁니다"라고 합니다. 그러면 다른 사람들이 말을 받습니다. "많이 맞추세요"로 응수합니다. 이 초시례는 활터에 올라와서 처음 낼 때 단 한 번만 하면 됩니다.

남의 정에 갈 때는 특별히 신경 써서 지켜야 합니다. 만약 이러한 예의를 지키지 않으면 자기만 망신당하는 것이 아니라 소속 정까지 망신시킵니다. 백발이 성성한 어른들이 당신 어디 정 소속이기에 이리 무례하냐고 따지기 때문입니다. 당장 사대에서 내려가라는 불호령이 떨어집니다.

사두라고 해도 초시례는 꼭 지켜야 합니다. 물론 그 지위가 있는 만큼 꼭 활 배운다고 하지 않고 그저 "활 냅니다"라고 하는 경우도 있습니다. 그러나 그 차이는 있어도 초시례를 지켜야 한다는 점에서는 다를 것이 없습니다.

### ▲ 기 타

그리고 군더더기 예의도 알아두면 편합니다. 예를 들면 화살을 주워 와서 놓을 때에 활터 쪽으로 놓으면 실례가 됩니다. 살기를 띤 살촉이 사람을 겨누는 꼴이 되기 때문입니다. 또 활을 당기는 연습을 할 때도 건물이나 사람이 있는 쪽으로 당기면 안 됩니다. 화살을 꽂지 않았어도 겨누는 행위는 적의가 있기 때문입니다.

자기 정이 아니라 외부에서 온 한량에 대해서는 극진히 예우합니다. 화살을 주우러 가지 못하게 하고 식사까지 모셔야 하는 것이 기본예의입니다. 이것은 손님의 뜻을 존중한다는 차원에서 실시되어야 합니다.

그리고 한 가지 덧붙이면 활터에서는 활을 '쏜다'는 말 대신에 활을 '낸다'는 말을 더 많이 씁니다. 생각컨대 쏜다는 말은 활이 본래 전투에서 사람의 생명을 노리는 것이기 때문에 당연히 적의를 갖게 됩니다. 그런데 지금은 죽이려고 쏘는 것이 아니라 건강관리를 위해서 쏘는 운동이란 말입니다. 그래서 살상의 의미를 지닌 쏜다는 말보다는 그런 의미가 없는 '낸다'를 더 좋아하는 것 같습니다.

# 활터의 의례

활터의 의례는 활터에서 진행되는 절차를 말합니다. 활을 배우고 거기에 따라 일정한 의식이 진행되는데, 그것을 알아볼 필요가 있습니다.

## ▲ 신입사 : 집궁례

활을 처음 배우는 것을 신입사라고 합니다. 옛날에는 아버지가 자식을 활터로 데려가 사두에게 집궁을 허락해달라고 부탁하고, 허락이 떨어지면 간단한 주안상을 마련했습니다. 그렇지만 요즘은 활터에 찾아가서 활을 배우겠다고 하면 대부분 받아줍니다.

## ▲ 득중례 : 1중례, 3중례, 5중례

활을 배우고서 처음 과녁을 맞혔을 때 간단하게 하는 절차를 득중례라고 합니다. 첫발을 맞혔을 때와 3중, 그리고 다섯 발을 다 맞추었을 때 축하를 하는 것입니다. 다섯 발 다 맞춘 것을 특별히 몰기라고 합니다. 대부분 그 현장에 있던 사람들과 저녁을 간단히 먹는 것으로 합니다. 그렇지만 요즘은 기념패나 상장 같은 것으로 대체하기도 합니다.

### ▲ 집궁회갑

활을 쏘기 시작한 지 60년이 되면 집궁회갑이라고 하여, 대단히 축하할 일로 간주했습니다. 말이 60년이지 결코 쉬운 일이 아닙니다. 그러다 보니 이 특별한 기록을 기념하여 환갑잔치를 해주었습니다. 형식은 일정한 게 없습니다. 다만 환갑잔치를 하면서 활쏘기를 곁들이는 방식입니다.

### ▲ 납궁례

평생토록 활을 쏘다가 늙고 병들어 더 이상 활을 쏠 수 없을 때 은퇴식을 합니다. 이것을 납궁례라고 합니다. 전 세계에서 유일하게 우리나라에만 이런 아름다운 전통이 있습니다.

고사상을 차려놓고 고사를 올린 다음에 마지막으로 활 한 순을 내고 궁시를 활터에 반납하는 것입니다. 이때 마지막 활쏘기에서는 허시라는 특례가 주어집니다. 즉 맞지 않았어도 다 맞은 것으로 간주하여 지화자를 불러주는 것입니다. 삼현육각을 동원하기 힘들 경우에는 아주 간단하게 하기도 합니다.

### ▲ 과녁제

활터 운영이 잘 되도록 해달라고 과녁에 대고 고사를 지내는 것입니다. 활터에 과녁을 처음 세웠을 때도 하고, 매년 초하루에 1년간 활터 운영이 잘 되도록 해달라고 하기도 합니다. 또 큰 대회에 나갈 때에도 합니다. 구성원들의 단결을 도모하는 방편으로 아주 좋습니다.

# 전통 사법

전통사법이란, 우리 조상들이 남긴 활쏘기의 비결을 말합니다. 우리 활은 한국 전쟁 전까지 5천년 동안 똑같은 모습을 유지해 오다가 1970년대를 지나오면서 본래의 모습을 찾아보기 힘들 만큼 변모했습니다. 양궁의 재질로 만든 개량궁이라는 새로운 장비가 나오면서 각궁과 죽시를 토대로 형성된 전통 사법이 사라진 것입니다.

이런 경향이 오래 되자, 개량된 사법이 각궁에도 영향을 미쳐, 요즘 각궁은 개량궁을 닮아갑니다. 개량궁 사법에 익숙해진 한량들의 요구에 따라 궁장들도 그들의 입맛에 맞게 각궁을 만들어주는 것입니다. 1970년대 사진에 나오는 각궁과 요즘 나오는 각궁은 휜 모양이 많이 다릅니다. 개량궁에 적응한 사람들을 따라서 각궁도 개량화된 것입니다. 심히 걱정스런 일입니다.

이런 일을 미리 내다보기라도 했다는 듯이 우리 조상들은 1929년에 활쏘기 책을 한 권 만들었습니다. 그것이 우리 활에 관한 유일한 기록인 『조선의 궁술』입니다. 이 책 속에는 아주 짧은 내용이지만, 사법의 전체를 볼 수 있는 기록이 있습니다. 그것이 5천년 동안 우리 겨레가 추구하고 완성해온 유일한 전통이면서 정통인 사법입니다. 따라서 전통사법이란 이 사법을 말하는 것입니다. 그러므로 먼저 『조선의 궁술』의 사법을 보겠습니다.

### ▲ 『조선의 궁술』의 사법

#### 궁톄(弓體)의 죵별(種別)

**몸(身體)** 몸은, 고든(直竪) 형셰로 서서, 관혁과 정면으로, 향하여야 하나니, 속담에 관혁이, 이마 바루 선다함이, 이를 일은 바이니라.

**발(足)** 발은, 뎡(丁)ㅈ(字) 모양도 안이오, 팔(八)ㅈ(字) 모양도 안인, 톄형으로 벌여서되, 관혁의 좌우 아래 긋을, 바로 향하야 서고, 두 발긋이, 항상 숙지 아니토록 할 것이며 젼톄의 중량(重量)을, 압과 뒤의 두 발에다가 고루게 실니고 설지니라.

**불거름(膀胱)** 불거름은, 아못조록 팽팽하여야 하나니, 만일 팽팽하지 못한 경우(境遇)에는, 일노 인하야, 엉덩이(臀)가 뒤로 쌔저서, 법에 맛지 안이하나니, 팽팽히 하는 법은, 두 다리에 다 힘을 단단히 쓰고 서면, ㅈ연 팽팽하야지나니라.

**가심통(胸膈)** 가심통은 다다 비어(虛)야만 쓰나니, 만일 배(實)거나 버스러지면, 법에 대긔(大忌)하는 바이니, 이런 경우에는 목덜미를 펑펑하게 느리면, ㅈ연 가심이, 허하야지나니라. 혹시 텬셩의, 톄격의 원인(原因)으로, 가심이 배거나, 버스러저서, 쌍현이 지는 쌔에는, 활의 고자를 주리든지, 시위동을 되도록 하면, 쌍현(雙絃)의 폐를 면할지나, 데일 묘한 법은, 이전(離箭) 될 쌔에, 긔운과 숨을 듸리마시면서, 방샤(放射)

하면, ㅈ연으로 가심이, 허하야지는 법이니, 쌍현 지는 데만, 유리할 쏸 안이라, 무론 엇더한 사람이든지 이전할 재에, 긔운을 마시면서, 방샤하는 것이, 대톄로 조흔 법이니라.

턱슷(頷)  턱슷은, 죽머리와 갓가히 뭇되, 혹시 들니거나 돌거나 하면, 웃동이 버스러지고, 살이 바로, 쌔 지지 못하나니, 이 병을 곳치는 법은, 다다 목덜미를 느리면서, 턱을 무드면, 졀노 죽머리 갓가이 뭇치나니라.

목덜미(項)  목덜미는, 항상 펑펑하게, 느릴 것이오, 오므리거나, 쑤부리지 말지니라.

줌손(弝手)  줌손은, 하삼지(下三指)를 흘녀서, 거듯쳐쥐고, 반바닥과 등힘과, 갓치 밀니고, 범아귀가 담울니고, 북전(食指節根)은 놉고, 엄지가락은, 나져야 하나니, 만일에 삼지가 풀니고, 웃아귀가 밀니거나 하면, 살이 덜 가는 법이니라.

줌을, 드리켜쥐고, 등힘이 쩍긴 것을 일으되, 흙밧긔줌이라 하나니, 이러한 줌은, 활을 매양 들맛쳐지게 되야서, 활을 넹기는 폐가, 만히 생기나니, 그런 경우에는, 줌을 필요히, 곳쳐쥐여야 하되, 곳치는 법은 첫재는 활을, 무르게 하야 가지고, 줌손을 차차 째그처, 쥐도록 할 것이요, 둘재는, 줌손장지가락 소슨 쎼를, 관혁에다 향하야서, 밀고 쏘는 것이, 묘한 법이니라.

각지손(帶趹手)  각지손은, 오지(五指)로 쥐거나, 삼지(三指)로 쥐이며, 높이 썰되, 줌 구미와, 등힘으로 당긔여서, 방전(放箭)을, 맹렬히 할

지니, 만일 외가락으로, 쥐게 되면, 뒤가 부실하야지고, 쏘 팔굼치를 홈처씨고, 팔회묵으로만 다리는 것을, 일으되 채죽뒤라 하나니, 이런 경우에는, 즙구미를 드러서, 구미로 썰 것이며, 각지손 등힘으로 케여야, 병이 풀니고, 법에 적합하니라.

각지손을, 뒤를 내지 못하고, 버리기만 하는 것을, 갈오대 봉뒤라 하며 봉뒤로 버리고, 살이 쌔진 뒤에, 다시 내는 것을, 갈오대 두벌뒤라 하나니 이러한 경우에는, 만족하게 케여서, 각지손이 저절노, 벗도록 당긔는 것이 묘한 법이니라.

죽머리(肩膊)  죽머리는, 밧투 붓허서, 턱과 갓가운 것이 합당하니, 멀게 붓게 되면, 죽이 공걸이여, 혜집거나, 죽이 슬어저서, 홱 돌아가기 쉬울지니, 이러한 죽에는, 압흘 반반히 밀어두고, 뒤를 연삽하게 내여야, 적합할지니라.

밧투 붓튼 죽에 즙구미가, 업피기는 하야도, 느러진 경우에는, 각지손을 다다 놉히 썰어서, 만족하게 당긔여야, 법에 합하나니라.

중구미(肘臂箭)  중구미는, 필요히 업피여야, 합당하니, 중구미가 젓처진 것을, 일으되 붕어죽이라 하고, 젓처지지도 안이하고, 업피지도 안이한 죽을, 일으되 안진죽이라 하나니, 이 두 죽은 실치 못한 죽이라. 활을 아모쪼록, 물으도록 할 것이며, 겸하야 줌통을, 평평하게 하며, 뒤를 연삽히 내여야 하나니라.

중구미가, 업피는 쌔에는, 각지손을 실하게 내야하고, 압히 동글고, 죽머리가 밧투붓고, 중구미가 업피는 경우이면, 각지손을, 턱밋흐로 밧투 짜서, 뒤를 맹렬하게 내여야, 적합하니라.

만약 중구미는, 동굴되 죽이 멀니 붓거나, 구미가 업피지 못한 경

업힌 중구미(○)

붕죽어(X)

만족하게 당겼을 때의 중구미

우에는, 뒤를 밧투 거서, 연삽히 내여야, 적합하니라.

　등힘(弝手背力, 自軆至腕之力)　등힘은, 줌손 외부(外部)로서, 생기는 힘이니, 다다 평평히 일직(一直)하게, 밀니여야 하나니, 만일 줌손이, 썩 기면 평평하게, 일즉한 힘이, 나지 못하니라.

　어떤가요? 어렵죠. 옛 말투여서 어려운 것도 있지만, 설명 방법 때문에 어렵기도 합니다. 특히 처음 배우는 사람들은 활을 쏠 때의 동작을 순서대로 기억해야 편한데 여기서는 그렇게 설명하지 않았습니다. 힘이 작용하는 신체의 부위를 중심으로 설명했습니다. 그래서 위의 내용을 처음 배우는 사람들이 읽기 편하도록 시간차 순서로 설명할 필요가 있습니다. 이렇게 활쏘기 동작을 시간차 순으로 얘기하다 보면 위의 내용 대로만 설명할 수 없습니다. 좀 더 자세한 설명이 필요합니다. 물론 위의 내용을 완전히 이해해야 할 수 있는 일입니다. 그래서 위에서 묘사한 활쏘기 동작을 시간차 순서대로 재구성하여 설명하고, 거기에다가 '온깍지 사법'이라고 이름을 붙였습니다.* 다음이 그것입니다.

## ▲ 전통 사법의 실제

전통 사법은 크게 세 덩어리로 나눌 수 있습니다. 예비동작, 본동작, 마무리 동작이 그것입니다.

다시 이것을 더 잘게 나누면 동작은 대략 열 마디로 할 수 있습니다. ①발모양, ②손가짐, ③살메우기, ④걸치기, ⑤들어올리기, ⑥엄지발가락누르기, ⑦깍짓손끌기, ⑧만작, ⑨발시, ⑩마무리가 그것입니다. 발모양부터 살메우기까지가 활을 쏘기 위한 예비동작이고, 걸치기부터 발시까지가 본동작이며, 마무리가 마무리 동작입니다.

주의할 것은, 활을 들어올리기 시작해서 마무리할 때까지 멈춤이 있어서는 안 된다는 것입니다. 여기서 편의상 이렇게 10마디로 나누어 설명하지만, 그것은 방편일 뿐 모든 동작은 물이 흐르듯이 끊이지 않고 이어지면서 이루어져야 합니다.

---

\*     '온깍지'란, 발시 후에 깍짓손을 쭉 펴는 동작을 가리키는 말이다. 양궁처럼 깍짓손을 그 자리에서 똑 떼고 마는 '반깍지'의 반대말로, 해방 전부터 쓰인 용어이다.

| | |
|---|---|
| 예비동작 | ① 발모양 |
| | ② 손가짐 |
| | ③ 살메우기 |
| 본동작 | ④ 걸치기 |
| | ⑤ 들어올리기 |
| | ⑥ 엄지발가락누르기 |
| | ⑦ 깍짓손끌기 |
| | ⑧ 만 작 |
| | ⑨ 발 시 |
| 마무리동작 | ⑩ 마무리 |

**발모양 : 비정비팔**

비정비팔(非丁非八)이란 발의 모양이 한자의 丁자도 아니고 八자
도 아닌 모양이라는 뜻입니다. 두 발이 놓인 모양이 어떻게 보면 八자나
丁자를 닮는 것 같은데, 정확히 보면 그 글자와는 다르기 때문에 붙은
이름입니다. 우궁의 경우, 먼저 왼발을 과녁의 왼쪽 귀를 향해 놓습니
다. 그리고 오른발을 왼발의 장심 부근에 댔다가 자신의 주먹이 둘 들어
갈 만큼 벌려 섭니다. 그러면 몸은 과녁과 거의 정면으로 마주하면서도
약간 오른쪽으로 틀어집니다.

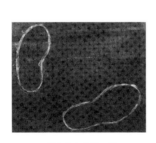
비정비팔의 발모양

비정비팔로 선 자세

줌앞(흘려잡은 줌손)

줌뒤(흘려잡은 줌손)

흙받기줌(×)

마구잡이줌(×)

## 손가짐

　　줌손　줌손은 반드시 '흘려쥡니다.' 흘려쥔다는 것은 활을 잡았을 때 손가락이 줌통을 감싼 모양이 활과 비스듬히 만나는 것을 말합니다. 그냥 무심코 막대기를 잡듯이 쥐면 손가락과 활채는 직각으로 만납니다. 이렇게 막 잡는 것을 '막줌'이라고 합니다. 그러나 줌손은 반드시 흘려쥐어야 합니다. 그래야 화살이 통으로 갑니다. 줌손을 흘려쥐고 반바닥을 밀어서 쏘는 것이 정법입니다. 반바닥은, 엄지손가락의 뿌리 부분을 가리킵니다. '온바닥'은 바닥 중심을 말하는데, 온바닥으로 밀면 안 되고, 반드시 반바닥으로 밀어야 합니다. 흘려쥐면 반바닥이 저절로 줌통의 가운데로 옵니다.

깍짓손  깍짓손은 반드시 상삼지 세 가락으로 쥐어야 합니다. 깍지를 낀 엄지가락으로 시위를 걸고 검지와 중지로 엄지가락의 손톱을 덮습니다. 이때 엄지가락의 손톱 끝은 중지의 한 중간쯤에 걸리도록 하는 것이 적당합니다. 외가락으로 쥐면 뒤가 부실해져 게우기 쉽습니다. 게우지 않더라도 자칫하면 '봉뒤'나 '채쭉뒤'가 되어 보기 싫은 궁체가 됩니다. 처음 배우는 사람은 깍짓손을 반드시 세 가락으로 쥐고 끌어야 합니다.

### 살메우기

시위에 화살의 오늬를 끼우는 것을 말합니다. 이 동작을 가리키는 말은 많습니다. '먹인다, 메운다, 끼운다, 건다' 같은 것들이 있습니다.

활을 잡고 왼쪽 허벅지에 대고 있던 줌손을 배꼽 앞으로 들어 올리고 괴춤의 화살을 뽑습니다. 활을 잡은 줌손의 범아귀를 조금 벌려 화살의 아랫마디쯤을 살짝 잡습니다. 깍짓손의 엄지와 검지로 오늬를 잡습니다. 이때 오늬 끝이 검지의 둘째마디까지 깊이 들어오도록 합니다. 그리고는 주욱 밀어 넣습니다. 오늬가 시위에 닿을 때쯤 살을 시위에 기대어놓고 엄지를 들어 시위를 아귀 안으로 들입니다. 그리고 다시 엄지로 오늬를 잡고 밀어서 오늬 홈을 절피에 바로 댄 다음 잡아당깁니다. 그러면 톡 하고 끼워집니다.

### 걸치기

깍지를 시위에 걸고 활을 들어서 활의 아랫고자를 불거름에 걸칩니다. 이때 온몸의 힘을 빼고 오른손의 어깨로 왼손과 활을 든 상태입니다. 이 상태에서 줌손은 잘 흘려 쥐었는가, 과녁의 평소 조준점은 어디인가, 호흡은 잘 되는가, 마음은 비웠는가 하는 모든 것을 점검합니다. 활쏘기 동작의 시작이기 때문에 가장 중요한 순간입니다. 나머지는 이

때 취한 동작으로 뒤이어집니다.

이때 반드시 오른손 죽머리와 중구미를 쳐들고 동작을 시작해야 한다는 생각을 해야 합니다. 그렇지 않으면 발시 직후에 뒷손의 자세가 잘 안 나옵니다. 발시 후 깍짓손이 뻗는 방향은 대개 여기에서 결정됩니다. 여기서 죽을 미리 들어놓지 않으면 만작 시에 죽이 아래로 쳐져 자세가 제대로 나오지 않습니다. 따라서 입문자에게 이 걸치기는 가장 중요한 부분입니다.(궁체를 완성한 뒤에는 이 부분을 생략하기도 합니다)

### 들어올리기

걸치기에서 자세 점검이 모두 끝났으면 천천히 활을 들어 올립니다. 이때 왼손엔 힘을 빼고 오른손의 힘으로 들어 올립니다. 왼손은 딸려 올라가는 것입니다. 이 동작이 바로 '아낙네가 물동이를 이듯이' 한다는 것입니다. 오른손의 중구미를 높이 쳐들면 바로 그 동작이 됩니다. 대신에 죽을 들지 않으면 물동이를 이는 동작이 정확히 나오지 않습니다. 바로 이 점 때문에 걸치기 동작에서 미리 뒷죽을 높여놓아야 한다고 한 것입니다. 걸치기에서 이 동작을 제대로 해주어야만 이 동작이 그대로 들어 올리는 동작으로 연결됩니다.

줌손을 자기의 이마 높이까지 들어 올립니다. 더 높이 들어도 상관은 없습니다. 대신에 이마 밑으로 떨어지면 좋지 않습니다. 이마가 뒷죽을 높이 끄는 데 필요한 가장 낮은 높이이기 때문입니다. 이때 오른손으로 끌어올렸기 때문에 왼손보다 오른손이 조금 더 높습니다. 그렇기 때문에 살촉은 밑으로 처져 있습니다. 촉을 과녁 바로 위에 살짝 올려놓는 것이 좋습니다.

다 들어 올린 상태에서는 앞손과 뒷손이 동그랗게 원을 그리고 있어야 합니다. 그 상태에서 깍짓손을 끄는 동작이 시작됩니다. 이른바 '앞죽이 둥글다'는 것은 이것을 가리킵니다. 이렇게 하면 가슴과 팔 안에 큰 나무가 들어있는 듯한 모양이 됩니다. 이것이 '큰 나무를 끌어안 듯이 한' 모양이라는 것입니다.

### 엄지발가락 누르기

다 올렸으면 엄지발가락으로 땅을 지그시 누릅니다. 그러면 몸이 앞쪽으로 살짝 움직입니다. 이것은 땅에 닿은 발바닥의 면적이 넓어지면서 발바닥에 드리운 몸 전체의 무게 중심이 앞쪽으로 조금 옮겨갔기 때문입니다. 이때 정수리의 백회혈과 아랫배의 단전, 그리고 발바닥의 용천혈이 일직선상에 놓이면서 선 상태에서는 가장 안정된 자세를 이루게 됩니다. 이 동작은 하체를 안정시키고 천기와 지기를 받아들여 불거름에 모으는 가장 중요한 동작입니다.

이때 엄지발가락을 너무 많이 눌러서 발바닥이 땅에서 들뜨면 안됩니다. 그렇게 되면 오히려 자세가 더 불안정해집니다. 겉으로 보기에 잘 표시가 나지 않을 만큼 지그시 누릅니다. 이 동작을 할 때 발꿈치를 들썩들썩 하는 것도 보기 좋지 않습니다. 남들 눈에 뜨이지 않을 만큼 슬며시 누르면 몸의 무게 중심이 저절로 앞으로 이동합니다.

### 깍짓손 끌기

엄지발가락으로 땅을 지그시 누르고 숨을 완전히 내쉬었으면 천천히 뒷손을 끕니다. 동시에 앞손도 과녁으로 밉니다. 앞손이 벌써 이마 앞으로 와있는 상태이기 때문에 많이 움직이지 않습니다. 다만 뒷손이 당겨지는 반동으로 앞으로 조금 더 나가는 것입니다. 따라서 이 동작은 깍짓손이 움직이는 것이 중심이 됩니다. 그래서 이름을 '깍짓손끌기'라고 한 것입니다.

깍짓손을 끌 때는 반드시 귓바퀴를 스치도록 당깁니다. 깍짓손을 당기는 동작이 발시 후 손의 모양을 결정하기 때문에 높이 당길수록 좋습니다. 귓바퀴가 가장 낮은 선입니다.

깍짓손을 끌면서 동시에 숨을 들이쉽니다. 따라서 깍짓손은 숨을 들이쉬는 것과 같은 빠르기로 끕니다. 숨을 들이쉬면서 그와 같은 빠르기로 깍짓손을 당기는 것입니다. 깍짓손을 당기면서 동시에 허벅지에도 힘을 가하기 시작합니다. 불거름(하단전)을 팽팽히 긴장시키는 방법이 바로 허벅지를 조이는 것입니다. 그래야만 하체가 안정됩니다.

여기서 세 가지가 동시에 이루어집니다. 깍짓손 끌기, 숨 들이쉬기, 허벅지 힘주기. 그래서 사대에 서기 전에 충분히 이 세 가지가 동시에 이루어지도록 당기는 연습을 해야 합니다. 이 연습이 제대로 되기 전에 설자리로 나가면 관심이 과녁에 가 있기 때문에 셋 중에 어느 한 가지를 잊고 맙니다. 그래서 주살질로 당기기 연습을 충분히 해서 어떤 상황에서도 세 가지 동작이 동시에 이루어지도록 한 다음에 사대에 나서야 합니다.

### 만 작

깍짓손을 다 끌고 줌손을 다 민 것을 우리말로 '온작'이라고 하고, 한자로는 '만작'(滿酌)이라고 합니다. 제 작까지 가득 당겼다는 뜻입니다.

이때 살대는 광대뼈와 입꼬리 사이에 걸쳐 있어야 합니다. 뒷죽을 높이 끌어서 가슴을 완전히 펴면 살대는 저절로 이 높이로 걸립니다. 살대가 입꼬리 밑으로 내려가면 발시 후 깍짓손이 제 방향으로 빠지지 않습니다. 체형에 따라 조금씩 다르기는 하지만, 대체로 입꼬리가 손이 올바른 방향으로 빠지도록 해주는 최저선입니다.

다 당긴 상태에서 죽이 제대로 섰는가를 확인합니다. 붕어죽이 되거나 앉은죽이 되거나 하여, 죽이 제대로 서지 않았으면 중구미를 틀어서 바로잡습니다. 중구미를 바로 세우지 않으면 줌이 서질 않습니다. 줌이 서지 않으면 살은 거의 뒤납니다. 그리고 깍짓손을 잘 빼더라도 앞나고 뒤나고 하여 살이 한통으로 몰리지를 않습니다. 그러므로 만작 상태에서 중구미를 엎어서 반드시 줌이 서도록 해야 합니다.

깍짓손을 억지로 짜지 않습니다. 깍짓손을 억지로 짜면 손목에 힘이 들어가서 발시 후에 손이 제 방향으로 빠지지 않습니다. 따라서 만작 상태에서 깍짓손을 고정시키고 중구미를 틀어서 줌을 바로 세우면 하삼지에 저절로 힘이 가면서 그 반동으로 깍짓손도 적당한 힘으로 조여집니다. 이렇게 자연스럽게 줌손을 밀어서 그 반동으로 깍짓손을 짜야지, 일부러 깍짓손을 비틀어서 짜면 안 됩니다.

만작은 살이 머무른 상태가 아닙니다. 겉으로 보기에는 그 자리에 멈춰있는 것 같지만, 앞뒤로 계속 나아가고 당겨지던 양손이, 더 이상 밀고 당길 수 없는 상태에 이른 것이지 결코 멈춘 것이 아닙니다. 그러므로 계속 힘을 가하면서 밀고 당겨야 합니다. 그렇지 않으면 게우게 됩니다. 이때 당기는 힘은 손목이 아니라 중구미와 죽머리에 걸려있어야 합니다. 그리고 가슴 전체를 움직여서 가슴 한 가운데에서 힘이 양쪽으로 나누어지도록 힘을 씁니다.

보통 만작 상태에 얼마나 머무르느냐 하는 것이 따라 속사(速射) 여부가 결정됩니다. 2~3초 가량 머무는 것이 보통입니다. 그런데 살이 들어오자마자 내는 경우도 있습니다. 어느 것을 택하느냐 하는 것은 쏘는 사람마다 다르지만, 활을 스포츠로 여겨서 건강을 다지기 위한 것으로 여긴다면 지그시 참았다 내는 것이 좋습니다. 그것은 단전에 힘이 어느 정도 머무는 시간을 주는 것이 건강에 좋기 때문입니다.

살을 다 당겨서 만작에 이르렀을 때는 허벅지에도 힘이 다 들어가서 바윗덩이처럼 단단해야 합니다. 그리고 그렇게 되었을 때 분문(糞門)을 빨아들이면서 꽉 조입니다. 이렇게 하면 불거름(丹田)이 팽팽히 긴장하면서 숨이 가장 깊이 들어옵니다. 이른바 단전호흡이 되는 것입니다. 천기와 지기가 불거름에서 만나 활 쏘는 사람을 우주의 한 중심으로 세우는 경지가 여기서 열립니다.

## 발 시

발시의 가장 중요한 요령은 '가슴을 빠개는' 것입니다. 줌손을 과녁머리에 박아놓고 뒷죽을 어깨까지 움직여서 당기면 힘이 저절로 가슴을 중심으로 양분됩니다. 그러면 더는 당길 수 없을 만큼 힘이 응축된 절정의 순간에 화살이 과녁을 향해 튕겨나갑니다. 이것이 이른바 '빠개기'입니다. 빠개기는 일부러 빠갠다고 해서 되는 것이 아닙니다. 전통 사법을 구사하면 저절로 빠개집니다. 화살이 턱밑으로 오는 변형된 사법에서는 이 빠개는 맛을 잘 느낄 수가 없습니다. 그래서 활은 법대로 쏘아야 된다고 한 것입니다.

온작 상태에서 힘을 계속 앞뒤로 가하여 밀고 당기다 보면 저절로 화살이 튕겨나갑니다. 일부러 보내면 안 됩니다. 그런데 이렇게 계속 활을 쏘다보면 화살이 저절로 튕겨나가는 어떤 시점이 감지됩니다. 그렇게 감지된 순간에 발시할 뜻을 더하면 그것이 가장 좋은 발시 요령이라고 할 수 있습니다. 체력과 기술이 완전히 한 덩어리가 되어 자신이 어떻게 쏘는지 그것조차 잊을 때 비로소 이루어지는 것으로, 오랜 시간을 끊임없이 훈련해야만 겨우 이룰 수 있습니다.

이때 뒷손은 살을 떠나보낸 반동으로 저절로 펴집니다. 뒷손이 펴지는 방향은 깍짓손을 끌 때 결정됩니다. 만작 시에는 누구나 줌손부터 깍짓손 중구미까지 일직선을 이루어야 합니다. 그런데 만작이 될 때까지 머리 위에서 양손이 내려오면서 활을 당겼기 때문에 발시 직후에는 손이 아래쪽으로 처지는 것이 순리입니다. 따라서 뒷손은 호랑이가 꼬랑지를 늘어뜨린 것처럼 밑으로 처지게 해야 합니다. 뻣뻣하게 수평으로 펼쳐지는 것은 발시 후에 손에 힘이 남아있다는 증거이기 때문에 멋은 좀 있어 보일지 몰라도 바람직한 현상은 아닙니다.

뒷손이 빠지는 것은 약간 기울기가 있습니다. 우리 활의 원리가 그렇게 기울기를 가질 수밖에 없기 때문입니다. 우리 활은 수직으로 서 있는 것이 아니고, 줌앞으로 조금 기울어있기 때문에 활이 기울어진 그 각도만큼 뒷손이 빠지는 방향도 기울게 됩니다. 그것이 자연스런 이치입니다. 그렇지 않으면 앞손과 뒷손이 갈라지는 힘의 방향이 어긋나서 살이 통으로 가지 않습니다. 활을 15도 기울였으면 뒷손도 수직에서 15도 기운 방향으로 빠지고 20도가 기울었으면 20도 기운 방향으로 빠져야 합니다. 손이든 손바닥이든 이 각도를 따르는 것이 자연스러운 일입니다.

발시할 때 뒷죽을 낮게 끌면 여러 가지 불리한 점이 생깁니다. 손이 낮으면 발시할 때 바깥쪽으로 홱 뿌리게 됩니다. 발시 순간 살대가 뺨에서 떨어지기 때문에 살은 뒤납니다. 이것을 고치는 방법은 뒷죽을 높이 끄는 것밖에 없습니다.

### 마무리

마무리는 발시 후에 거두는 동작을 말합니다. 전통 사법으로 쏘면 줌손은 과녁 쪽으로 나가다가 불두덩 앞으로 지고, 뒷손은 큰 원을 그리면서 떨어집니다. 그러니까 만작 상태에서 발시와 동시에 양손이 땅을 향해 반원을 그리게 됩니다. 이것이 이른바 '학이 날개를 접는 듯' 한 동작입니다.

이 동작은 살이 떠난 뒤에 이루어지는 것이어서 어찌 보면 명중률과는 상관이 없을 듯한데, 전혀 그렇지 않습니다. 이 마무리가 제대로 이루어지지 않으면 살은 과녁을 벗어납니다. 활을 들어 올리는 순간부터 동작을 거두기까지 이루어지는 모든 과정이 살을 과녁으로 제대로 보내기 위한 연속동작이기 때문입니다. 따라서 마무리가 제대로 되지 않았다는 것은 앞의 연속 동작 중 어느 한 곳에서 부실했다는 얘기가 됩니다. 따라서 발시 후의 동작을 보면 살이 가서 맞는지 안 맞는지 예측할 수 있습니다.

우리 활은 두 손이 원을 그립니다. 만작은 그 원을 둘로 분할하는 지점입니다. 만작이 되기 전까지는 머리 위로 올려서 손을 밀고 당기는 모양이 머리 위에서 반원을 그리고, 만작 이후에는 펴진 몸짓을 거두는 동작이 밑으로 반원을 그립니다. 이 두 원을 합치면 완벽한 원이 됩니다. 이것은 우리 겨레의 춤사위가 대부분 덩실거리며 둥근 원을 그리는 동작으로 이루어진다는 사실과 정확히 일치합니다.

그런데 종종 발시 직후의 손바닥이 하늘을 보게 하라는 말을 듣습니다. 특히 궁체에 관심을 갖는 사람들은 이 점에 집착합니다. 그러나 우리 활에서는 원래 발시 직후의 손 모양에 대해서는 그리 중요하게 생각하지 않았습니다. 쏘고 난 뒤에는 손바닥이 어떻게 된다는 개념이 아예 없는 깃입니다. 그런데 아주 좋은 쏘임이 이루어지면 그 사람 특유의 연삽한 동작이 이루어집니다. 손바닥이 하늘을 보게 하라는 이야기도 이런 경우에 해당합니다. 손바닥이 하늘을 보도록 하라는 것은 깍짓손을 높이 끌라는 이야기입니다. 그리고 강궁을 쓰면 뒷손을 아무리 높이 끌어도 손바닥이 하늘을 보지 않습니다. 따라서 손바닥이 하늘을 보게 하라는 말은 연궁을 써서 연삽하게 내라는 뜻을 표현한 말입니다.

각 단계별 동작

　　손바닥이 하늘을 보도록 끌어도 손바닥이 완전히 수평으로 눕지는 않습니다. 우리 활은 줌앞 쪽으로 비스듬히 기울인 상태에서 발시하므로 뒷손이 빠질 때도 그 각도만큼 기울어서 빠지게 됩니다. 무리하게 손바닥을 하늘로 향하려고 할 필요는 없습니다. 요는, 연궁을 쓰고 높이 끌어서 뒷손을 연삽하게 뽑으라는 뜻을 취하면 됩니다.

　　활을 몸에서 떠나보내고 난 뒤에 몸을 추스르는 자세를 이미지로 나타내면 '학이 날개를 접듯이' 합니다. 그래서인지 활에서 몸을 가리키는 말 중에 새와 관련 있는 것이 있습니다. 활을 쏠 때는 손을 아예 새의 날갯죽지로 인식한 것 같습니다. 즉, 죽머리, 중구미, 붕어죽이 그것입니다.

죽머리는 팔의 맨 꼭대기 어깻죽지이고 중구미는 팔굽을 말합니다. 붕어죽은 죽이 붕어처럼 되었다는 뜻입니다. 모두 죽지와 관계있는 말입니다. 그러니까 팔에 관한 구체적인 말이 생기기 전에는 사람도 팔을 새와 똑같은 말인 죽지라고 했다는 증거가 활의 용어에 남아있습니다.

죽머리는 쉽게 알아볼 수 있습니다. 죽지의 맨 위쪽, 즉 머리라는 뜻이겠습니다. 붕어죽은 죽지가 붕어를 만들었다는 뜻이겠고요. 문제는 중구미에 있습니다. 많이 변형되어 원형을 알아보기가 쉽지 않습니다. 중구미가 젖혀진 죽을 '붕어죽'이라고 하고, 젖히지도 업히지도 않은 죽을 '앉은 죽'이라고 하는 것으로 보아, '중'이 '죽'의 변형이라는 것을 어렴풋이 알 수 있는데 구미는 전혀 알 수 없습니다.

이것은 우리말의 특징에서 오는 현상 같습니다. 우리말은 유성음인 ㄴ,ㄹ,ㅁ,ㅇ 뒤에 오는 'ㅣ' 발음이 '지'로 변하는 버릇이 있습니다. 예를 들면, 누룽이—누룽지, 아궁이—아궁지, 겨레—결지 같은 말들이 그런 것들입니다. 이것은 팔꿈치나 발꿈치도 마찬가지입니다. '팔굽이—팔구미—팔꿈치'의 변화를 보면 그 양상을 뚜렷이 볼 수 있습니다. 여기서 팔 대신 '죽'이라는 활 고유의 명칭을 넣으면 금방 해답을 얻을 수 있습니다. '죽굽이—죽구미'이겠지요. 죽구미가 발음하기 불편하니까, 죽의 'ㄱ'이 유성음인 'ㅇ'으로 변해서 '중구미'가 된 것입니다. 굽이는 '굽다'라는 동사에서 온 말이니까, 중구미란 '죽이 굽은 것'이라는 뜻이겠지요.

활 쏘는 과정에서 지켜야 할 주의 사항을 "집궁제원칙"이라는 공식으로 정리했습니다. 다음과 같습니다.

① 선관지형(先觀地形) : 먼저 지형을 보고 나서

② 후찰풍세(後察風勢) : 바람의 흐름을 살핀다.

③ 비정비팔(非丁非八) : 비정비팔로 발을 갖추고

④ 흉허복실(胸虛腹實) : 가슴을 비우고 배를 든든히 한다.

⑤ 전추태산(前推泰山) : 줌손은 태산을 밀듯이 하고

⑥ 후악호미(後握虎尾) : 깍짓손은 범의 꼬리를 움키듯 한다.

⑦ 발이부중(發而不中) : 활을 쏘아서 맞지 않으면

⑧ 반구저기(反求諸己) : 자기 자세를 돌이켜본다.

### ▲ 나쁜 버릇과 자세 교정

한 번 생긴 버릇은 고치기 쉽지 않습니다. 그러므로 처음부터 궁체를 잘 다스려야 합니다. 그러나 활도 사람의 일인지라 계속하면 자신도 모르는 사이에 궁체가 바뀝니다. 그래서 나쁜 버릇이 몸에 배면 과녁이 그것을 알려줍니다. 즉 화살이 명중하지 않고 빗나가는 것입니다. 그러면 화살이 날아가는 모양을 보고서 자세를 교정해야 합니다.

궁체가 어그러지는 원인은 딱히 어느 하나에 있다고 하기 어렵습니다. 대개는 여러 가지가 한꺼번에 나타납니다. 한 부분의 자세가 비틀리면 다른 부분도 덩달아서 뒤틀리기 때문입니다. 여기서는 편의상 하나씩 나누어서 설명하겠습니다. 그리고 이것은 원칙론에 준한 것이니 무수히 변화되어 나타나는 버릇을 교정하는데 응용할 수 있도록 하면 되겠습니다.

#### 발가짐에 따른 버릇

앞뒷발의 거리나 위치는 사람의 체격에 따라서 달리 정해야 하므로 스스로 체득하는 수밖에 없습니다. 비정비팔로 섰을 때 뒷발이 너무 앞으로 나오면 살은 뒤나고, 너무 뒤로 빠지면 앞납니다.

덩치가 작은 사람이 뒤발을 너무 앞으로 내면 상체가 구부러져 꾸부정하게 됩니다. 시위를 당기는 거리가 짧아져서 자연 상반신을 구부리는 것입니다. 이럴 때는 뒷발을 뒤로 조금 빼면 됩니다. 덩치가 큰 사람이 발을 너무 뒤로 빼면 깍짓손이 덜 당겨져서 불안해집니다. 자신의 상체가 시위를 잡아당기는 길이에 알맞도록 발의 위치를 정해야 합니다.

### 깍짓손에 따른 버릇

깍짓손은 화살대의 연장선을 따라 뒤로 곧장 뽑아야 합니다. 활 쏘는 버릇 중에서 가장 나쁜 버릇은 깍짓손이 앞으로 딸려나가는 것입니다. 이렇게 되면 아니 쏨만 못합니다. 반드시 고쳐야 합니다. 깍짓손이 딸려나가면 과녁에 미치지 못합니다. 그리고 살고가 높아집니다. 이것을 극복하려고 몸을 엉버티므로 궁체가 뒤틀립니다. 그러므로 처음부터 깍짓손은 뒤로 뽑도록 버릇을 들여야 합니다.

깍짓손을 오른쪽으로 뿌리치면 화살은 앞납니다.(우궁 기준) 화살은 시위에 머무는 시간의 길이에 따라서 앞나고 뒤납니다. 즉 머무르는 시간이 길면 뒤나고 짧으면 앞납니다. 여기서 시간이 길고 짧다는 것은 자신의 평소 버릇에 기준을 두고 하는 이야깁니다. 따라서 깍짓손을 오른쪽으로 뿌리면 살이 시위에 머무는 시간이 짧아져 앞나고 맙니다. 반대로 어깨 쪽으로 깍짓손을 뽑으면 화살이 시위에 머무는 시간이 길어져서 뒤납니다. 그러므로 곧바로 뒤로 뽑아야 합니다. 이 깍짓손이 화살의 방향에 가장 많은 영향을 미칩니다. 대부분의 실수는 깍짓손이라고 보면 됩니다. 그리고 고치기도 가장 어려운 버릇입니다. 그러므로 처음부터 분명히 배워 익힐 필요가 있습니다.

깍짓손은 중구미와 죽머리의 힘으로 당겨야 합니다. 손목으로 당기면 아까 말한 그런 버릇이 나옵니다. 동작을 최대한 크게 해서 잔 동작을 없애는 것입니다. 만약에 중구미가 밑으로 처지면 살이 높이 뜨고 멀리 못나갑니다. 그러므로 시위를 당길 때 될 수 있으면 깍짓손이 귀를 스치고 지나게 합니다.

### 줌손에 따른 버릇

줌손은 반바닥으로 줌통을 밀고 하삼지로 받쳐줍니다. 따라서 하삼지에 힘을 얼마나 주느냐에 따라서 살의 향방이 정해집니다. 줌손에 가하는 힘의 정도는 스스로 깨달아야 합니다. 사람마다 다 다르기 때문에 딱히 어느 정도라고 말할 수는 없습니다. 줌손과 깍짓손을 많이 꼬면 꼴수록 줌손에 힘이 많이 들어갑니다. 줌손의 하삼지에 힘을 덜 주면 뒤납니다. 활이 늘어져서 화살이 시위에 머무르는 시간이 많기 때문입니다. 반대로 힘을 너무 주면 앞납니다. 활이 줌손 앞으로 밀려나가서 살이 시위에 머무르는 시간이 짧아지기 때문입니다.

이때 주의할 것은 반드시 하삼지에만 힘을 주어야 한다는 점입니다. 엄지와 검지에 힘이 들어가면 활이 뒤틀립니다. 특히 검지에 힘이 들어가면 살은 뒤납니다. 반드시 반바닥과 하삼지의 힘으로 활을 잡아야 합니다.

그리고 줌손은 시위가 벗겨지면서 저절로 풀리도록 해야 합니다. 줌손을 아래로 채면 코박기 쉽고, 뒷쪽으로 너무 밀면 뒤납니다. 또 깍짓손이 딸려 들어오면 살은 코박습니다. 특히 평상시 잘 쏘다가도 시합에 나가면 자신도 모르는 사이에 긴장해서 평상시보다 더 많이 당기게 됩니다. 그러면 넘거나 뒤납니다.

### 하체에 따른 버릇

하체에 힘을 주지 않으면, 즉 흉허복실이 되지 않으면 줌손이 흔들립니다. 그리고 상체의 힘에만 의지하기 때문에 활을 이기려고 상체를 뒤로 젖히게 마련입니다. 그러면 화살은 높이 뜨고 덜 나갑니다. 그 때 엄지발가락을 지그시 누르고 분문을 빨아올리면 전신이 바위처럼 고정됩니다.

### 오늬에 따른 버릇

오늬를 시위에 끼우는 높낮이에 따라서 살도 더 나가고 덜 나가고 합니다. 자기가 평소 끼우는 기준치보다 높게 끼우면 살은 덜 갑니다. 낮춰 끼우면 살은 더 갑니다.

대개 대회에 나가면 긴장이 되어 평소 연습 때보다 더 당기게 됩니다. 그래서 넘기가 쉬운데 이때 조준점을 옮기면 명중률이 떨어집니다. 자세 전체가 뒤틀리기 때문입니다. 조준점을 손톱만큼 끌어올리고 내리는 데 드는 힘은 황소 한 마리를 잡아당기는 힘보다 더 든다고 할 정돕니다. 따라서 대회에 나가서 조준점을 옮긴다는 것은 자살행위입니다. 그럴 때는 오늬 높이를 올리고 내리면 쉽게 조절할 수 있습니다.

이상에서 말한 버릇은 어느 한 가지만 혼자서 나는 것이 아니라 대개는 여러 가지 요인이 얽혀 있습니다. 한 가지 자세가 어그러지면 궁체가 변하기 때문에 다른 자세도 뒤틀어집니다. 따라서 상황에 따라서 잘 판단해서 고쳐야 합니다.

### 장비에 따른 버릇

이번에는 개량궁으로 쏠 때의 문제점에 대해서 잠시 생각해보겠습니다. 각궁은 발시 후의 충격을 스스로 흡수해버려서 사람의 몸으로 건

오늬를 먹이는 위치　　　　　　　　오늬를 먹이는 모습

너가지 않도록 만들어진 '무결점 활'입니다. 그런데 1970년대 개량궁이 개발되었습니다. 그 후로 각궁 쓰는 인구는 현저히 줄어들고, 한량들은 대부분 개량궁을 씁니다. 그런데 개량궁은 충격을 흡수하지 못합니다. 자연스럽게 발시 후의 충격이 몸으로 전달됩니다. 오래도록 개량궁을 쓰면 충격이 건너가는 뼈마디에서 문제가 생깁니다. 손목이나 팔꿈치가 아픕니다. 그러다가 어깨로 건너가고, 마지막에는 목이나 허리 디스크로 발전합니다.

오늘날 활터에서는 개량궁이 대부분이기 때문에 사법도 개량궁에 맞게 '개악'되어, 개량궁으로 오래 활을 쏘면 위에서 말한 병을 앓습니다. 팔이 아플 때는 보통 쉬면서 병원의 처방대로 약을 먹습니다. 진통제나 소염제 계통의 약입니다. 약발이 떨어지고 활을 다시 쏘면 팔은 다시 아파집니다. 이렇게 반복하다 보면 디스크로 갑니다. 한때 전국대회 우승을 하던 시수꾼이 어느 날 갑자기 활터에서 볼 수 없게 되는 경우가 많습니다. 잘못된 사법으로 활을 그만둔 경우를 저는 몇 차례 보았습니다. 사법이 달라졌어도 각궁을 쓰면 이런 최악의 상황까지 가진 않습니다.

# 활쏘기의 내면 원리

## ▲ 인격 수양의 길

활은 자신과 대화하는 것이요, 싸우는 것입니다. 그래서 모든 원인과 결과가 자기에게서 말미암는 것이니만큼 잘잘못 또한 자신에게서 찾아야 합니다. 활이 단순한 운동에 머물지 않고 인격수양에 도움이 되는 것도 이러한 성격과 관련이 있습니다.

어느 운동이든 그 운동이 요구하는 기본동작이 있기 마련입니다. 그래서 처음 운동을 배우는 사람은 그 운동의 기본동작을 익히는 것입니다. 그런데 거의 모든 운동은 상대를 두고 합니다. 그래서 기본동작을 구사하는 것도 중요하지만, 자연히 상대와 싸우는 작전이 필요합니다. 맞수 또한 자신과 똑같은 기본동작을 익혔을 것이기 때문입니다. 그런데 이 때 작전이란 대개 상대가 미처 생각하지 못한 방향으로 공격하는 것을 의미합니다. 따라서 정상에서 벗어난 기술이 가장 무섭고 큰 효과를 볼 수 있는 방법입니다. 이것은 운동이 정석을 구사하는 것이 아니라, 잔 머리를 굴리면서 신경전을 벌여야 한다는 것을 의미합니다. 테니스를 떠올리면 이 점 쉽게 이해할 수 있을 것입니다.

테니스가 점잖은 신사들의 운동이라고는 하지만, 오는 공을 말 그대로 신사처럼 점잖게 돌려보내가지고는 결코 이길 수 없습니다. 끝없이 맞은 편 코트를 넘겨다보면서 상대방의 허점을 살피고 어느 한 곳에 구멍이 뚫렸을 때 재빨리 그곳에 공을 꽂아야 이기는 경기입니다. 그래서 갑작스런 사태에 재빨리, 그리고 다양하게 대처하는 것이 일반 운동에서 요구하는 능력이요, 재주입니다. 스스로 신사임을 자처하는 영국인들은 야구를 즐기지 않는다고 합니다. 야구에는 야비하게도 도루라는 것이 있다는 것이지요. 도루는 도둑질입니다. 갸륵한 일이기는 합니다만, 우리가 보기에는 야구나 테니스나 상대의 헛점을 노린다는 점에서는 도찐개찐이요, 이오십보로 소백보입니다.

그러나 활은 그렇지 않습니다. 자기와 싸우고 대화하는 것이므로 상대를 두고 하는 운동처럼 맞수의 허점을 노릴 필요도 없고 잔머리를 굴리려고 할 필요도 없습니다. 오로지 과녁을 마주하고 활이 요구하는 자세와 자신에게 충실하면 결과는 보지 않아도 알 수 있는 운동입니다. 따라서 자신의 자세와 내면에 충실할 수 있습니다. 옛날 선비들이 활을 좋은 운동으로 여긴 것도 이같은 성격 때문입니다. 그러므로 건강뿐만이 아니라 인격수양과 심성수련에도 활이 으뜸입니다.

## ▲ 활과 태극

선비들이 활을 좋아했던 것은 이것 이외에도 그 안에 함축된 사상 때문입니다. 동양인들이 우주의 운행과 천지의 변화를 관찰해서 엮어낸 가장 훌륭한 사상은 태극설(太極說)입니다. 활은 이 사상을 다른 그 어느 것보다 더 잘 구현하고 있습니다.

어느 운동이든 운동은 움직임으로 이루어집니다. 대개 뛰지 않고는 할 수 없는 것입니다. 그러나 활은 약간 다릅니다. 활은 크게 움직이는 부분과 움직이지 않는 부분, 즉 정(靜)과 동(動)의 두 체계로 이루어집니다. 발과 하체가 만드는 정의 체계와 두 팔과 가슴이 만드는 동의 체계가 서로 조화를 이루어 생동감 넘치는 활의 세계를 열어줍니다.

먼저 활을 쏘기 전에는 정도 아니고 동도 아니고, 아무 것도 아닙니다. 주렴계가 태극도설에서 말한 무극이태극(无極而太極)이지요. 그러다가 몸을 움직이지 않게 땅에 고정시키면 정의 체계가 이루어집니다. 그리고 천천히 두 팔을 움직여서 활을 당깁니다. 고요한 새벽 강에서 안개가 피듯이 정에서 동이 서서히 태동하는 것입니다. 이렇게 해서 태극의 음양을 이루는 정과 동이 갖추어집니다. 그러다가 활을 완전히 당기면 궁체는 다시 정의 상태로 들어갑니다. 정에서 동으로, 동에서 다시 정으로 순환하는 것입니다.

하지만 이 정은 앞의 정과는 전혀 다른 성격을 띱니다. 그것은 동을 한 번 거쳐서 동이 만드는 팽팽한 긴장을 안으로 한껏 품고 있는 정입니다. 따라서 만작은 겉으로 보면 정지한 계의 모습이지만, 안으로 움직임이 고도로 응결된 동작이라는 점에서 이것은 잠시 후 순간동작으로 터져 나올 것을 예고하는 정입니다. 그래서 정이라 할 수도 없고 동이라 할 수도 없는 상태, 즉 정이면서도 동이고, 동이면서도 정인 것입니다.

이렇게 정과 동을 끌어안으면서도 그 안에 본체로서 깃들어 있는 것이 바로 태극입니다. 움직임이 극에 이르러 다시 고요함으로 변하고 그것이 다시 극에 이르러 움직임으로 전환하는 역동성을 상징하는 것이 바로 태극입니다. 그러니까 태극은 동이면서 정이고, 정이면서 동입니다. 동이면서 동이 아니고, 정이면서 정이 아닌, 비정비동(非靜非動)의 상태를 가리킵니다.

활의 만작은 동이 한껏 부풀어서 정의 상태를 유지하고 있지만, 곧

동으로 돌아가기 직전의 정이라는 점에서 정이면서 동이고 동이면서 정입니다. 이 비동비정이 만드는 태극의 상태를 몸 안에 구현해놓고서 궁사는 무념무상의 상태로 빠져듭니다. 이제 정과 동이 팽팽히 어울린 태극을 잊고, 과녁을 잊은 상태, 즉 마음이 텅 비어 있으면서도 꽉 찬 상태가 옵니다. 가슴을 타고 내려온 하늘의 기운과 발바닥을 타고 올라온 땅의 기운이 단전에서 만나서 하늘과 땅을 잇습니다. 천지가 사람을 매개로 만나는 것입니다. 이 순간, 천지인 삼재(三才)의 사상이 궁사의 몸 안에 완전히 구현된 것입니다. 하늘과 땅을 사람이 매개함으로써 우주는 비로소 온전해집니다. 그래서 살의 깃도 그것을 상징이나 하듯이 셋입니다.

태극을 넘어선 상태를 무극(無極)이라고 합니다. 무념무상의 경지인 무극에 이르렀을 때, 이 놀라운 균형과 정적을 일순간에 깨뜨리며 화살이 튕겨나갑니다. 살은 과녁의 동서남북이나 중앙, 어느 한 곳에 떨어집니다. 동서남북과 중앙, 바로 오행(五行)입니다. 그래서 태극이 생음양하고 음양이 다시 오행으로 분화하는 것입니다. 태극과 음양, 그리고 오행의 오묘한 변화를 활보다 더 잘 보여주는 것은 없습니다. 활은 정과 동을 극복 지양하고 비동비정의 태극 이념으로 천지우주를 조화시키는 무극의 상징체계를 훌륭히 보여줍니다.


### ▲ 단전호흡

활을 당기면 발바닥을 통해서 지기(地氣)가 올라오고 머리와 폐를 통해서 천기(天氣)가 내려와서 단전에 모입니다. 그 순간 우주의 기운이 인간의 단전(丹田) 한 가운데에 집중하는 것입니다. 인간을 때로 소우주라고 하는 까닭입니다. 이것이 단전호흡입니다. 옛날부터 신선술을 연

마하는 사람들이 최고의 경지로 추구하던 바입니다.

원래 호흡은 폐가 합니다. 그런데 허파는 혼자서 움직일 수가 없습니다. 근육이 없기 때문입니다. 허파는 그저 가만히 있을 따름입니다. 이 공기 주머니가 늘어났다 줄어들었다 하는 동작은 폐를 싸고 있는 근육과 뼈가 해줍니다. 즉 갈비뼈가 일어나고 앉으면서 공기가 허파로 들어오고 나가고 하는 것입니다. 보통 사람은 대개 가슴이 그 역할을 맡습니다. 이것을 흉식호흡이라고 합니다. 그런데 어린 아이를 살피면 가슴이 아니라, 배를 들썩이면서 쉽니다. 이것을 복식호흡이라고 합니다. 이것이 가장 건강할 때의 호흡입니다. 그리고 노인이나 병자의 호흡을 보면 가슴도 윗부분만 들썩입니다. 특히 임종을 앞둔 사람은 흉식호흡도 못되고 그저 목구멍에서 간당간당 합니다. 그러다가 그 숨마저 지면 말 그대로 '숨진' 것입니다.

이런 점을 면밀히 살피면 호흡 상태와 건강상태가 정확히 일치한다는 사실을 알 수 있습니다. 즉 건강한 사람일수록 호흡방식이 배 아래쪽으로 내려와서 깊은 호흡을 하고, 병약한 사람일수록 가슴 위쪽으로 올라와서 얕은 호흡을 한다는 것입니다. 숨이 목구멍에서 깔딱거리는 사람은 이미 틀린 사람입니다. 그러니까 이런 공식을 보면 호흡이 건강의 척도이고, 따라서 이를 잘 이용하면 호흡법을 고쳐서 건강해질 수도 있다는 것입니다. 즉 어린 아이의 호흡으로 돌아가면 건강해질 수 있다는 결론이 나옵니다.

단전호흡은 말 그대로 단전으로 호흡하는 것입니다. 즉 배 전체로 들썩이는 호흡에서 아랫배로 더 끌어내리는 것입니다. 폐에 들어온 공기를 배꼽 밑의 단전까지 끌어내려서 모아두는 것입니다. 충분히 축적되었을 때 천천히 숨을 내쉽니다. 들이쉴 때는 보통 빠르기로 하되 내쉴 때는 가능한 한 늦춤으로써 천기를 단전에 축적하는 것입니다. 보통사람은

1분에 10회 정도 숨을 쉬지만, 단전호흡을 하면 2, 3회로 줄어듭니다. 코밑에 솜털을 대도 나부끼지 않을 정도로 천천히 내쉽니다. 이것을 극도로 길게 하도록 수련한 것이 선도술의 호흡법입니다. 선도술에서는 배꼽 밑 단전이 아니라 발바닥 끝가지 끌어내리라고 요구합니다. 이 훈련을 계속하면 1회 호흡에 소요되는 시간이 길어져서 5분 10분을 지나, 생각으로는 하루 한 번의 호흡도 가능할 것입니다. 이것이야말로 신선의 경지겠습니다.

어떻게 보면 황당해 보이지만, 또 한편으로 보면 훈련의 정도에 따라 그럴 수도 있다는 생각을 떨치기 어렵습니다. 왜냐하면 폐의 구조가 그런 작용과 역할을 허용할 만큼 신비롭게 이루어져있기 때문입니다. 사람이 산소를 흡수하는 능력은 폐의 표면적에 비례합니다. 그런데 카오스(Chaos) 이론에 따르면, 폐는 가능한 한 최대 면적을 제한된 공간에 채워 넣어서 그 구성과 기능을 무한대로 만드는 구조를 띠고 있다고 합니다. 이것은 허파를 구성하고 있는 허파꽈리가 프랙탈(자체유사성)이라고 하는 구조를 내부로 끊임없이 복사해 들어가기 때문입니다. 즉 규모가 작아지면서도 자기를 닮은 모습이 유지되도록 조직되었다는 것입니다. 그래서 폐가 차지한 면적은 한정되어 있지만, 그 기능은 무한대라는 것입니다.

사람의 허파를 평면에 펼쳐놓으면, 테니스코트보다 더 넓다고 합니다. 놀라운 일입니다. 믿을 수 없는 일이지만, 이는 엄연한 사실입니다. 허파꽈리가 자기와 똑같은 모양의 새끼 꽈리를 내부에 포함하고 있고, 다시 그 안에는 동일한 모양이 복제된 형태로 무수히 반복되는 구조를 띠고 있다는 것입니다. 따라서 이런 자기복사는 무한대로 나아갑니다. 허파가 차지하는 면적이 일정하지만, 폐활량이 무한할 수 있는 것도 허파가 카오스 이론에서 말하는 이 프랙탈이라는 원리로 이루어져 있기 때문입니다. 이것을 보면, 선도술에서 말하는 무한히 긴 호흡도 전혀 뜬금없는 것만은 아님을 알 수 있습니다.

### ▲ 활쏘기의 절정 : 망아(忘我), 혹은 무아(無我)의 경지

앞서 말한 자세를 단계에 따라 점검하고 과녁을 겨눌 때를 잠시 생각하겠습니다. 시위에 살을 걸고 과녁을 향해 당기면, 우선은 명중시켜야 한다는 생각을 하는 것이 사람의 심정입니다. 그래서 일단은 조준을 하고 나면 온 신경이 명중시키겠다는 일념을 향해 집중됩니다. 움직이는 찌를 노려보는 낚시꾼의 심사와 다를 게 없습니다. 이처럼 활을 겨누고 온 신경을 과녁에 집중시키면 눈에 들어오는 것은 과녁뿐입니다. 자신이 지금 어떤 자세를 취하고 있는지 전혀 의식하지 못합니다. 활터 주변의 경관이나 주변에 흩어진 사람들도 눈에 보이지 않고 사람들이 떠드는 소리도 들리지 않으며, 깃발을 들고 과녁 옆에 선 사람도 눈에 들어오지 않습니다. 고요합니다. 정신을 한 곳에 골똘히 모을 때 생기는 놀라운 현상입니다.

이런 현상은 꼭 활에만 있는 것은 아닙니다. 우리들의 생활에서도 이따금 경험할 수 있는 것입니다. 심각한 고민이 생겼을 때 주변을 전혀 의식하지 못하는 것도 그런 경우입니다.

짧은 순간이지만 그렇게 과녁에 온 정신을 집중시키고 있으면 주위를 잊고 곧 이어 자신이 활을 당기고 있다는 사실도 잊습니다. 그러면 문득 세상이 고요해지면서 과녁의 홍심만 크게 보입니다. 그러다가 그 상태를 조금만 더 유지하고 있으면 잠시 후 과녁마저 잊게 됩니다. 세상을 잊고 과녁을 잊고 마침내 나까지 잊습니다. 모든 것을 잊고 마치 바보인 양, 돌덩이인 양, 거기 그렇게 놓여있는 것입니다. 이것이야말로 인간이 자신을 버리고 자연 본래의 상태로 돌아간 모습입니다.

과녁은 분명 목표이고 대상입니다. 자아와 분리된 객체입니다. 그런데 정신을 집중시키면 주체와 객체, 즉 자아와 대상이 소멸되고 과녁과 나는 한 덩어리가 됩니다. 일체의 주객이 소멸한 상황, 굳이 이름 붙이자면 비공비색(非空非色)이라고나 할까요! 그 상황이 되면 활은 이미 마음 밖의 사물을 향해 쏘는 것이 아니고 내 안을 향해서 쏘는 것입니다. 내가 나를 향해 쏜 화살이니 빗나갈 리가 없습니다. 주관과 객관이 혼연일체가 되는 놀라운 세계가 여기 있습니다. 이 때 나와 과녁은 한 덩어리가 되고, 나아가 나와 우주가 한 덩어리가 되는 황홀경에 들어갑니다. 이때 나는 이 우주의 한 중심입니다.

이것을 도가나 불가에서는 무아지경(無我之境), 혹은 망아지경(忘我之境)이라고 합니다. 모두 다 자신을 잊는다는 뜻입니다. 불교에서 말하는 이른바 해탈(解脫)도 이와 다르지 않습니다. 다만 수도에 정진하는 중들은 도구를 사용하지 않고 명상과 참선을 통해서 그 경지로 직접 들어간다는 점이 다를 뿐입니다. 반면 궁사(弓士)는 그 경지로 들어가는데 활이라는 도구를 사용합니다. 그런 만큼 도구 없이 얻은 중들의 깨달음은 도구에 의존한 궁사들의 그것보다 더 오래고 지속성이 강한 반면 궁사들은 도구가 허용하는 짧은 동안만 그 경지를 체험한다는 차이가 있습니다.

명상과 좌선을 하는 사람들이 실토하는 어려움은 생각을 억지로 멈추는 일이 생각처럼 쉽지 않다는 것입니다. 즉 선 수행 중에 끊임없이 잡념이 떠오른다는 것입니다. 대부분은 이 잡념과 싸우다가 시간을 낭비하고, 그러고도 길이 보이지 않으면, 결국은 수행을 포기하게 됩니다. 이 잡념을 없애고 잡념을 없애고자 하는 마음마저 없앨 때, 즉 집착 그 자체에 대한 집착마저 버릴 때 비로소 아무 것도 집착하지 않는 무아의 경지에 들어간다는 것입니다.

　궁사는 활에 정신을 집중함으로써 자신을 잊고 무아의 경지로 들어갑니다. 정신집중을 통해서 자신이 정신을 집중하고 있다는 사실 그 자체를 잊는 것입니다. 이로 보면 중과 활꾼은 해탈에 이르는 방법이 정반대 방향인 셈입니다. 활꾼이 생각을 골똘히 집중시켜 무아의 관문을 뚫는 반면 중은 생각과 집착을 버려서 관문을 뚫는 것입니다. 서로 다른 방향에서 같은 곳에 도달하려는 셈입니다.

　생각의 뿌리를 잘라내기가 얼마나 어려운가는 수도승들이 거듭거듭 말하는 바입니다. 그래서 그들은 이 어려움 때문에 도구를 사용하기도 합니다. 화두(話頭)가 그것입니다. 화두는 생각을 푸는 실마리입니다. 일종의 수수께끼 같은 숙제입니다. 스승에게 화두를 받아서는 그것을 푸는데 온 생각을 집중시킵니다. 이이제이(以夷制夷)란 말이 있듯이 생각으로 생각을 제압하는 것입니다. 하나를 풀면 또 다른 화두를 얻습니다. 이런 수행이 몇 차례 반복되면 이제는 화두 같은 것도 필요 없는 단계가 옵니다. 세상이 갑자기 뻥 뚫리는 것입니다. 득도(得道), 즉 깨달음의 세계입니다. 따라서 이 경우 화두라는 도구를 사용한다는 점에서 활과 다를 게 없습니다. 이런 방식의 선을 간화선(看話禪)이라고 하는데 동양 삼국 중에서도 특히 우리나라에서 잘 지켜진 전통입니다.

　예를 들면, 김성동의 소설 『만다라』에 나오는 화두는 '병속의 새를 꺼내라!'는 것입니다. 젊은 중은 그것을 풀려고 무진 애를 씁니다. 그러다가 술고래인 땡초를 만나는데, 땡초는 그것을 너무 쉽게 풀어버립니다. 즉 자기에게는 애초부터 병이 없었으니, 새를 꺼낼 일도 없다는 것입니다. 이렇듯 화두는 어려운 사람에게는 한없이 어렵고, 쉬운 사람에게는 한없이 쉬운 것입니다. 생각과 깨달음의 수준이 다르기 때문입니다.

　화두는 불성이 없다든가, 거울이 없다든가 하는 투처럼 '없다'는 말이 유난히 많이 들어갑니다. 그래서 무짜(無字) 화두라는 말이 있을 정 돕니다. 옛날부터 전해오는 유명한 화두를 정리한 책도 있습니다. 이름 은 『무문관(無門關)』, 『벽암록(碧嚴錄)』 등. 그렇다고 해서 이런 책들이 득도하는 데 무슨 도움을 주진 못합니다. 오로지 피나는 노력만이 그 세 계를 열어줍니다.

이렇게 보면 활 쏘는 사람들이 건강한 것이나 고승들이 장수하는 이유도 어렵지 않게 알 수 있습니다. 그것은 정신을 다스린다는 공통점 에 있습니다. 정신을 다스림으로써 자율신경계를 안정시켜 몸 전체를 안정과 조화로 이끄는 것입니다. 인체를 다스리는 것은 머릿골입니다. 따라서 이 같은 현상은 뇌의 작용과 긴밀한 관계가 있습니다.

뇌는 인간에게 남겨진 가장 큰 비밀이자 미궁입니다. 현대과학이 밝혀낸 바에 의하면 두뇌의 활동은 뇌세포에 흐르는 화학 에너지와 전 기 에너지의 작용이라고 합니다. 그리고 뇌가 활동할 때 여러 가지 파를 낸다고 합니다. 뇌와 심리작용에 따라 인간의 뇌에서는 일정한 파동이 나온다는 것입니다. 그래서 뇌파연구를 통해서 많은 것을 밝혀냈습니 다. 현재까지 밝혀낸 것은 모두 네 가지, 알파($\alpha$)파, 베타($\beta$)파, 세타 ($\theta$)파, 감마($\delta$)파입니다.

알파파는 명상이나 참선 같은 잠재의식 상태에서 나오는 파로 이 상태가 되면 피로, 스트레스가 풀리며 불안, 초조, 긴장이 사라지고 정 신이 안정되며 집중력이 좋아집니다. 그리고 기억력이 활발해지는 의식 상태입니다. 시험을 치루기 전에 눈을 감고 심호흡을 하면 마음이 고요 해지면서 안정감을 찾는 것도 이런 것의 일종입니다.

베타파는 일상의식, 즉 깨어있는 상태에서 나오는 파로 상당히 빠 른 파동을 보입니다.

세타파는 완전수면 상태처럼 잠재의식에서 나오는 것입니다. 깊은 명상, 영감, 깨달음의 경지입니다. 앞서 말한 고승들이 도달한 해탈의 세계입니다. 그런데 이 세타파는 생각에만 영향을 끼치는 것이 아니라 몸에도 강한 영향을 끼칩니다. 즉 이 단계에 접어들면 인체 내의 자연 치유력이 왕성하게 발휘되어서 신체 조절이 저절로 이루어지는 상태이기 때문에 질병까지도 치료되는 단계입니다. 여기서 우리는 고승들의 비밀을 알 수 있습니다. 그들이 장수하는 것도 이것이며, 불치의 병에 걸리고서도 아무 일 없는 듯이 살아가는 까닭도 바로 이것입니다. 활을 오래 쏜 사람도 이와 마찬가지입니다. 비록 고승들처럼 오랜 시간 계속해서 세타파에 머물러있지는 못하고 활의 올바른 자세가 유지되는 짧은 순간 동안이지만, 그런 단계에 듦으로 해서 건강이 좋아지는 것입니다. 현실 속에 머물러 있으면서도 세타파의 깊은 물밑으로 계속 자맥질하기 때문에 정상인보다 치유력이 강한 것입니다.

감마파는 마취상태, 즉 가사상태여서 경험하기 어렵습니다.

### ▲ 활과 건강

오랜 기간 동안 꾸준히 활을 쏘면 건강이 아주 좋아집니다. 특히 활은 나이와는 상관없이 쏠 수 있으므로 더더욱 좋습니다. 대개의 운동은 젊어서 하다가 회갑을 넘기면 그만 두게 됩니다. 체력을 발산하는 운동이기 때문입니다. 그에 반해서 활은 단전호흡을 통해서 기를 수렴하는 운동이기 때문에 나이와는 상관없이 할 수 있는 것입니다. 활터에 나가보면 머리가 허옇게 센 노인들이 새파란 젊은이들을 젖히고 상을 타는 모습을 자주 볼 수 있습니다. 늙어죽는 그 순간까지 할 수 있는 운동입니다. 이런 운동은 흔치 않습니다. 서양에는 아예 없습니다. 동양에서도 검술 정도가 그렇습니다.

그리고 나이를 먹어가면서 사람은 뼈가 굳어지고 오그라들어서 자세도 함께 구부정해집니다. 힘을 쓰는 운동은 이 현상을 부추깁니다. 이 현상을 막을 수 있는 운동은 거의 없습니다. 예를 들어 유도는 허리를 구부리고 힘을 주는 운동이기 때문에 일찍 허리가 휩니다. 씨름 또한 한창 나이에나 하는 힘의 운동입니다. 그러나 활은 가슴과 온몸을 펼쳐야 하는 운동이기 때문에 노화로 인해서 생기는 이 현상이 없습니다. 검술 또한 마찬가지입니다. 이 두 운동을 하면 죽는 날까지 허리를 꼿꼿이 펴고 걷습니다. 요구하는 자세가 그렇기 때문입니다. 그런데 이 자세는 사람이 건강한 이유와 직접 관련이 있습니다.

사람은 오랜 세월 동물에서 진화해왔기 때문에 당연히 처음에는 기어 다녔습니다. 그리고 일어서면서 재앙이 시작된 것입니다. 즉, 자연계의 짐승에 비해서 인간은 몇 곱절이나 병이 많습니다. 물론 자연계를 사는 짐승들도 자연도태되어서 그렇지 병이 없는 것은 아닙니다. 그러나 그에 비한다고 해도 인간이 겪는 병은 거의 무한한 지경입니다. 수만 가지도 더 된다고 합니다. 서양의학에서 그렇게 많은 병명을 갖다 붙이고도 아직 원인도 알 수 없는 병들이 수두룩합니다. 이러한 근본 원인은 사람이 기어 다니다가 허리를 곧게 펴고 일어섰다는 사실에 있습니다. 만물의 영장인 조건은 곧서는 것으로이되 그로 인해서 또한 가혹한 벌을 받았다는 것입니다.

사람의 건강은 오장육부(五臟六腑)에 달려 있습니다. 오장육부가 조화를 이루어 안정되면 그것이 신경계까지 지배해서 사람을 건강하게 합니다. 반대로 오장육부가 불균형을 이루면 건강에 이상이 옵니다. 사람은 자연에 적응해서 살 수 있도록 스스로 균형을 잡는 능력이 있습니다. 그 바탕이 오장육부라는 것입니다. 병이란 이 오장육부의 균형이 깨진 상태를 말합니다. 따라서 한방에서는 이 균형 상태를 회복할 수 있도록 조절하고 도와주는 것도 치료라고 합니다. 한약을 쓰는 것도 그렇고 경락을 따라서 침을 놓는 것도 다 이 불균형 상태를 사람의 손으로 조절하려는 것입니다.

그런데 인간이 곧게 서면서 오장육부의 균형은 깨질 수밖에 없는 운명입니다. 기어 다닌다고 생각하면 장부는 모두 허리뼈에 대롱대롱 매달리게 되고, 그것을 뱃가죽이 살짝 감싸서 받쳐주게 됩니다. 그런데 사람은 두 발로 일어섭니다. 그러면 장부는 모두 아래쪽으로 처져서 서로 누르고 눌리고 합니다. 그러니 허리에 메주처럼 주렁주렁 매달린 원 상태보다 제 기능을 발휘할 수 없는 것은 당연한 일입니다. 그러니까 일어선다는 사실 자체가 자연의 이법을 어그러뜨리는 것입니다. 그 벌로 인간은 짐승들이 앓지 않는 갖은 병을 다 앓는 것입니다.

다른 것은 다 놔두고 대장(大腸)을 예로 들겠습니다. 대장은 위장에서 내려온 음식물을 받아서 배를 한 바퀴 돌아서 내보냅니다. 자, 인간이 일어서기 전의 상태부터 생각해 보십시오. 엎드려 있을 때 음식물이 이동하는 경로는 평면을 따라갑니다. 그러므로 중력의 영향을 받지 않습니다. 중력과는 직각으로, 땅과는 수평으로 대장이 배열되었기 때문입니다.

그런데 일어서면 어떻게 됩니까. 위에서 소장을 타고 내려온 음식물이 오름결장(上行結腸)을 타고 오른쪽 배로 올라갔다가, 가로결장(橫行結腸)을 타고 왼쪽으로 옮겨갔다가, 다시 내림결장(下行結腸)을 타고 내려와서 항문으로 빠집니다. 완전히 중력의 영향 하에 놓입니다. 엎드린 상태에서는 평지를 옮겨갔는데 일어선 상태에서는 오름결장을 타고 올라갑니다. 즉 평지를 가던 사람이 언덕을 올라가는 것과 같습니다. 힘이 부칩니다. 당연한 일입니다. 따라서 배의 오른쪽에 있는 대장은 중력을 이기기 위해서 늘 힘겨운 운동을 해야 합니다. 그러니까 힘이 더 듭니다. 힘이 부친다는 말입니다. 이것을 한방에서는 '허(虛)하다'고 말합니다. 수분을 흡수하는 등 대장 본래의 기능에 소요되어야 할 힘이 음식물을 옮기는 데로 빠져나가는 것입니다.

반대로 왼쪽으로 내려오는 대장을 보십시오. 이것은 가만히 있어도 음식물이 중력을 따라 내려가는 판국이니 엎드린 상태보다 힘이 남습니다. 그래서 남는 힘으로 음식물에서 더욱 물을 섭취합니다. 정상치보다 더 작동하는 것입니다. 이것을 한방에서는 '실(實)하다'고 합니다. 대장이 물을 많이 흡수하면 어떻게 됩니까? 똥이 단단하게 굳습니다. 그것이 변비입니다. 대부분의 사람들이 변비에 시달리는 까닭이 바로 이것입니다. 이 상태는 곧장 장부의 상생 상극 관계에 따라 오장육부 전체에 영향을 미칩니다.

대장이 실하면 폐가 허해지고, 곧 심허(心虛)로 이어져 소장 삼초 실을 연쇄반응으로 유발합니다. 그래서 자연 상태의 짐승보다 무수히 많은 병을 앓습니다. 따라서 병을 될수록 앓지 않으려면 짐승처럼 엎드려 살아야 하는데 이미 서버린 사람이 다시 원숭이로 돌아갈 수는 없고, 따라서 방법은 허리를 될 수 있으면 곧게 펴서 눌린 장부를 최대한 펼치게 해주는 것입니다. 그러면 눌린 상태보다 장부가 훨씬 더 자유롭게 활동해서 건강체가 됩니다. 그런데 그 자세를 가장 잘 유지시켜주는 것이 바로 활입니다.

활을 쏘면 허리를 곧게 폅니다. 이런 저런 이유로 해서 사람은 웅크리게 마련이고, 그러면 허리가 구부러지면서 장부가 자연히 눌려서 제 기능을 못합니다. 그중에서도 가장 심한 것이 위장입니다. 사람이 건강하려면 위장이 튼튼해서 음식물을 잘 소화해야 합니다. 『황제내경(皇帝內經)』에 이르기를, "위는 창고가 되는 부(腑)이며 오곡은 위에 들어가 저장되며 이것으로 오장이 기를 양성시키니 위는 오곡의 바다가 되며 육부(六腑)의 근원이 된다"라고 한 것도 그것을 말하는 것입니다. 그러니까 위는 오장육부에 영양을 공급하는 원천이 된다는 뜻입니다. 어렵게 설명했지만 사람이 활동하는 데 필요한 양분을 제공한다는 뜻입니다. 사람은 타고난 신기(腎氣)를 받아서 생장발육하고 음식물의 정기가 영양을 공급해줍니다. 그래서 "신(腎)은 선천의 근(根)이며 비위(脾胃)는 후천의 본(本)"이라고 하는 것입니다.

그런데 음식물을 먹으면 꽉 차고 소화되면 텅 비면서 가장 많은 변화를 나타내는 곳이 위장입니다. 여기에 등뼈의 구조가 영향을 미칩니다. 등뼈는 크게 두 가지로 나눌 수 있습니다. 즉, 갈비뼈가 달린 등뼈와 달리지 않은 허리뼈가 그것입니다. 갈비뼈가 달린 뼈는 당연히 위쪽에 있습니다. 내장을 보호해야 하기 때문입니다. 음에 해당하는 오장이 대부분 이 속에 들어 있어서 갈비뼈의 보호를 받습니다. 반면에 허리 부근에 있는 뼈들은 모두 허리뼈 혼자입니다. 이곳은 뱃가죽으로 덮인 부분이고, 그 안에는 양에 해당하는 육부가 들어있습니다. 그런데 사람이 몸을 움직이느라고 허리를 구부리면 갈비뼈가 붙지 않은 등뼈, 즉 허리뼈가 더 많이 휩니다. 등뼈 중에서도 허리뼈를 많이 사용한다는 뜻입니다.

특히 갈비뼈가 붙은 부분이 끝나고 허리뼈가 시작되는 부분이 많이 쓰입니다. 그 부근에 있는 장기가 많이 눌리리라는 것은 쉽게 짐작할 수 있습니다. 위장이 바로 그곳에 있습니다. 그리고 기유혈(氣兪穴) 중에서 위혈(胃穴)이 그곳에 모여 있습니다. 그래서 상체가 움직이면 곧 위장이 눌리고, 눌린 위장은 제 기능을 다 하지 못하니, 소화불량이 많은 것입니다. 뿐만 아니라 사람은 스트레스를 받으면 곧 위장장애를 일으킵니다. 그런데 문명이 발전하면 할수록 스트레스는 더욱 많아져서 사람들의 위장은 더욱 나빠집니다. 스트레스 엔트로피는 증가할 수밖에 없는 것이 문명의 구조입니다.

따라서 건강은 먹는 것에서부터 시작됩니다. 그러니까 우리가 건강할 수 있는 첫째 조건은 금방 알 수 있습니다. 그것은 잘 먹고 잘 싸는 것입니다. 그것이 안 되면 병이 발생합니다. 그런데 정신이 받는 스트레스는 어쩌지 못하더라도 몸을 구부림으로써 생기는 병은 막을 수 있습니다. 그것이 건강의 비결입니다.

활쏘기는 바로 그것을 해줍니다. 즉 활을 만작하면 온몸이 쫙 펼쳐지기 때문에 오장육부가 가장 올바른 상태로 펴집니다. 따라서 오장육부가 활발하게 작동하고 그것은 건강으로 직결됩니다. 활을 배운 사람들이 입을 모아서 하는 얘기가 바로 소화가 잘 되고 밥맛이 좋아진다는 것이었습니다. 바로 이것을 증명하는 것입니다. 꼭 밥맛만이 아니라 장부의 상태가 좋아짐으로 해서 건강이 확실히 좋아지고, 그에 따라 저항력도 강해져서 나이가 들어도 고뿔을 모르고 환절기를 보냅니다.

또 한 가지 생각해볼 것은 늙었을 때 찾아오는 '노망'입니다. 대부분의 노인들은 정도의 차이가 있긴 하지만, 노망 증세, 그러니까 의학용어로는 노인성치매를 보이다가 삶을 마감합니다. 그런데 활을 오래 쏜 사람들에게서는 이것이 두드러지게 줄어듭니다. 우선은 육체운동 때문에 몸속의 세포가 싱싱하게 살아있는 것이지만, 그보다 더 큰 원인은 활의 특징인 '정신집중' 때문입니다. 치매는 정신이 흐리멍텅해져서 사리를 분간하지 못하는 증세입니다. 이것은 육체가 노화하면서 뇌세포까지 망가지는 것입니다. 세포가 망가지는 것은 쓰다가 멈출 때 더욱 심해집니다. 노인들이 하던 일을 멈출 때 치매가 많이 오는 것도 이런 점 때문입니다. 그래서 노인들에게 뭔가 정신을 집중할 수 있는 일을 주면 치매증도 거의 오지 않습니다. 그런데 정신집중이라면 활보다 더 훌륭한 것이 없습니다.

조사(祖師)들이 하는 얘기가 있습니다. 독수리가 먹이를 챌 때의 그 집념보다 더 집요하게 매달려도 될까 말까 한 것이 득도라는 것입니다. 득도하기가 그만큼 어렵다는 뜻이지요. 대개는 잡념 때문입니다. 이 때 독수리가 먹이를 챌 때라고 하는 것은 온정신이 하나로 집중된 것을 말합니다. 그런데 이 집중력을 활보다 더 잘 보여주는 것이 없습니다.

예를 들겠습니다. 활을 쏘면서 자기의 줌손이 어떻게 뻗는가를 한 번 보려고 해도 과녁에 신경이 쏠려서 도저히 볼 수 없습니다. 눈앞에 뻔히 있는 손을 보지 못합니다. 손은 바로 눈앞에 있지만, 눈은 과녁에 가 있기 때문입니다. 그래서 옆 사람에게 줌손 뻗는 모양을 봐달라고 해야 합니다. 활은 매번 그렇게 집중하게 됩니다. 저절로 말이지요.

# 경기 운영 및 편사

활을 혼자서 쏠 때는 한 순씩 들고 사선에 서서 쏘면 됩니다. 한 순(巡)이란 다섯 발을 뜻합니다. 활터에서는 다섯 발씩 쏩니다.

그런데 여럿이 쏘면 사정은 달라집니다. 사두가 맨 왼쪽에 서고 어른 순(舊射)으로 오른쪽으로 차례를 두어 서 나갑니다. 신사는 맨 끝에 섭니다. 그리고 좌궁은 맨 끝에 섭니다. 사두부터 시작해서 한 발씩 순서대로 쏘아 맨 마지막 사람까지 쏘고 나면 다시 사두가 내기 시작합니다. 그 때 사람 수가 많으면 사두는 맨 끝 사람이 쏘았는지 안 쏘았는지 알아보기가 어렵기 때문에 맨 나중에 쏜 사람은 '마치고!'라고 외칩니다. 그러면 알아듣고 사두가 다시 활을 냅니다.

그리고 맨 마지막 발을 쏠 때도 앞사람은 다 쏘았어도 끝사람이 다 쏠 때까지 그 자리에 서서 기다립니다. 자기가 다 쏘았다고 자리를 뜨는 것은 실례입니다. 그래서 동진동퇴(同進同退)라고 합니다. 함께 나가서고 물러날 때도 함께 한다는 것입니다. 활이 개인경기이면서 단체경기일 수 있는 까닭입니다. 실제로 전국의 유명 축제행사에서는 꼭 활 대회가 있는데, 각 정에서 5명씩 한 팀으로 참여하여 단체전을 합니다.

보통 친선경기는 5순 내기로 합니다. 사정이 허락지 않으면, 3순

내기로 끝내는 경우도 있습니다. 대개 장소가 협소해서 과녁이 하나밖에 없을 경우 그런 일이 있습니다.

이렇게 운영하는 방식은 대부분 근대 스포츠가 도입되면서 그것이 활에 적용되었기 때문입니다. 그렇지만 근대 스포츠로 도입되기 전에는 편사 방식이 적용되었습니다. 편사는 편을 갈라서 치르는 경기입니다. 각 지역별 대표를 뽑거나 정의 대표를 뽑아서 대결하면 각 지역의 대표가 한 명씩 나서는 것입니다. 예컨대 5개 정이 경기를 하는 편사라고 하면 각 정에서 대표 한 명씩 나와서 겨루는 것입니다. 그러면 한 번에 5명이 서서 쏘게 되지요. 이렇게 한 정에서 15명이 대표로 나섭니다.

이것이 옛날의 편사 방식입니다. 이 방식이 적용되는 대회가 지금도 있습니다. 전국체전이나 도민체전의 국궁부 경기가 이런 식으로 운영됩니다. 대체로 전국체전의 경우 17개 시군이기 때문에 한 번에 17명이 나와 섭니다. 그러니 17명이 서로를 견제하며 5발을 쏘는데 1시간이 더 걸립니다. 그래서 하루에 2순밖에 쏘지 못합니다. 5순 경기를 하자면 사흘이 걸리죠.

이런 문제점 때문에 경기를 빨리 진행하기 위하여 다른 근대 스포츠의 방식을 도입한 것이 5명을 한 띠로 출전시켜서 겨루는 단체전 경기입니다. 또 주최 측에 따라서 토너먼트 방식을 적용한 경우도 있습니다. 추첨으로 두 팀씩 짝지어서 1순을 내서 이기는 쪽이 계속 올라가는 것입니다.

옛날의 친선경기는 악공까지 동원해서 지화자를 불렀기 때문에 하루에 딱 1순만 했습니다. 그리고 대부분 과녁이 하나였기 때문에 전국에서 100명 정도가 모이면 1순 이상 하기도 힘들었습니다. 그래서 3순 경기를 하면 3일이 걸렸습니다. 그러니 교통도 불편하던 시절에 전국대회를 하나 참가하자면 최소한 5일이 소요되곤 했습니다. 그러니까 전국에서 대회가 10군데만 개최된다면 50일이 소요되는 것입니다. 그래서 봄가을 대회 시즌이 되면 집을 나가서 한 두 달씩 돌아오지 않는 상황이 발생하곤 했습니다. 정말 활을 생업으로 삼다시피 한 한량들이 있었다는 얘기입니다.

　한 순을 쏘고 하루 종일 기다리면 어떤 일이 발생할까요? 지루하지요. 그러면 그 지루함을 달래려고 한량들이 놀이를 개발하게 됩니다. 활터 인근의 강가 모래톱에서 멀리쏘기를 하기도 하고, 전주가 나타나서 돈을 걸고 돈내기 활쏘기(錢射)도 합니다. 이런 것들은 노름의 성격이 강합니다만, 지루한 시간을 이기기 위해서 생긴 것이어서, 활터 문화의 중요한 부분이기도 합니다. 지금은 보기 힘든 풍경이 되었습니다.

우 리 활 이 야 기

# 제 03 부

# 명궁
# 이야기

# 우리 겨레와 명궁

제3부에서는 지난 날 우리 조상들 가운데 어떤 명궁들이 있었는가 알아보겠습니다. 쓸데없는 일 같지만 이것은 아주 중요합니다. 어떤 운동이나 기구의 성격은 그것을 만들고 즐기는 사람들의 삶과 반드시 관련이 있습니다. 따라서 운동의 본질을 알려면 그 역사를 알아야 하고, 그를 통해서 그것을 일구고 이끈 사람들의 행적을 알아야 합니다.

특히 활은 옛날로 거슬러 올라갈수록 단순한 스포츠가 아니라, 그들의 삶을 지배하고 변화시키는 주요 수단이었다는 점에서 그것을 사용한 사람들을 이해하는 것이 다른 그 무엇보다도 중요합니다. 활이 요구한 삶의 멋과 향기가 그곳에 있기 때문입니다. 실제로 『조선의 궁술』에 나오는 「역대의 선사」 부분을 읽으면 활을 쏜 사람들의 생동하는 현실이 눈앞에 생생하게 펼쳐집니다. 그를 통해서 활을 쏜 사람들의 생각과 숨결과 멋을 그대로 느낄 수 있습니다. 활만 쏘아서는 절대로 알 수 없는 삶의 멋과 향기가 그것을 사용한 사람들의 삶에서 만리향처럼 우러납니다.

그래서 『조선의 궁술』의 저자는 「역대의 선사(善射)」라는 절을 따로 만들어서 그것을 알아보았습니다. 그런데 나중의 책(『한국의 궁도』)에서는 이 부분이 불필요하다고 판단했는지 없애버렸습니다. 아쉬운 일입니다. 우리는 『조선의 궁술』의 저자가 명궁을 다루면서 특히 왜구를 섬멸한 사람들을 자세히 다루었다는 사실을 기억할 필요가 있습니다. 그것은 그 책을 쓸 당시가 바로 왜구라 해서 경멸하던 그 일본의 지배하에 조선이 있었던 때라는 사실입니다. 이것이 의미하는 것은 무엇입니까? 책에 활을 잘 쏜 사람들을 소개하는 것은 활의 정신이면서 왜구를 섬멸하는데 큰 힘을 발휘했던 과거의 재인식을 통해 주체성을 회복하겠다는 큰 의도가 깔려있었던 것으로 보입니다. 민족 자존심의 문제가 글쓴이의 마음속에 도사리고 있었던 것임을 알 수 있습니다.

여기서는 『조선의 궁술』에 나온 인물을 중심으로 살을 붙여서 정리했습니다. 그런데 이 책을 쓴 사람이 「歷代의 善射」를 쓰면서 참고한 자료를 추측해보면 대충 다음과 같은 책들이 언뜻 떠오릅니다. 즉, 삼국시대는 『삼국사기』일 것이고, 고려시대는 『고려사』나 『고려사절요』, 조선시대는 각종 실록과 『국조인물고』, 『해동야언』, 『해동명신록』, 『연려실기술(燃藜室記述)』 등일 것입니다. 따라서 자료가 많은 후대일수록 명궁의 숫자가 많아집니다. 그래서 삼국시대에는 명궁이 거의 없습니다. 이것은 『삼국사기』에만 의존해서 썼기 때문이고, 그 외의 자료를 접할 수 없기 때문입니다. 너무 아쉽습니다.

그러나 가만히 생각해보면 삼국시대는 말 그대로 세 나라가 솥발처럼 서서 서로 다투는 때였기 때문에 기록에 있고 없고와는 상관없이 활을 잘 쏜 사람들이 많았을 것입니다. 필요는 달인을 만들기 때문입니다. 고려나 조선시대의 명궁들도 대개는 전란이 나라를 휩쓸 때 나왔다는 사실이 그것을 증명합니다. 그런데 『삼국사기』의 기록을 보면 왕을 빼면 눌최의 사내종과 나라를 팔아먹은 역적 연헌성 뿐입니다.

확실한 문헌자료를 근거로 해서 책을 쓰려고 한 저자의 노력과 정신이 돋보이는 일이기는 하지만, 문헌자료 밖의 사실을 보지 못하게 되는 오류를 범한다는 점에서 아쉬움 또한 없지 않습니다. 예를 들어, 당나라의 침략 때 당태종의 눈을 활로 쏘아서 맞힌 안시성의 성주 양만춘(楊萬春) 같은 사람을 빼놓은 것이 그 예입니다. 물론 중국의 정사에는 이 일이 나오지 않습니다. 따라서 중국을 받드는 사람들이 만든 『삼국사기』가 그 기록을 실을 리 없습니다. 그러나 당태종 이세민이 안시성 싸움에서 양만춘이 쏜 화살에 맞아서 도망쳤고, 그것이 도져서 고생고생하다가 결국은 죽게 되었다는 사실은 당시에는 물론 후대까지도 공공연한 비밀이었습니다. 그래서 많은 시인과 문사들이 즐겨 읊었습니다. 예를 들어 고려 말의 목은 이색은 그의 시 「정관음(貞觀吟)」에서,

> 謂是囊中一物耳　이는 주머니 속의 물건이라더니만
> 那知玄花落白羽　눈이 화살에 떨어질 줄을 뉘 알았으랴

라고 했습니다. 정관은 당태종이 쓴 연호입니다. 그리고 노가재(老稼齋) 김창흡(金昌翕)은 그의 시 「천산시(千山詩)」에서,

> 千秋大膽楊萬春　천추에 대담한 양만춘이
> 箭射虯髥落眸子　규염의 눈동자 쏘아 떨어뜨렸네.

라고 하였습니다. 중국의 정사에서 이 사실을 다루지 못한 것은 천자는 말 그대로 하늘의 아들이니 실수를 하지 않는다는 원칙을 지킨 것입니다. 지동설이 사실로 확인된 뒤에도 오랫동안 교황의 천동설을 진리라고 여긴 가톨릭의 전통과 비슷한 것입니다. 물론 근래에 들어와서

지동설이 진리라고 교정을 했습니다만. 하여간 이러한 사정은 신채호가 그의 역작 『조선상고사』에서 자세히 다루었습니다.

한 사람을 더 예로 든다면 청해진을 세워서 바다의 황제로 군림한 풍운아 장보고도 그런 경우입니다. 장보고는 『삼국사기』나 『삼국유사』에 다 나오는 인물입니다. 그 기록을 보면 어디에도 활을 잘 쏘았다는 얘기는 없습니다만, 그는 분명히 활을 잘 쏘았다는 것을 잡아낼 수 있습니다. 그의 이름이 그것을 증명하고 있습니다. 그의 이름은 장보고(張保皐)라고도 했고, 또 궁복(弓福)이라고도 했습니다. 또 『삼국유사』에는 궁파(弓巴)라고도 불렀다고 합니다.

장보고는 신라 말기 사람입니다. 그때는 우리나라에 성씨가 아직 정착하기 전이었던 것을 고려하면 그의 이름은 순 우리말로 뭐라고 부른 것이고, 그것을 당시의 기록체계인 이두를 빌려서 적었을 것입니다. 그것이 위의 이름일 것입니다. 그러니까 장보고, 궁복, 궁파는 이두표기라는 것입니다. 그렇다면 원래 이름은 무엇이었을까요? 아마 '활보'가 아니었을까 추정해봅니다.

그의 이름 뒷자를 보면 보고, 복, 파입니다. 이것은 순우리말 '보'를 한자음을 빌려서 적은 것입니다. 우리말에서 '보'는 '사람'이라는 뜻입니다. 꾀보, 느림보, 심술보 같은 말에서 그 흔적을 찾아볼 수 있습니다. 그러니까 복과 보는 이것을 음으로 적은 것입니다. 그렇다면 '보고'는 무엇입니까? 이것은 福을 2음절로 적은 것이 분명합니다. 保皐를 반절하면 '복'이라고 읽게 됩니다. 결국 福과 保皐는 같은 표기라는 것을 알 수 있습니다.

그렇다면 궁은 활보의 '활'을 훈역(訓譯)한 것임을 알겠는데 장보고의 張은 또 뭡니까? 이것 역시 활을 번역한 것입니다. 한자의 張은 시위를 얹은 활을 뜻하는 말입니다. 弓은 그냥 활을 싸잡아서 말하는 말이고, 張은 활의 특정한 상태를 나타내는 말입니다. 張은 '얹은활'을 나타 내는 말이고, 이(弛)는 쓰지 않으려고 '부린활'을 나타내는 말입니다. 그 러니까 張이나 弓은 같은 얘기입니다. 그런데 弓을 왜 張이라고 썼느냐? 그것은 아마 후대로 내려오면서 우리가 중국식 성을 받아들이자, 우리 에게 낯익은 성을 선택하다보니 그리 된 것 같습니다.

더욱이 장보고는 한 때 중국에서 활동했을 것이니, 성을 사용했을 것이고, 아마 그때 중국에서 흔히 쓰이던 장씨 성을 흉내 내서 자기 이 름을 표기한 것 같습니다. 따라서 궁이 먼저이고, 장이 나중이라고 추측 할 수 있습니다. 이름은 巴에서 福으로, 다시 保皐로 나아갔을 것입니 다. 보고 역시 세 글자로 짓는 중국식 이름을 의식해서 붙인 것이겠지 요. 그러니까 그의 본래 이름은 '활보'라는 결론을 얻을 수 있습니다.

그렇다면 왜 그를 활보라고 불렀을까요? 그건 물으나마나입니다. 그가 활을 잘 쏘았기 때문입니다. 그리고 이것이 분명한 것은 그가 정년 과 함께 호형호제하면서 지냈는데, 무예에 아주 뛰어났다는 점입니다. 그런 그가 활을 못 쏘았다는 것은 말이 안 됩니다. 더욱이 그가 해전에 능한 사람이었던 만큼 활을 더더욱 잘 쏘았을 것입니다. 육지와 달라서 바다는 일단 서로 떨어져있기 때문입니다. 그래서 제일 먼저 활을 쏘다 가 뱃머리가 붙으면 육박전이 시작될 것이기 때문입니다. 그러려면 활 을 잘 쏘는 것이 기선을 잡는 방법입니다. 따라서 장보고가 거느린 수군 이 활을 못 쏘았다면 삼척동자도 웃을 것입니다. 그러나 기록에 남지 않 았다는 이유로 명궁에서 제외되었습니다.

또 한 가지 생각할 것은 기록이란 특이한 사실에 집착을 보이는 경 향이 있다는 점입니다. 기록도 일종의 가치판단이니만치 흔한 것보다는 귀한 것을 기록하는 경향이 있습니다. 그래서 너무 흔한 것은 기록화 되 지 않는 경향이 있습니다. 『삼국사기』의 기록을 보면 이런 경향이 분명히 드러납니다. 왕들이 활을 잘 쏘았다는 것은 충분히 특기할 만한 사실입니다. 또 눌최의 사내종 또한 미천한 신분으로 활을 잘 쏘았다는 특이한 사실 때문에 기록으로 정착한 것입니다.

그리고 이런 현상은 『삼국사기』를 편찬한 사람들의 경향에 따라서 영향을 받기도 합니다. 책의 내용을 보면 고구려, 백제, 신라 중에서 왕이 활을 잘 쏘았다는 기록은 유독 백제에만 나옵니다. 그러나 백제에는 활을 잘 쏘는 왕이 있는데 고구려나 신라에는 그런 왕이 없었다는 것은 이치에 맞지 않습니다. 이것은 기록 편찬자의 성향 때문이라고 볼 수밖에 없습니다. 즉 고구려와 신라를 편찬한 사람과 백제를 편찬한 사람이 같지 않았다는 증거입니다.

보통 『삼국사기』는 김부식이 편찬한 책이라고 소개됩니다. 그래서 그가 그 작업을 했으려니 하고 생각하는 것이 보통입니다. 그러나 김부식 혼자서 그 일을 한 것이 아닙니다. 그리고 혼자서 단기간 내에 할 수 있는 일도 아닙니다. 총감독을 김부식이 했을 따름입니다. 『삼국사기』 뒷부분을 보면 편찬에 참여한 사람이 여럿으로 나옵니다. 그 이름은 김부식(金富軾), 최산보(崔山甫), 이온문(李溫文), 허홍재(許洪材), 서안정(徐安貞), 박동계(朴東桂), 이황중(李黃中), 최우보(崔祐甫), 김영온(金永溫), 정습명(鄭襲明), 김충효(金忠孝) 등입니다.

고구려, 백제, 신라 세 부분으로 나누어서 각기 다른 사람이 편찬했다는 것을 알 수 있고, 그래서 편찬자의 기호와 성향에 따라서 동일한 내용이라고 하더라도 어디서는 들어가고 어디서는 빠지고 했을 것입니다. 왕이 활을 잘 쏘았다는 사실도 그 중의 하나입니다.

고대의 사서라는 것은 왕을 정점으로 그가 지배한 세계의 질서를 잘 보여주도록 편찬합니다. 이런 성격상 모든 기록은 왕의 권위를 잘 나타내주는 방향에서 채록됩니다. 왕의 잘못은 기록에 나타나지 않으며 왕의 재주는 아무리 사소한 것일지라도 자세하게 기록됩니다. 따라서 백제를 편찬한 사람의 눈에는 왕이 활을 잘 쏘았다는 사실이 왕의 권위와 능력을 보여주는 중요한 부분으로 인식된 것이고, 반면에 고구려나 신라를 편찬한 사람의 눈에는 활을 잘 쏜다는 사실이 왕의 권위를 나타내주는데 별로 중요하지 않다고 생각한 것입니다. 따라서 기록에서 빠지게 됩니다.

이런 점은 다른 사람들에게도 마찬가지입니다. 전쟁이 생활이었던 옛날에 이름을 남긴 장군들이 칼이나 활은 물론 말타기에 능했으리라는 것은 당연한 일입니다. 따라서 무장들이 활을 잘 쏘았으리라는 것은 물고기가 물에 산다는 사실처럼 너무나 당연한 것이기 때문에 기록할 필요가 없었다고 보는 것이 더 정확한 견해일 것입니다. 검술의 귀재로 당시 천하에서 따를 자가 없었던 연개소문이 활을 못 쏘았다는 것은 말이 되질 않습니다. 백제의 마지막 기둥이었던 계백장군 또한 마찬가지입니다. 역사상에 이러한 인물은 많습니다. 그래서 한 시대를 울렸던 유명한 무장들을 이름만이라도 소개하지 않을 수 없다는 생각이 들어서 삼국시대의 끝에 적어두겠습니다.

# 삼국시대의 명궁들

## ▲ 동명성왕(東明聖王) : 주몽(朱蒙, 鄒牟)

고구려를 건국한 동명성왕은 북부여에서 태어났다. 부여의 임금 해부루(解夫婁)는 늙도록 아들이 없어서 산천에 제사를 지내고 아들 얻기를 빌었다. 그러던 어느 날 그가 탄 말이 곤이못(鯤淵)에 이르러 큰 돌 앞에서 눈물을 흘렸다. 왕이 이상하게 생각하고 사람을 시켜서 그 돌을 옮기었더니 거기에 어린 아이가 있었다. 그 모양이 마치 금빛 개구리와 같았다. 왕이 말하기를, '이는 하늘이 나에게 내리신 아들'이라며 거두어 길렀다. 그래서 이름을 금와(金蛙)라고 하고 태자로 삼았다.

부여의 국상(國相) 아란불(阿蘭弗)이 하루는 꿈을 꾸었는데, 하늘님이 그에게 와서 '장차 신의 자손으로 하여금 이곳에 나라를 세우게 하려 하니 너희는 다른 곳으로 가라. 동해에 가섭원(加葉原)라고 하는 곳이 있으니 땅이 기름지고 오곡에 알맞으니 도읍할 만하다'고 하였다. 그래서 왕에게 권하여 그곳으로 도읍을 옮기고 나라 이름을 동부여(東扶餘)라고 하였다.

부여의 옛도읍에는 하늘이 그의 아들 해모수(解慕漱)를 보내어 다스리게 했다. 해모수는 머리에 까마귀 깃을 꽂은 갓을 쓰고 허리에는 번쩍이는 칼을 차고 다섯 마리 용이 이끄는 수레(五龍車)를 타고 하늘에서 내려오는데, 그를 따르는 사람들 백여 인은 모두 하얀 고니를 타고 깃옷을 나부끼며 따라왔다. 갖가지 빛깔의 구름이 그들 위에 떴고 맑은 음악소리가 구름 속에서 흘러나왔다. 웅심산(熊心山)에 머물렀다가 열흘이 지나서야 비로소 내려왔다. 아침이면 세상의 일을 보살피고 저녁이면 하늘에 올라가니 세상에서는 그를 천왕랑(天王郞)이라고 불렀다. 옛사람들의 말을 들으면 하늘나라는 2억만 8천 7백 80리나 떨어져서 사닥다리로도 못가고 날아가기도 힘든데 하늘의 아들인 해모수는 마음대로 오르내렸다.

이때 재의 뒤쪽에 푸른 물이 있는데 그곳 하백(河伯)의 세 딸이 곱기로 이름났다. 이름은 버들아씨(柳花), 원추리아씨(萱花), 갈대아씨(葦花)이다. 이들은 아리내를 거슬러 올라와서 웅심연 물위에서 떠 놀았는데, 그 모습이 아리땁고 고우며 여러 가지 패옥이 부딪혀 쟁그랑거렸다.

마침 사냥을 나온 해모수가 이들을 보고 마음이 있어 눈짓으로 뜻을 보내었다. 세 아씨들은 해모수를 보자 물속으로 달아났다. 해모수는 그들을 유인하려고 말채찍으로 땅에다 금을 그었다. 그러자 구리로 된 훌륭한 집이 우뚝 솟았다. 그곳에 비단으로 자리를 깔고 맛있는 안주와 술을 차려 두었더니 세 아씨가 와서 서로 술을 권하며 마시더니 크게 취하였다. 그 때 왕이 갑자기 나타나서 그들을 가로막으니 그들이 놀라 달아나는데 버들아씨가 미처 몸을 빼지 못하고 왕에게 잡히었다.

이렇게 되자 아버지 하백이 크게 노하여 사람을 보내어 말하기를,

"그대는 누구인데 남의 딸을 함부로 붙잡아 두는가?"

하니 해모수가 말하기를,

"나는 하늘(天帝)의 아들인데 지금 하백과 혼인하려고 한다."

고 하였다. 하백이 대답하기를,

"그대가 구혼할 뜻이 있으면 중매를 넣을 일이지 어찌 갑작스레 내 딸을 붙잡아 두는가, 이것이 큰 실례가 아닌가?"

하였다. 해모수가 스스로 부끄러이 생각하고 하백을 직접 뵈려 했지만 그 집에 들어갈 수 없었다. 그래서 버들아씨를 돌려보내려 했지만 이미 해모수와 정이 들어서 돌아가려 하지 않았다. 해모수가 고민에 빠지자 버들아씨가 말하기를,

"만약 용수레만 있다면 저희 아버지 궁엔 쉽게 들어갈 수 있습니다."

하고 말하였다. 왕이 하늘을 가리키니 하늘에서 용수레(五龍車)가 내려왔다. 왕이 버들아씨와 함께 수레에 오르니 한 차례의 바람과 구름이 일어나면서 하백의 궁에 이르렀다.

하백은 예를 갖추어 그를 맞이하고 자리에 앉은 뒤에 말하기를,

"혼인의 도는 천하에 두루 통하는 법인데 어찌하여 예를 지키지 않고 우리 집안을 욕보이는가?"

하고 물었다. 해모수가 가만히 있자 하백은 말하기를,

"그대가 참으로 하늘의 아들이라면 과연 무슨 신통한 재주를 가졌는가?"

하자, 해모수는

"한 번 시험해 보십시오."

하고 대답하였다. 하백이 뜰 앞의 연못의 푸른 물결 속에 몸을 변하여 잉어가 되니 해모수는 수달로 변하여 그를 잡았다. 하백이 꿩이 되니 해모수는 매가 되어 쫓고 하백이 사슴으로 변하니 왕은 늑대가 되어 뒤쫓았다. 비로소 하백은 그가 하늘의 아들임을 알고 잔치를 벌였다. 잔

치가 한창 무르익자 하백은 사위가 혹시 딸을 하늘로 데려가지 않을까 두려워하여 풍악을 크게 울리고 그에게 일부러 술을 권하여 크게 취하게 해놓고는 딸과 함께 조그만 가죽 가마에 넣어 용수레에 실어놓았다. 해모수가 깨기 전에 같이 하늘나라로 올라가게 하려는 것이었다.

그러나 하백의 술은 취한지 이레만에 깨는데 해모수는 용수레가 물에서 뜨기도 전에 술에서 깨어났다. 그리곤 아내의 비녀를 빼어서 가죽을 뚫고 그 구멍으로 빠져나와서 혼자 하늘로 돌아가 버렸다. 하백은 크게 노하여 버들아씨를 꾸짖기를,

"너는 내 말을 따르지 않고 끝내는 우리 집안을 욕보였다."

하고 입술을 석자나 뽑아서 우발수로 쫓아냈다.

이 때 힘센 어부 부추(扶鄒)가 금와왕에게 아뢰기를,

"요사이 발 속에 잡아둔 물고기를 누군가 자꾸 훔쳐 가는데, 어떤 짐승인지 알 수 없습니다."

하였다. 왕이 어부를 시켜 그물을 끌어올리자 그물이 찢겨졌다. 다시 쇠그물을 만들어서 당기니 한 여자가 돌에 앉아서 딸려 나왔다. 입술이 길어서 말을 못하므로 세 번이나 잘라내고서야 말을 겨우 했다. 왕이 버들아씨를 데려다 구석진 집에 가두어 두었다. 그러자 햇빛이 비쳐들어 버들아씨의 몸을 비추었다. 자리를 피하자 햇빛은 따라와서 비치었다. 그러더니 태기가 있었다. 얼마 뒤에 버들아씨는 왼쪽 옆구리에서 닷되들이만 한 알을 낳았다.

"사람이 알을 낳았으니 이는 불길한 일이다."

하고 왕이 그 알을 버리어 개와 돼지에게 주었더니 다 먹지 아니하였고, 또 길바닥에 내다 버리니 소와 말들이 피해갔다. 들판에 버려두었더니 새들이 날아와 날개로 덮어주었다. 왕이 그 알을 쪼개려 하였으나 잘 깨지지 않으므로 드디어 그 어미에게 도로 주었다. 버들이 그 알

을 싸서 따뜻한 곳에 두었더니 한 사내아이가 껍질을 깨고 나왔다. 아이는 생김생김이 영특하여 달도 차지 않아서 말을 할 줄 알았다.

하루는 어미에게 말하기를,

"파리떼가 덤벼서 잠을 잘 수 없으니 활과 화살을 만들어 달라."

고 하였다. 어미가 싸리나무로 활과 살을 만들어 주었더니 물레 위에 앉은 파리를 틀림없이 쏘아 맞추었다. 이러하매 나이 일곱에 다른 아이들과 달리 스스로 활과 살을 만들어 쏘는데 백 번을 쏴서 단 한 번도 빗나가는 일이 없었다. 부여 말로 활을 잘 쏘는 사람을 추모(鄒牟라고도 적고 朱蒙이라고도 적는데 이는 모두 같은 말이다)라고 하므로 이름을 그렇게 지었다. 금와에게는 모두 일곱 아들이 있어 항상 주몽과 더불어 놀되 그 재주가 다 주몽을 따를 수가 없었다. 그 맏아들인 대소(帶素)가 왕에게 말하기를,

"주몽은 사람의 소생이 아니고 그 사람 됨됨이가 용맹스러우며 또한 힘이 장사이니 만일 일찍 손을 쓰지 않는다면 나중에 골치를 앓을 것이니 청컨대 그를 없애소서."

하였다. 그래도 사람에겐 기른 정이 있는 법이라 하여 왕은 그 말을 듣지 않고 주몽에게 말기르는 일을 맡게 하였다. 말을 기르면서 주몽은 좋은 말을 고르기 위해 말들이 있는 데로 가서 큰 소리를 지르며 큰 채찍으로 말 잔등을 마구 때렸다. 모든 말들이 놀라서 달아나는데, 그 중 붉고 누르스름한 말 한 마리가 한 굽에 두 길이나 뛰고 그 뛰는 먼지가 세 길이나 솟아올랐다. 이에 주몽이 그 말이 좋은 말임을 알고 여물을 줄여서 마르게 하고 다른 말을 잘 먹여서 살찌게 하였다. 왕은 살찐 것을 자기가 타고 마른 말을 주몽에게 주었다.

그 뒤 왕이 온 신하를 이끌고 사냥을 했는데, 주몽은 활을 잘 쏘는 까닭에 화살을 적게 주었으나 짐승을 가장 많이 잡았다. 이러하매 다른

왕자들이 이를 시기하여 주몽을 잡아서 나무에 묶어놓고 그가 잡은 사슴을 빼앗아 버렸다. 그 때 주몽은 나무를 뿌리째 뽑아버리고 돌아왔다. 이때부터 왕자와 여러 신하들이 그를 죽이려고 하매 주몽의 어미가 몰래 아들에게 일러 말하기를,

"나라사람들이 너를 해치려 하니 너의 재주와 슬기를 가지고 어디간들 이만 못하랴. 이곳에 있다가 욕을 당하느니보다 멀리 가서 큰 일을 꾀하는 게 낫다."

고 하였다. 그러자 주몽이 말하기를,

"제가 달아나는 것은 어렵지 아니하나 제가 떠난 뒤에 어머니께서 의지할 가지가 없으니 그것이 걱정입니다."

하고 차마 떠나지 못하니 그 어미가 말하기를,

"사내가 큰 뜻을 품는데 사사로운 일에 정을 두어서는 안 되는 법이다."

하고 말하고는 오곡의 종자를 싸주었다. 주몽은 이에 오이(烏伊), 마리(摩離), 협보(陜父)를 벗 삼아 도망하였다.

엄나리(淹遞水, 혹은 蓋斯水)에 이르러 내를 건너려 하매 다리가 없었다. 따라오는 병사들이 들이닥칠까 두려워서 채찍으로 하늘을 가리키며 한숨짓고 탄식하며 말하기를,

"나는 하늘의 아들이요 하백의 외손으로 오늘 달아나는 중에 뒤쫓는 자가 있으니 어찌하랴!"

하고 외치며 활로 물을 치니 물속에서 고기와 자라가 떠올라 다리를 만들어 주었다. 주몽이 무사히 건너자 고기와 자라가 곧 흩어지니 뒤쫓는 기병들이 뒤쫓지 못하였다. 주몽이 급히 달아나오는 중에 어미가 싸준 오곡의 종자를 잃어버렸다. 탄식하며 큰 나무 밑에서 쉬고 있는데 비둘기 한 쌍이 날아와서 머리 위를 맴돌았다. 주몽이 말하기를,

"이는 틀림없이 어머니가 보내신 새일 것이다."

하고는 활을 당겨 쏘니 한 살에 다 떨어졌다. 목구멍을 열어 보리 씨를 꺼내고는 물을 뿜어주니 비둘기는 다시 살아나서 날아갔다.

주몽은 모둔곡(毛屯谷)에 이르러 세 사람을 만났다. 한 사람은 삼베옷(麻衣)을 입고 한 사람은 장삼(衲衣)을 입고 한 사람은 이끼옷(水藻)을 입었다. 삼베옷 입은 사람은 재사(再思)라고 하고, 장삼입은 사람은 무골(武骨)이라고 하고, 이끼옷 입은 사람은 묵거(默居)라고 하였다. 이들에게 성이 없으매 주몽은 재사에게 극(克)이란 성을 주고 무골에게는 중실(仲室)이란 성을 주고 묵거에게는 소실(少室)이란 성을 주고 여러 사람들에게 말하기를,

"내가 지금 하늘의 명을 받아서 나라의 터전을 열려 하는데 마침 이 세 명의 어진 사람을 만나매 이 어찌 하늘의 뜻이 아니겠느냐?"

하고 드디어 그 재주를 헤아려 각각 일을 맡기고 그들과 함께 졸본천(卒本川, 紇升骨)에 이르렀다. 그 땅이 기름지고 산천이 험함을 보고 거기에 도읍을 정하였다. 궁실을 지을 겨를이 없어서 단지 비류수 가에 띠집을 짓고 거기에 거하여 나라를 고구려라고 하고, 그로 인하여 고(高)씨로 성을 삼았다. 이때 왕의 나이 스물 두 살이었다.

하루는 왕이 비류수가로 사냥을 나갔다가 물에 나물이며 푸성귀가 떠내려 오는 것을 보고 윗녘에 사람이 살고 있음을 알았다. 그래서 사냥을 하면서 찾아가니 그곳이 비류국(沸流國)이었다. 그 땅의 왕 송양(松讓)이 주몽의 남다른 모습을 보고 기이하게 여겨 말하기를,

"내가 바닷가에 치우쳐 살아서 일찍이 사내다운 사내를 보지 못하다가 오늘 그대를 보니 다행한 일이다. 그대는 누구이며 어디서 왔는가?"

하였다. 주몽이 대답하기를,

"나는 천제의 손자이며 서쪽 땅의 왕이다. 그대는 누구의 후손인가?"

하고 물었다. 송양이 말하기를,

"나는 선인(仙人)의 자손인데 여러 대에 걸쳐서 이 땅의 왕 노릇을 하고 있다. 지금 이 땅이 너무 좁고 치우쳐서 두 임금이 함께 있기 어려우니 늦게 나라를 세운 그대가 나를 섬기는 것이 옳지 않겠는가?"

하였다. 주몽이 대답하기를,

"나는 하늘의 자손이고 그대는 다만 신의 자손일 따름인데 내 앞에서 억지로 왕이라 일컫고 있으니, 만일 나를 섬기지 않으면 하늘이 반드시 그대를 벌하리라."

하였다.

그리고는 궁궐을 지을 때 썩은 나무로 기둥을 쓰니 마치 천 년이나 묵은 듯이 보였다. 송양이 마침내 와서 보고는 감히 도읍의 선후를 따지지 못하였다. 그래도 송양은 주몽이 참으로 하늘의 자손인가 의심을 품고 그의 재주를 시험하고자 활쏘기를 제의했다. 둘이서 활을 쏘는데 송양은 사슴을 그린 과녁을 백보의 거리에 두고 쏘는데 사슴의 배꼽을 맞히지 못하였다. 주몽은 옥가락지를 백 보 밖에 걸어놓고 쏘니 옥가락지가 맑은 소리를 내며 깨어져 송양이 비로소 크게 놀랐다.

그런데 나라를 세운지 얼마 되지 않아서 아직 부족한 것이 많았다. 그 중에서 북과 나팔이 없어서 비류국의 사자를 보내고 맞이할 때에 그 위의가 서지 않음을 걱정하였다. 신하인 부분노(扶芬奴)가 아뢰기를,

"신이 비류국의 북과 나팔을 취해 오겠나이다."

하였다. 주몽이,

"남의 나라에 깊이 숨겨진 것을 어떻게 가져오겠는가?"

하고 물으니 부분노가 대답하기를,

"무릇 모든 것은 하늘이 내린 것이니 어찌 가져오지 못하겠습니까? 왕께옵서 부여에서 곤란을 겪으실 때에 어느 누가 이곳에 오시리라고 생각하였겠습니까? 지금 그 위험한 곳에서 이곳으로 오시어 이름을 날리게 되었습니다. 이는 하늘이 명하시어 이루신 일이니 저 뿔나팔과 북이 하늘이 내린 것이라면 마땅히 하늘의 자손인 왕의 물건이 틀림없을진대 하늘의 자손인 우리가 어찌 취하지 못하겠습니까?"

하고는 오이(烏伊), 부위연(扶尉涓)과 함께 비류국에 가서 북과 나팔을 훔쳐왔다. 주몽은 송양이 그것을 알아볼까 하여 검은 칠을 하여 오래 묵은 것처럼 해놓으니 송양이 와서 보고는 감히 다투지 못하고 돌아갔다.

왕이 서쪽으로 사냥을 나갔다가 눈처럼 흰 고라니를 한 마리 잡았다. 문득 송양이 항복하지 않음에 생각이 미쳐 그 고라니를 거꾸로 산 채로 매달고 저주하기를,

"하늘이 비를 내려 비류국의 궁실을 물로 뒤덮지 않으면 너를 놓아주지 않으리라."

하였다. 사슴이 슬피 우는 소리가 하늘에 닿아서 소나기가 이레 동안 물바다가 되었다. 왕은 갈대 줄을 엮어 강을 가로질러 놓고 큰 오리를 타고 있었다. 백성들이 모두 그 줄을 붙잡았다. 왕이 채찍으로 물에 금을 그으니 물이 줄었다. 이러하매 송양이 비로소 온 백성을 이끌고 항복했다. 왕은 그 땅을 다물도(多勿都. 고구러에서 옛땅을 회복하는 것을 多勿이라고 하는 까닭에 붙인 이름이다)라고 하고 송양을 그곳의 왕으로 봉했다.

그해 봄에 황룡이 나타났고 여름에 골령(骨嶺)에 붉푸른 구름과 안개가 자욱이 끼어 사람들이 산성을 볼 수 없었다. 나무 베는 소리와 망치소리가 구름 속에서 시끄럽게 들려왔다. 주몽이 말하기를,

"하늘이 우리를 위해서 성을 쌓는 것이다."

하였다. 이레만에 구름과 안개가 말끔히 걷히었는데 그곳에는 성곽과 궁실, 다락 등이 저절로 지어져 있었다. 하늘에 제사 지내고 그곳에 나아가 살았다.

임금의 자리에 오른 지 열아홉 해 만에 하늘로 올라가 돌아오지 않았다. 그 때 나이가 마흔이었다. 태자 유리는 선왕이 남긴 말채찍을 용산(龍山)에 대신 장사지냈다.

유리(類利, 孺留, 累利, 琉璃는 모두 같은 말이다)는 처음 주몽이 부여에 있을 때 예(禮)씨의 딸에게 장가들어서 낳은 아들이다. 유리는 어릴 때 밭두둑을 돌아다니며 참새잡는 것으로 일을 삼았는데, 어느 날 활을 잘 못 쏘아 물 긷는 아낙의 물동이를 쏘아 구멍을 내었다. 그 여자가 노하여 꾸짖기를,

"이 아이는 아비가 없는 까닭에 이같이 함부로 군다."

고 하였다. 유리가 크게 부끄러이 여기고 진흙을 뭉쳐서 다시 활을 쏘아서 맞혀 물동이의 구멍을 막으니 그 여자가 할 말을 잊고 돌아갔다. 유리가 집에 돌아와서 묻기를,

"우리 아버지는 어떤 사람이며 지금 어디에 계십니까?"

하였다. 그 어미는 유리가 아직 어리므로 장난삼아,

"너에게는 아비가 없다."

고 하였다. 그러자 유리는 눈물을 흘리며 낮에 있었던 일을 이야기하고 말하기를,

"사람이 되어서 정한 아비가 없으니 장차 무슨 낯으로 남을 대할 수 있겠습니까?"

하고 죽으려 들었다. 이에 깜짝 놀란 예씨가 말리며 말하기를,

"너의 아버지는 천제의 손자요 하백의 외손으로 부여 사람들이 죽

이러고 하자 남쪽으로 내려가서 나라를 세웠다. 어린 네가 가서 뵐 수 있겠느냐?"

하였다. 유리가 기뻐하며 말하기를,

"아버지가 임금이 되었는데 자식은 남의 나라에 있으니 제가 비록 재주는 없으나 어찌 부끄러운 일이 아니겠습니까?"

하였다. 어미가 이어서 말하기를,

"너의 아버지가 떠날 때에 나에게 말하기를, '그대가 만일 사내아이를 낳거든 그 아이에게 이르되 내가 일곱 모난 돌 위의 소나무 밑에 감추어 둔 것이 있으니 그것을 찾아야만 비로소 내 아들이라고 할 수 있다'고 하시었다."

이 말을 듣고 유리는 그 다음날부터 산이며 골짜기를 누비고 다녔는데 찾지 못하고 지쳐서 돌아왔다. 하루는 유리가 마루에 앉아 있는데 기둥 틈바구니에서 무슨 소리가 나는 것 같았다. 살펴보니 그 기둥이 돌 위의 소나무요 그 모양이 일곱 모였다. 유리가 기뻐서 찾아보니 부러진 칼 한 자루가 나왔다. 이리하여 유리가 그 어머니를 모시고 벗 옥지(屋智), 구추(句鄒), 도조(都祖) 등과 함께 고구려로 와서 칼 한 자루를 왕에게 바쳤다. 왕은 가지고 있던 부러진 칼 한 조각을 꺼내어 그것과 맞추었다. 그러자 부러졌던 칼에서 피가 흘러 서로 붙어서 온전한 칼이 되었다. 왕이 유리에게 말하기를,

"너는 참으로 나의 아들이다. 무슨 신비한 재주가 있느냐?"

하니 유리는 몸을 공중으로 솟구쳐 떠서 해에 닿았다. 왕은 크게 기뻐하고 태자로 삼고 비류왕 송양의 딸에게 장가들었다. 그러자 왕의 양아들 비류와 온조가 그 어머니 소서노(召西奴)를 모시고 남쪽으로 내려가 백제를 세웠다.

유리 임금이 위에 오른 지 십일 년 되는 해에 선비를 쳐서 조공을

받았다. 처음 선비(鮮卑)가 지세의 험한 것을 믿고 이로우면 나가 싸우고 불리하면 들어가서 지키니 고구려의 큰 걱정거리였다. 왕이 근심하매 부분노가 나와 아뢰기를,

"선비가 사는 땅은 험하고 그들은 용맹스럽고 어리석어서 힘으로 싸우기 어려우나 꾀를 쓰면 쉽게 항복받을 수 있습니다."

하였다. 왕이 그 꾀를 물으니 대답하기를,

"몇 사람을 매로 상처를 입히어 우리를 배반한 듯이 꾸미고 저들에게 가서 거짓말로 우리는 땅이 작고 군사가 약하여 겁내어 움직이기 싫어한다고 하면 선비는 반드시 우리를 가벼이 여기고 방비를 게을리 할 것입니다. 신이 그 틈을 타서 날랜 군사를 이끌고 사잇길로 가서 숲속에 숨어서 형세를 엿보고 왕께서 약한 군사로 하여금 그 성 앞에 나타나서 싸우게 하면 그들은 성을 비워놓고 멀리 쫓아 올 것입니다. 그 때 신이 병사를 이끌고 성으로 달려 들어가고 왕께서 다시 군사를 돌리시어 반격하시면 반드시 이길 수 있을 것입니다."

하였다. 왕께서 그 말대로 하였더니 선비가 과연 군사를 내어 뒤를 쫓는지라 부분노가 군사를 몰아쳐 그 성 안으로 들어가니 선비가 이를 보고 크게 놀라 돌이켜 달려왔다. 부분노가 맞서 싸우고 왕이 몸소 군사를 돌이켜 앞과 뒤를 치니 마침내 항복을 하고 조공을 바쳤다. 왕은 황금 삼천 근과 좋은 말 열 필을 상으로 내렸다.(이상은 이규보의 『동명왕편』에서 뽑음)

## ▲ 다루왕(多婁王)

제2대 다루왕은 백제 시조 온조의 맏아들이다. 도량(器宇)이 넓고 너그러워(寬厚) 위의와 명망이 있었다. 온조왕 28년에 태자로 책봉되었

다가, 46년 왕이 돌아가므로 위에 올랐다.

2년 정월 시조 동명묘(東明廟)에 배알하고, 2월에 남쪽 제단에서 천지신명께 제사지냈다. 다루왕 때 백제는 신라와 말갈에게 시달렸다. 대개는 영토 확장으로 인한 싸움이었는데 이 전쟁을 수행하면서 백제는 자리를 굳혀갔다.

4년 9월(기원31)에 왕이 횡악산(橫岳山) 아래에서 사냥할 때 사슴 두 마리를 연이어 맞추니 뭇사람들이 감탄하였다. 재위 50년에 돌아갔다.

### ▲ 고이왕(古尓王)

고이왕은 백제의 8대왕이니, 제4대 개루왕(蓋婁王)의 둘째 아들이다. 3년 겨울 시월(기원 236) 왕이 서해의 큰 섬에서 사냥할 때 사슴 사십여 마리를 잡았고, 7년 가을 7월에 석천(石川)에서 군대를 크게 사열(大閱)할 때 기러기 두 마리가 냇물 위에서 날아올랐다. 왕이 이를 쏘아서 다 맞추었다. 9년 가을 7월에 서문에 나아가서 활 쏘는 것을 친히 보았다.

고이왕에 이르러 백제는 나라의 기초를 튼튼히 다지고 제도를 크게 정비했다. 5년 정월 제사에 북과 피리(鼓吹)를 썼고, 27년에는 여섯 좌평(佐平 : 內臣, 內頭, 內法, 衛十, 朝廷, 兵官)을 두고 품계를 열여섯으로 정비했으며, 옷도 그에 따라 6품 이상은 자색(紫色), 12품 이상은 비색(緋色), 16품 이상은 청색을 입게 했다.

그리고 이듬해엔 왕 자신도 소매 큰 자색 두루마기(紫大袖袍)에 청색 비단 바지(靑錦袴)를 입고, 검은 비단에 금꽃으로 꾸민 관(金花飾烏羅冠)을 썼으며, 흰 가죽띠(消皮帶)를 띠고, 검정 갓신(烏韋履)을 신고서 남당(南堂)에 앉아서 정사를 돌보았다. 재위 53년만에 돌아갔다.

## ▲ 비류왕(比流王)

비류왕은 백제의 제11대 왕이며 제6대 구수왕(仇首王)의 둘째 아들이다. 성품이 너그럽고 어질어서 남을 사랑하였다. 또한 힘이 좋아 활을 잘 쏘았으며 오래도록 민간에 있어서 칭찬이 널리 퍼졌다. 제10대 분서왕(汾西王)이 돌아가니, 왕자가 있었으나 나이가 어려서 왕으로 세우지 못하고 왕이 백성들에게 추대되어 즉위하였다.

17년 가을 8월(기원 320) 궁궐 서쪽에 사대를 세우고 매달 초하루와 보름에 활쏘기 연습을 하였으며, 22년 11월에 구원(狗原) 북쪽에서 사냥할 때 손수 사슴을 쏘아서 잡았다. 재위 41년 10월에 돌아갔다.

## ▲ 계왕(契王)

계왕은 백제 제12대 왕이니 분서왕(汾西王)의 맏아들이다. 나이가 어려서 위에 오르지 못하다가 비류왕이 돌아가매 위를 이었다. 타고난 성품이 강(强勇)하고 용감하며 말타기와 활쏘기를 잘 하였다. 처음 분서왕이 돌아갔을 때 계왕은 어려서 왕위에 오르지 못했는데, 비류왕이 돌아가자 이에 즉위한 것이다. 3년 9월에 돌아갔다.

## ▲ 동성왕(東城王)

동성왕은 백제 제24대 왕이니, 휘가 모대(牟大, 혹은 摩牟)이며, 제22세 문주왕(文周王)의 아우 곤지(昆支)의 아들이다.

고구려의 공격으로 개로왕이 전사하고 한성 위례성(慰禮城)이 함락당한 뒤 백제는 도읍을 곰나루(熊津)로 옮겼다. 동성왕은 어려운 시기에 왕위에 올라 땅에 떨어진 왕권을 강화시키는 여러 가지 조치를 취하였다. 특히 금강 유역의 토착세력인 사씨(沙氏), 연씨(燕氏), 백씨(苩氏) 등을 기용하여 기성세력인 해씨(解氏), 진씨(眞氏) 등과 대립시켜서 특정 귀족의 횡포를 막았다. 나중에 이들 신진세력이 왕권에 위협을 주는 지경에 이르자 이를 견제하는 여러 가지 조치를 취하다가 이들의 반발을 샀다.

왕은 담력이 남달리 뛰어났으며 활을 특히 잘 쏘아서 백번 쏘면 백발을 다 맞추었다. 14년 10월 왕이 우명곡(牛鳴谷)에서 몸소 사냥을 나가서 사슴을 쏘았다. 23년 12월, 사비(泗沘) 서쪽들에서 사냥을 하던 중에 위사좌평이었다가 가림성(加林城)의 성주로 쫓겨났던 백가(苩加)가 보낸 자객에게 암살당했다.

동성왕의 치적에 힘입어 백제는 이후 무령왕, 성왕의 절정기를 맞는다.


▲ 눌최(訥催)의 사내종(奴)


눌최는 사량부(沙梁部) 사람으로 대나마(大奈麻) 도비(都非)의 아들이다.

신라 진평왕 건복(建福) 41년 갑신 겨울 10월(기원 624) 백제 병사들이 속함(速含), 영잠(櫻岑), 기잠(岐岑), 봉잠(烽岑), 기현(旗縣), 혈책(穴柵) 등 여섯 성을 포위했다. 이에 세 성이 무너지고 항복한지라 눌최가 봉잠, 영잠, 기현 세 성의 병사를 합하여 굳게 지키는데 구원병이 중도에 돌아간다는 말을 듣고 강개하여 눈물을 흘리며 사졸들에게 말

하기를,

"봄날 따스한 기운에 풀과 나무가 모두 피나 날씨가 추워지면 홀로 잣과 솔이 늦게 낙엽 지는 지라, 오늘 포위된 성에 구원병도 없고 하루하루 더욱 위험하니 이는 진실로 지사와 의로운 사내가 절개를 다하고 이름을 드날릴 때라. 너희들은 장차 어찌하려느냐?"

하니, 사졸들이 눈물을 뿌리며 말하기를,

"감히 죽음을 아깝게 여기지 아니하고 오직 명령을 따르겠습니다."

하였다. 성이 장차 무너지려 할 때에 이르러 사람마다 죽음을 각오하고 싸워서 구차히 살기를 바라는 마음이 없었다.

눌최에게 한 사내종이 있었는데 힘이 좋고 활을 잘 쏘았다. 어떤 사람이 일찍이 말하기를

"소인으로써 남다른 재주가 있고서 해를 끼치지 않은 적이 드문 법이니 이 노비를 마땅히 멀리 하라."

하였다. 눌최가 이 말을 듣지 않았다. 이때에 이르러 성이 무너지고 적이 들어오니 사내종이 활을 당겨서 화살을 걸고 눌최의 앞에서 쏘는데 빗나가는 것이 없었다. 적이 두려워하여 능히 나아가질 못했다. 그때 어떤 적이 뒤로 나와서 도끼로 내려치니, 눌최가 이에 엎어지고 사내종이 도리어 적과 싸워서 함께 죽었다.

## ▲ 연헌성(淵獻誠)

연헌성은 고구려 대막리지 연개소문(淵蓋蘇文)의 손자이다. 아버지 남생(男生)이 꾸밈없고 너그러웠으며(純厚) 예의가 있고 활쏘기(射藝)를 잘 하였다.

당나라의 침략으로 평양성이 포위된 처지에서 보장왕 24년(665)에

연개소문이 죽자, 자식들 간에 권력싸움이 벌어진다. 맏아들 남생은 동생인 남건과 남산에게 쫓겨 옛 수도인 국내성으로 갔다. 그때 그는 아버지의 지시로 당나라에 가서 고종을 만나 고구려의 속사정을 알려주고 군사를 일으키도록 종용했다. 이들로 인해 결국 평양성은 함락되고 고구려가 망하는 개탄스러운 일이 일어났다.

고구려와 함께 집안이 망한 뒤에 헌성이 당나라에서 벼슬을 했는데 천수(天授 : 당나라 연호 690~91)중에 우위대장군에 임명되었으며 우림위를 겸하였다. 무후가 일찍이 상금(金幣)을 내어 문무관리 가운데 활잘 쏘는 자 다섯 사람을 택하여 이를 내려주었다. 내사(內史) 장광보(張光輔)가 먼저 헌성에게 양보를 하였다. 헌성이 우왕금위대장군 설토마지(薛吐摩支)에게 양보하니 마지가 헌성에게 또 양보하였다. 이윽고 헌성이 아뢰기를,

"폐하께옵서 활 잘 쏘는 자를 뽑으셨으나 많은 사람이 본토박이(華人)가 아닙니다. 신은 당나라 관리들이 이 일로 인하여 부끄러워할까 두려우니 이를 파하는 것만 같지 못하옵니다."

하였다. 이에 무후가 기꺼이 거두었다.

나중에 형옥을 맡고 위세를 부리던 래준신(來俊臣)의 뇌물을 물리쳤다가 모반을 꾀한다는 모함을 받아서 죽었다. 측천무후가 뒤에 잘못되었음을 알고 우우림위대장군(右羽林衛大將軍)을 추증했다.

(원문에는 천헌성[泉獻誠]으로 나온다. 그러나 이것은 반드시 연[淵]으로 고쳐야 한다. 중국의 사관들은 글을 쓸 때 꺼리는 글자가 있었다. 그 당시의 임금 이름에 쓰인 글자나 제 아비의 이름에 쓰이는 글자는 당사자들을 존중하여 쓰지 않았다. 淵은 당 고종의 이름 때문에 기피한 것이다. 따라서 연을 쓰지 않고 천을 쓴 것은 뜻이 같은 다른 글자를 택한까닭이다. 그러나 당 고종은 누구인가? 고구려의 원수이다. 따라서 중국

의 사관도 아닌 우리가 그 글자를 기피한다는 것은 참으로 우스꽝스러운 일이 아닐 수 없다. 우리까지 나서서 당나라의 임금을 우러를 필요는 없는 것이다.)

### ▲ 온달(溫達)

온달은 고구려 평강왕(平岡王) 때 사람이다. 그 생김생김이 기이해서 우스우나 마음만은 착하였다. 집안이 몹시 가난하여 항상 구걸을 하여 어머니를 봉양했고, 해진 옷과 낡은 신발을 신고 저자거리로 다녔으므로 모든 사람들은 그를 보고 바보 온달이라고 하였다.

이때 평강왕의 어린 공주가 울기를 잘 하므로 왕은 우스갯소리로 말하기를,

"너는 늘 울기만 하여 나의 귀가 다 따가우니 커서도 반드시 선비의 아내가 될 수 없을 것이다. 꼭 바보 온달에게 시집을 보내겠다."

하였다. 왕은 늘 이런 말을 했다.

평강공주가 자라서 나이 열여섯이 되자, 왕은 그를 상부(上部)의 고씨에게 시집보내려고 하였다. 공주가 대답하기를,

"대왕마마께옵서 항상 말씀하시기를, '너는 꼭 바보 온달에게 시집보내겠다'고 하셨사온대 지금은 무슨 까닭으로 먼저 하신 말씀을 고치십니까? 필부도 빈 말을 하려 하지 않는데 하물며 높으신 분의 말씀으로 어찌 그러할 수 있습니까? 그런 까닭에 '왕이 된 자는 희롱하는 말이 없다'고 하였습니다. 지금 대왕께서 저에게 명하신 것은 잘못된 것이니 저는 감히 그 명을 따르지 못하옵니다."

하였다. 왕은 크게 노하여 말하기를,

"너는 나의 말을 듣지 않으니 곧 나의 딸이 될 수 없다. 어찌 함께

살 수 있겠느냐? 마땅히 네가 가고 싶은 곳으로 가거라."

하였다.

이에 공주는 귀중한 가락지 열 개를 팔꿈치에 맨 뒤에 궁궐을 나와서 혼자 걸어가다가 길에서 한 사람을 만나 온달의 집을 물어서 그 집에 이르러 눈 먼 노모를 보고 그 앞에 나가 그 아들이 있는 곳을 물으니 노모가 대답하기를,

"우리 아들은 가난하고 또한 누추하므로 귀하신 몸께서 가까이 할 바가 못 됩니다. 지금 그대의 냄새를 맡고 말소리를 들으니, 그 냄새가 이상하게 향기롭고, 그대의 손을 만져보니 마치 솜과 같이 부드러우니 천하의 귀인 같은데 누구의 댁에서 이곳으로 오셨는지요? 내 아들은 굶주림을 참지 못하여 느릅나무 껍질을 벗기러 산으로 간 지 오래 되었으나 아직 돌아오지 아니하였습니다."

하였다.

공주는 곧 그를 찾아나가 산 밑에 이르러서 온달이 느릅나무 껍질을 벗겨서 지고 오는 것을 보고 곧 그에게 속에 품고 있는 말을 하니, 온달은 성난 모양으로 얼굴빛을 바꾸며 말하기를,

"이곳은 어린 여자가 다닐 곳이 아니다. 반드시 사람이 아니고 여우나 귀신일 것이다. 나에게 가까이 오지 말라."

하고는 드디어 뒤를 돌아보지도 않고 가버렸다.

공주는 홀로 뒤따라와서 싸리문 밑에서 자고 그 다음날 아침에 다시 집안으로 들어가서 그 모자에게 자세한 이야기를 하였으나, 온달은 여전히 의심을 품고 뜻을 결정짓지 못하자, 그 어머니가 말하기를,

"나의 아들은 어리석으므로 귀인의 짝이 되기에 부족하고, 우리 집은 누추하므로 귀인이 거처할 곳으로 마땅하지 않습니다."

하였다. 공주가 대답하기를,

"옛사람의 말에, '한 말의 곡식이라도 찧을 수 있으면 오히려 족하고 한 자의 베라도 꿰맬 수 있으면 오히려 족하다' 하였으니, 진실로 한 마음 한 뜻이라면 하필 부귀를 누려야만 같이 살 수 있으리오?"

하고 곧 금가락지를 팔아서 밭과 집과 노비와 소와 말과 기물을 사 들여 쓸 만한 살림살이를 장만했다.

처음에 말을 살 때에 공주는 온달에게 말하기를,

"삼갈 것은 저자에서 장사꾼의 말은 사지 말고, 국마(國馬)로 병이 나 야위어 놓아버리는 것이 보이면 이를 가려 사고, 그런 것이 없으면 좋은 말을 샀다가 뒤에 그런 말과 바꿔오시오."

하였다. 온달은 그 말대로 말을 사왔는데, 공주는 이 말을 아주 정성껏 길렀으므로 말은 날마다 살찌고 튼튼해졌다.

고구려는 해마다 3월 3일에는 낙랑의 산언덕에 모여 사냥을 하여 잡은 멧돼지와 사슴 등으로써 하늘 및 산천의 신에게 제사를 지냈다. 그날이 되면 왕도 사냥을 나가는데 여러 신하들과 5부의 군사들도 모두 왕을 따라갔다.

이때 온달은 집에서 기른 말을 타고 따라갔는데, 그는 남보다 앞서 달려갔고 또한 사냥하여 잡은 짐승도 가장 많아서 그를 따를 자가 없었다. 왕은 그를 불러오게 하여 성명을 묻고는 놀라며 또한 특별히 칭찬하였다.

이때 후주의 무제가 군사를 일으켜 요동으로 쳐들어오므로 왕은 군사를 거느리고 나가 배산(拜山)의 들에서 적을 맞아 싸웠는데 온달은 선봉이 되어 날래게 싸워서 적 수십 명을 베어죽이니, 모든 군사들이 이긴 틈을 타서 달려들어 힘써 적을 무찔러 크게 이겼다. 돌아와서 전공을 논할 때 모두 온달을 으뜸으로 내세우지 않는 사람이 없으므로, 왕이 크게 기뻐하여 감탄하기를,

"이 사람은 곧 나의 사위이다."

하고 마침내 예를 갖추어 그를 맞이하고 벼슬을 주어 대형(大兄)을 삼고 이로부터 총애가 더욱 두텁고 그 위엄과 권세가 날로 성하였다.

양강왕(陽岡王 : 영양왕)이 즉위하였다. 온달이 왕에게 아뢰기를,

"신라가 우리 한강 이북의 땅을 빼앗아 군현으로 만들었으므로 백성들이 원통하게 여기고 언제나 부모의 나라를 잊어버리지 않고 있사옵니다. 원컨대 대왕께옵서 신을 어리석고 불초하다고 하지 마시고 군사를 내어 주시면 한 번 나아가 싸워 우리 땅을 되찾겠나이다."

하였다. 온달은 군사를 거느리고 떠날 때 맹세하기를,

"내 계립현(鷄立峴 : 聞慶)과 죽령의 서쪽 땅을 되찾지 못하면 돌아오지 않으리라."

하고 드디어 신라군과 아단성(阿旦城) 밑에서 싸우다 적의 화살에 맞아 죽었다. 이에 그를 장사지내려고 하였는데, 상여가 땅에서 조금도 움직이지 않았다. 공주가 와서 관을 어루만지며 말하기를,

"죽고 사는 것은 이미 결판이 났사오니, 마음 놓고 돌아갑시다."

하자, 비로소 관이 움직여서 장사를 지냈는데, 왕은 이 말을 듣고 크게 슬퍼하며 통곡하였다.(지금도 단양 영춘에 온달산성이라는 이름이 있다.)


### ▲ 관창(官昌)


관창(또는 官狀이라고도 함)은 신라의 장군 품일(品日)의 아들이다. 생김생김과 몸가짐이 단정하고 아리따워서 어려서 화랑이 되었는데 사람과 잘 사귀었다. 나이 열여섯에 말타기와 활쏘기를 잘 하였으므로 어느 대감이 태종(太宗 : 武烈王)에게 천거하였다.

무열왕 7년(660)에 왕은 군사를 일으켜 당나라 장수 소정방 등과 함께 백제를 칠 때 왕은 관창을 부장으로 삼았다. 신라군은 황산(黃山) 벌에 이르러 백제군과 싸우게 되었다. 그 아버지 품일은 아들을 불러 말하기를,

"너는 비록 나이는 어리나 의지와 기개가 있으므로 오늘이야말로 이름을 세우고 부귀를 얻을 때다. 가히 용맹이 없어서야 되겠느냐?"

하였다. 관창은,

"예, 잘 알았습니다."

하고는 곧 말을 타고 창을 휘두르며 바로 적진으로 들어가서 적 몇 명을 죽였으나 저 편은 무리가 많고 이 편은 적으므로 적에게 사로잡혀 산 채로 계백에게 끌려갔는데, 계백은 그의 투구를 벗겨보고는 그가 나이가 어리고 또 용맹스러운 것을 사랑하여 차마 그를 해치지 못하고 도리어 감탄하기를,

"신라에는 기이한 용사도 많다. 소년도 오히려 이와 같은데 하물며 장사들이야 더 말해 무엇하리오?"

하고 곧 그를 살려서 돌려보냈다.

관창은 돌아와서 말하기를,

"내 적진에 뛰어들었으나 능히 그 장수를 죽이고 깃발을 빼앗아오지 못한 것이 한이 된다. 다시 들어가면 반드시 성공할 것이다."

하고는 손으로 물을 움켜 마시고는 적진으로 뛰어 들어가서 힘껏 싸웠다. 계백은 또 그를 사로잡아 목을 베어 말안장에 매달아서 돌려보냈다. 품일은 아들 관창의 머리를 들고 소매로 피를 씻으면서 말하기를,

"내 아들이 얼굴 모습은 산 것과 같구나. 능히 나라를 위하여 죽었으니 후회할 것은 없겠다."

하였다. 이것을 본 삼군이 크게 분개하여 죽음으로 싸울 뜻을 세우

고 북을 울리고 함성을 지르며 달려 나가 백제군을 크게 무찔렀다.

## ▲ 명림답부(明臨答夫)

명림답부는 고구려 사람으로 신대왕(新大王) 때 국상(國相)이 되었다. 이때 한나라 현도태수 경림(耿臨)이 군사를 일으켜 쳐들어왔다. 왕이 어떻게 싸울 것인가를 물으니, 모두 말하기를,

"한나라의 군사는 무리가 많을 것을 믿고 우리를 얕보는 것이므로, 만약 나가서 마주 싸우지 않으면 그들은 우리를 겁쟁이로 여기고 번번이 쳐들어올 것입니다. 우리나라는 산이 험하고 길이 좁으므로 이는 이른바 한 사람이 관문을 지키면 만 사람도 당하지 못한다는 격입니다. 한나라 군사가 비록 무리가 많다고 하나 우리를 어찌하지 못할 것이니 청컨대 군사를 거느리고 나아가서 이를 막는 것이 옳겠습니다."

하였다. 이때 명림답부가 말하기를,

"그렇지 않습니다. 지금 한나라는 무리가 많고 강한 군사로써 멀리까지 와서 싸우려고 덤비므로 그 예봉을 가히 당하지 못할 것입니다. 또한 군사가 많으면 마땅히 싸우고 군사가 적으면 마땅히 지키는 것이 병법에 흔한 일입니다. 지금 한나라 군사는 천리 길에 식량을 운반해야 하는 까닭에 능히 오래도록 싸움을 계속하기가 어려울 것입니다. 만약 우리가 깊은 구렁을 파고 보루를 높이 쌓고 들판을 깨끗이 비워서 때를 기다리면 달이 지나지 않아서 굶주리고 곤궁해져 돌아갈 것이니, 그때 날랜 군사를 내어 몰아치면 가히 뜻대로 될 것입니다."

하였다. 왕도 그 꾀가 옳다하고 곧 군사로 하여금 성을 둘러 굳게 지키니 한나라 군사들이 성을 공격하였으나 이기지 못하고 얼마 아니되어 굶주림에 시달리다가 군사를 이끌고 돌아갔다.

이때 명림답부는 날랜 군사 수천을 거느리고 적을 뒤쫓아 좌원(坐原)에서 싸워서 한나라 군사를 크게 물리치고 말 한 마리도 돌려보내지 않았다.

### ▲ 연개소문(淵蓋蘇文)

연개소문은 혹은 개금(蓋金)이라고도 한다. 생김생김이 씩씩하고 뛰어났으며 의기가 장하여 작은 일에 구애되지 않았다.

아버지 동부대인(東部大人) 대대로(大對盧)가 죽자 연개소문이 마땅히 뒤를 이어야 하나, 사람들은 그가 성격이 포악하다고 하여 이를 세울 수 없다고 하였다. 연개소문은 여러 사람들에게 머리를 숙여 사과하면서 그 관직을 받도록 청하고 만약 잘못된 점이 있으면 비록 폐하여도 후회함이 없겠다고 하여서 사람들이 이를 허락하면서 바깥으로 나가 장성 쌓는 일을 감독하도록 했다.

연개소문은 떠나는 날 휘하의 병사들을 불러 모으고 열병을 하는 것처럼 꾸며 왕과 여러 신하를 초대한 다음 자기의 뜻에 맞지 않는 왕과 신하들을 모조리 죽였는데 무려 수백 명이었다. 그리고 영류왕 대신 조카 장(臧)을 보장왕으로 삼고 스스로 대막리지가 되어 나랏일을 오로지 하였다. 그 위엄이 아주 놀라워서 몸에는 칼을 다섯이나 차고 다녔으며 좌우에서 감히 우러러 보지 못하였다.

연개소문이 왕을 죽인 일을 빌미 삼아서 당태종이 고구려를 침입했지만, 연개소문의 주도면밀한 계략으로 실패하였다. 오히려 안시성 싸움에서 양만춘의 화살에 한쪽 눈을 맞아서 돌아갔는데, 그 상처가 덧나서 앓다가 죽었다.

## ▲ 양만춘(楊萬春)

언제 태어나서 언제 죽었는지는 분명하지 않으나 보장왕 때 안시성의 성주였다. 안시성은 험할 뿐만 아니라 중요한 길목에 있어서 군사들 또한 용기 있고 날쌔었다. 공은 연개소문이 임금과 신하들을 죽이고 정권을 오로지하는데도 대막리지인 연개소문에게 복종하지 않아서 연개소문이 몸소 군사를 이끌고 안시성을 치기도 하였으나 함락시키지 못하였다. 결국은 연개소문도 안시성 성주의 직책을 그대로 맡길 수밖에 없었다.

보장왕 4년(645) 당나라 태종은 대군을 동원하여 고구려를 쳤다. 이에 요동지역의 개모성(蓋牟城), 비사성(卑沙城), 요동성(遼東城), 백암성(白巖城) 등이 연이어 적의 수중에 떨어졌다. 여기서 당나라 군대는 평양으로 직접 쳐들어가자는 의견과 평양으로 가는 길목에 있는 안시성을 친 다음에 들어가자는 두 가지 견해가 맞섰는데, 이세적의 견해에 따라 안시성을 공격하기로 하였다. 이때 고구려는 안시성을 구원하려고 15만 명을 보냈지만, 안시성 가까이에서 크게 패하고 장수 고연수와 고혜진은 산 채로 붙잡혔다. 아무도 도와주지 못하는 상황에서 안시성은 공과 병졸과 백성들이 똘똘 뭉쳐서 마주 싸웠다.

당태종은 성이 떨어지지 않자 몸이 달아서 병사들에게 흙부대를 만들어서 성 옆에 산처럼 쌓아서 성 안으로 활을 쏘고자 했는데 그러면 성에서는 더 높이 흙을 쌓거나 달려 나와서 흙산을 빼앗았다. 성벽을 허물면 나무로 급히 막고 땅굴을 파고 들어가면 뜨거운 물을 퍼부었다. 하루에도 예닐곱 회나 공격을 가했고, 마지막 날에는 온 전력을 다 동원하여 공격했지만, 안시성은 끝까지 버텼다.

이러는 중에 계절은 바뀌어 9월에 접어들면서 요동은 추워지기 시작하였고 군량도 떨어지기 시작하였다. 게다가 양만춘이 쏜 화살에 당태종이 눈을 맞아서 더 이상 싸울 기력도 배짱도 없어서 포위를 풀고 군대를 물리지 않을 수 없었다. 이때 공은 성루에 올라서 이별의 예를 취하니, 당태종은 그의 용기와 배짱에 감동하여 비단 100필을 주면서 고구려왕에게 바치는 충성스런 공의 마음을 격려하였다.

### ▲ 계백(階伯)

계백은 백제 사람으로 벼슬이 달솔(達率)에 이르렀다.

의자왕 2년 소정방이 군사를 거느리고 바다를 건너와서 신라와 힘을 합하여 백제를 공격했다. 이때 계백은 나라가 이미 돌이키기 힘든 지경에 와있음을 알고 죽기를 각오한 장사 5천명을 뽑아서 거느리고 이를 막는데, 계백이 말하기를,

"한 나라의 사람으로 당나라와 신라의 군대를 맞아서 싸우므로 나라의 앞날을 알지 못하겠다. 내 처자가 적에게 사로잡혀서 노비가 되어 욕을 당하느니 차라리 죽는 것만 같지 못하다."

하고는 드디어 처자를 손수 죽였다.

그리고 황산벌에 이르러 병영을 세우고 신라의 군사를 만나 싸우는데 뭇사람들에게 맹세하기를,

"옛날에 월나라의 구천(句踐)은 5천의 군사로써 오나라의 70만 대군을 물리쳤다. 오늘 모든 장졸들은 각각 분발하여 나라의 은혜를 갚도록 하라."

하였다. 드디어 물밀듯이 쳐들어가서 한 사람이 천 명을 당하였으므로 신라의 군대는 물러났다. 이와 같이 밀고 밀리기를 네 번이나 하며 싸웠으나 계백은 힘이 다하여 드디어 싸우다가 죽었다.

## ▲ 흑치상지(黑齒常之)

흑치상지는 백제의 서부 사람이다. 키가 일곱 자가 넘고 성품이 날래고 굳세었으며 지략이 있었다. 그는 백제의 달솔로서 풍달군장(豊達郡將)이 되었다.

소정방이 백제를 평정하자, 흑치상지의 부하들은 항복하였으나 그는 굴하지 않았다. 그러나 소정방이 왕을 가두고 군사를 사방으로 내어 크게 침략하므로 흑치상지는 좌우의 추장 10여 명과 함께 도망하여 무리를 불러 모아 임존산성(任存山城)에 의거하여 굳게 지키니, 열흘이 못되어 모여든 무리가 3만이나 되었다. 이에 소정방이 군사를 거느리고 임존성을 쳤으나 이기지 못하였다. 드디어 그는 200여 성을 회복하고 군세를 크게 떨쳤다. 이에 당 고종이 사자를 보내어 그를 타이르니, 그는 드디어 유인궤(劉仁軌)에게 투항하고 당으로 들어갔다.

좌령군원외장군양주자사(左領軍員外將軍儴州刺史)가 되어 여러번 외정에 종군하여 공을 쌓았으므로 벼슬을 주고 특별히 상을 내렸으나, 뒤에 모반을 꾀한다는 모함을 받아 주살되었다.

## ▲ 장보고(張保皐 : 弓福)와 정년(鄭年)

장보고와 정년은 모두 신라 사람이다. 이 두 사람은 모두 싸움을 잘 하였다. 또 정년은 헤엄을 잘 쳐서 바다 밑으로 능히 오십 리를 헤엄쳐가도 숨이 막히지 않아서 그 장한 용맹을 나타냈는데 장보고는 이에 미치지 못했다. 정연은 장보고를 형이라고 불렀는데, 장보고는 나이로써, 정년은 재주로써 늘 서로 굽히지 않았다. 두 사람이 함께 당나라에 들어가서 무령군소장(武寧軍小將)이 되었는데, 말을 타고 창을 쓰는 재주에는 능히 맞설 자가 없었다.

뒤에 장보고는 돌아와서 왕에게 건의하여 완도에 청해진(淸海鎭)을 설치하고 해적들을 소탕했다. 그 뒤로는 바다에서 사람을 잡아다가 사고 파는 일이 없어졌다.

정년은 당에서 벼슬을 버리고 굶주림과 추위에 떨다가 돌아왔는데 장보고가 따뜻이 맞아주었다. 그런데 희강왕(僖康王)이 죽음을 당하자, 장보고가 군사 5천을 정년에게 나눠주며 손을 잡고 울면서 말하기를,

"내 그대가 아니면 능히 나라의 환난을 평정하지 못할 것이다."

하니, 정년은 곧 군사를 거느리고 서울로 들어가 반란군을 잡아 죽이고 새 왕(神武王)을 세웠다. 왕은 장보고를 불러 재상으로 삼고 정년은 장보고를 대신하여 청해진을 지키게 하였다.

# 고려시대의 명궁들

## ▲ 문종(文宗)

문종의 휘는 휘(徽), 자는 촉유(燭幽)이다. 고려 제11대 왕이니 제8대 현종의 셋째 아들이요, 제9대 덕종과 제10대 정종(靖宗)의 아우이다. 어려서 총명(聰哲)하였고 자라면서 공부를 좋아하였다. 활쏘기를 잘 하였고 지략이 컸으며(宏遠) 어질고 너그러워 뭇사람을 포용하고, 범상하게 들은 것도 다시 잊지 아니하였으니 고려의 어진 이(賢聖) 가운데서도 으뜸이었다.

재위 37년간 고려의 문물과 제도를 크게 정비하여 고려의 황금기를 이루었다. 불교, 유교를 비롯하여 미술, 공예에 이르기까지 모든 분야에 걸쳐서 큰 발전을 보았는데, 송의 문물과 제도를 고려의 실정에 맞게 수용하는 슬기를 발휘했다. 37년(1083)에 돌아가니 예순 다섯이었다.

## ▲ 예종(睿宗)

예종은 고려 제16대 왕이니 휘는 우(俁), 자는 세민(世民)으로 제15대 숙종의 맏아들이다. 일찍부터 뜻이 깊고 침착하여 도량이 넓었으며 학문을 좋아하였다. 숙종 10년 8월(1105)에 숙종이 창화문에서 활 쏘는 것을 몸소 나와서 살피고(閱射) 경인에 또한 이와 같이 했는데, 태자(예종)가 과녁을 맞히니 신하들이 만세를 불러 축하하였다.

부왕인 숙종의 뜻을 이어받아 군법을 정비하고 신기군을 몸소 사열하는 등 여진 정벌에 힘썼다. 2년(1107)에 윤관(尹瓘), 오연총(吳延寵) 등으로 하여금 여진을 쳐서 대파하고 이듬해 함흥평야 일대에 9성을 설치하였다. 10년(1115)에 완안부의 추장 아구타(阿骨打)가 여진족을 통일하여 황제라 일컫고 나라를 금이라 칭했다. 요나라에서 금나라를 정벌하려고 고려에 원병을 청했지만 듣지 않았다. 재위 15년(1120)에는 팔관회를 열고 태조 때의 공신인 신숭겸(申崇謙)과 김락(金樂)을 추도하는 향가인 도이장가(悼二將歌)를 짓기도 했다. 17년에 돌아가니 나이가 마흔 다섯이었다.


## ▲ 의종(毅宗)

의종은 고려 제18대 왕이니 휘는 현(睍)이고 어릴 때 이름은 철(徹), 자는 일승(日升)으로, 제17대 인종의 맏아들이다. 의종은 타고난 성격이 나약하고 섬세하였으나 무능하지는 않았다. 그는 격구와 음률에 능하였으며 특히 시문에 뛰어난 재능을 보였다.

그러나 당시 나라 안팎의 정세는 매우 어려운 처지였다. 아버지 인종 대에 일어난 이자겸의 반란과 묘청의 반란으로 왕권은 쇠약해지고 나라 밖에서는 여진이 세운 금나라가 더욱 강해져 대륙을 지배하니, 고려의 지위는 크게 오그라들었다. 나이 어린 의종은 왕권을 능가하는 귀족들 틈바구니에서 항상 신변의 위협을 느끼고 있었다. 이 절박한 현실에서 도피하고자 부처나 여러 신들에게 의존하기도 하고 각처로 돌아다니며 놀이와 잔치를 벌여서 시름을 잊고자 했다. 재위 기간 동안 왕의 거둥이 잦은 것도 이런 까닭이었다.

21년 여름 5월 계축에 장단현 응덕정(應德亭)에 나와서(幸) 배에 채붕(綵棚)을 묶고 여악(女樂)과 잡희(雜戲)를 싣고 강 가운데 배를 띄우니 무릇 열아홉 척이었다. 모두 비단(綵帛)으로 장식하고 좌우 신하와 더불어 잔치를 벌였는데 새벽(五更)에 이르러 강 서쪽 기슭에 올라 과녁(侯)을 벌이고 촛불을 그 위에 놓고 좌우 사람들에게 명하여 쏘게 하니 맞추는 자가 없었다. 내시 노영순(盧永醇)이 아뢰기를,

"성인께옵서 과녁을 맞히기를 기다린 후에 저희들이 이를 맞추겠나이다."

하였다. 이에 왕이 쏘아서 촛불을 맞추니 좌우가 만세를 불렀다. 이담(李聃)이 뒤따라서 맞추니 비단(綾羅鋋)을 내렸다.

재위 25년이자 명종 원년(1171), 왕권과 문신세력의 갈등과 알력으로 빚어진 혼란을 틈타서 정중부, 이의방, 이고 등이 난을 일으켰다. 의종은 거제현으로 옮겨가고 아우 익성공(翼陽公) 호(皓)가 즉위하니, 이이가 명종이다.

명종 3년에 김보당이 무신정권에 항거하여 군사를 일으키면서 사람을 보내어 의종을 모시고 계림(鷄林 : 慶州)으로 나오게 하였다. 그러나 김보당의 거병이 실패로 돌아가자 의종은 무신정권이 보낸 이의방에게 경주에서 시해당하여 곤원사(坤元寺) 북쪽 연못에 던져지니, 그때 나이 마흔 일곱, 경신 초하루(1173)의 일이었다.

### ▲ 지채문(知蔡文)

지채문은 봉주(鳳州, 鳳山) 사람이니, 현종 원년(1010)에 벼슬이 중

랑장에 올랐다. 이때 고려에서는 강조(康兆)가 목종을 죽이고 현종을 세웠다. 거란은 이것이 도리에 어긋난다는 점을 빌미삼아서 강동 6주의 반환을 요구하며 크게 쳐들어왔다. 이때 그는 동북면을 지키고 있었는데 거란 병을 몇 차례 패주시킨 강조가 방심을 하여 패하자 그는 서경을 구원하기 위하여 시어사(侍御使) 최창(崔昌)과 더불어 강덕진(剛德鎭 : 평안남도 성천)에 진을 쳤다가 동북면순검사 탁사정(卓思政)과 합세하여 서경에 들어가 거란군을 물리쳤다.

거란 병이 계속해서 크게 몰려와서 서경(平壤)을 함락시키니, 탁사정은 도망하고 그도 개경으로 빠져나와서 전황을 알렸다. 이에 신하들이 항복할 것을 논하였는데 강감찬이 홀로 왕에게 남쪽으로 피난할 것을 권하였다. 이때 채문이 청하기를,

"신이 비록 어리석으나(駑怯) 원컨대 옆에서 모시는데 힘을(犬馬의 勞) 다하겠습니다."

하니 왕이 말하기를,

"어제 이원(李元)과 최창(崔昌)이 바삐 돌아와 호종하기를 자청하더니 오늘 다시 보지 못하였으니 신하된 의리가 과연 이와 같으랴! 오늘 경이 이미 밖에서 와서 수고로이 하고 또한 호위하고자 하니 내가 심히 이를 기뻐하노라."

하고는 술을 내리고 은으로 만든 말안장(銀鞍)을 하사하였다. 이 날 밤에 채문이 이부시랑(吏部侍郞) 채충순(蔡忠順) 등과 더불어 금군 25여인을 거느리고 왕과 후비(后妃)를 호위하여 도움을 나섰다.

적성(積城) 단조역(丹棗驛)에 이르러 무졸(武卒) 견영(堅英)이 역졸들과 모의하여 궁시를 걸고 장차 왕 일행을 덮치려 하였다. 채문이 말을 달리면서 이들을 쏘니 모두 달아났다가 다시 서남쪽에서 갑자기 나타나서 길을 막으니 채문이 또한 이를 물리쳤다. 드디어 사산(蛇山 : 稷山)현

을 지날 때 기러기 여러 마리가 밭에 있는 것을 보고 채문이 왕의 마음을 위로하고자 말을 뛰어나가게 하니 기러기들이 놀라서 날아올랐다. 채문이 몸을 뒤집으며 하늘을 보고 쏘는데 시위를 당기는 대로 기러기가 떨어지니 왕이 크게 기뻐하였다. 채문이 말에서 내려 기러기를 주워 들고 나아가 아뢰기를,

"이와 같은 신이 있사오니 어찌 도적을 걱정하리이까!"

하니 왕이 크게 웃으며 안심하였다. 이후 내내 몇 차례 왕의 신변을 잘 보호하여 나주까지 무사히 호종하였다. 공주에서 호종한 공으로 전 30결을 받았다. 현종 17년, 벼슬이 상장군 우복야(右僕射)에 올랐는데, 그 해에 죽었다.

### ▲ 유현(惟現)

유현은 문종 7년(1053) 임금이 서쪽으로 행차할 때에 낭장으로 수레를 따랐다. 겨울 10월 을묘에 왕이 서경을 떠나는데 대동강의 배에 이르러 동으로 강기슭을 바라보고 장군 정증(鄭曾) 등 여덟 사람에게 쏘기를 명하였는데, 오직 유현의 화살만이 강을 넘었다. 왕이 이를 축하하여 여러 신하들과 잔치를 벌였다.

### ▲ 고열(高烈)

고열은 문종 때 사람이다. 원래 여진의 흑수(黑水) 사람이었으나 고려 초에 귀화하였다. 활을 잘 쏘아서 여러 번 군공을 세웠다. 정종 7년(1041)에 중대광(重大匡)이 되고 10년(1044)에 섭병부상서로 장성 축조에 공이 있어서 포상되었다. 문종 1년(1047) 벼슬이 수사공상서우복

야(守司空尙書右僕射)에 이르렀다. 문종 10년 윤삼월 을유에 돌아가니 듣는 사람마다 이를 애석히 여겼다. 조정에서는 사흘 동안 조례를 거두고 벼슬아치들이 모여서 장례를 치렀다.

### ▲ 김정순(金正純)

김정순은 황주(黃州) 사람이다. 한미한 집안 출신으로 기운을 숭상하고 의협심이 강했으며 활쏘기에 능하였다. 늘 사람들에게 말하기를,

"사내가 마땅히 오랑캐를 정벌하는 공(邊功)을 세워서 이름을 높일지라, 어찌 근심하면서 골목(理閭之間)에서 구차히 살겠느냐?"

하였다. 예종 2년(1107)에 윤관이 여진을 정벌할 때 자청하여 군을 따라서 공을 세웠다. 인종 13년(1135) 묘청의 난 때 추밀원 승선(承宣)으로 김부식의 지시를 받아 정지상, 김안, 백수한 등을 죽였고, 이듬해 도병마사로 김부식을 따라서 토벌하였다. 벼슬이 평장사상주국(平章事上柱國)에 이르렀고 인종 23년에 돌아가니 나이 예순이었다. 시호를 충양(忠襄)이라고 하였다.

### ▲ 최정(崔挺)

최정은 예종 때 사람이다. 문종이 일찍이 무사를 선발할 때 정이 활을 잘 쏘므로 뽑혔다. 동여진을 쳐서 공을 세웠으며 벼슬이 수사공좌복야판상서병부사(守司空左僕射判尙書兵部事)에 이르렀다. 예종 13년 윤9월 무인(戊寅)에 돌아갔다. 시호는 정의(貞毅)이다.

## ▲ 함유일(咸有一)

함유일은 항양(恒陽) 사람으로 자가 형천(亨天)이니, 태조공신광평 시랑 규(規)의 5대손이다. 아버지 덕후(德侯)는 상의봉어동정(尙衣奉御同正)이다. 유일이 일찍 부모를 여의고 할아버지 밑에서 자랐다. 인종 13년에 서경에서 반란이 일어나매 유일이 서리로 종군하여 공이 있으므로 구실을 나가서 선군기사(選軍記事)가 되었다.

청빈하였으며 공무에 충실하였다. 밤낮으로 힘을 다하여 사사로운 일을 잊으니 집이 가난하여 늘 기운 옷과 뚫어진 신발을 신고 다녔다. 그때 금군의 음식(廚食)이 법(式)에 따르지 않으니 군사들이 의논하기를,

"만약 누더기기사(弊衣記事)님을 모시면 반드시 이와 같지 않으리라."

하였다. 이에 추밀원사(樞密院使) 왕충(王沖)의 천거로 왕이 불러들여서 군의 주방 일을 맡기니 공평하게 하였다.

일찍이 왕이 장원정(長源亭)에 나왔을 때 신하들에게 명하여 활을 쏘게 하였다. 유일이 과녁을 맞히어서 상(金帛)을 받았는데 집에 들이지 않고 이를 팔아서 군대 주방에서 쓸 그릇(什器)을 장만하였다. 일찍이 의종 때에는 교로도감(橋路都監)이 되었는데 도성 안에 무당과 음사(淫祠)가 많아서 민심을 현혹시키므로 음사는 모두 불 지르고 무당은 교외로 내쫓았다.

명종 때 병부낭중, 상서좌승을 거쳐 공부상서로 벼슬을 마치고 명종 15년(1185)에 돌아가니 나이 여든이었다. 유언에 따라 장례를 검소하게 치렀다.

## ▲ 서공(徐恭)

서공은 이천 사람으로, 거란과 담판을 벌여 강동 6주를 찾은 것으로 이름이 난 서희(徐熙)의 현손이다. 의종 때에 음관으로 경령전 판관(判官)이 되었다.

왕을 모시고 서도(西都)에 갔는데(扈駕) 왕이 송도와 서경(평양), 양경(兩京)의 벼슬아치들에게 명하여 활을 쏘게 하였다. 커다란 촛불을 과녁 위에 꽂고 맞추게 하니, 서도인들은 많이 맞추는데 왕을 따라온 신하들은 맞추는 자가 없었다. 왕은 자못 안 좋게 여기었는데 공이 살 한 대에 촛불을 맞추고 두 대에 과녁을 맞히니 왕이 크게 기뻐하여 비단(帛)을 내렸다.

벼슬이 여러 번 올라서 평장사에 이르렀다. 여섯 번 양계병마사를 하였는데 사졸들이 즐겨 좇았다. 재상에 오르기에 이르러서는 뜻이 더욱 겸손하며 문사의 교만함을 싫어하고 무인을 예로 대하니 정중부의 난에 중방이 순검군(巡檢軍) 22인으로 하여금 집을 지켜서 화를 겪지 않도록 했다. 명종 원년에 돌아가니 사람 됨됨이가 담력과 지략이 있었고, 말을 타고 활 쏘는 일을 잘 했다.

## ▲ 김경손(金慶孫)

김경손은 처음 이름이 운래(雲來)니 평장사 대서(台瑞)의 아들이다. 어미가 꿈을 꾸니 오색구름 사이로 많은 사람들이 있는데 청의동자를 옹위하고 하늘로부터 가슴속으로 떨어졌다. 그리고 태기가 있어서 아기를 낳으니 생김생김이 아리땁고 성품이 은근하면서도 온화하며(莊重和裕) 지혜와 용기가 남달리 뛰어나고 담력이 있었다. 평소 집에 있을 때도 항상 조삼(皁衫)을 입고 손님을 대하듯 할 만큼 정중했다.

음관으로 출발하여 고종 18년(1231)에 정주(靜州)의 분도장(分道將)이 되었다. 그때 몽고 병이 압록강을 건너서 철주(鐵州)를 짓밟고 정주에 들이닥쳤다. 경손이 관아에서 죽기를 각오한 장사 열 두 명을 거느리고 성문에 나가서 싸우니 몽고 병이 패해 달아났다. 잠시 후 대군이 계속 다다르자, 마을 사람들이 달아나서 성이 비니, 경손이 혼자서 열 두 장사와 함께 산을 타고 밤길을 도와 7일 동안이나 굶다시피 하여 귀주에 이르러 성의 남쪽을 지켰다. 몽고 병이 남쪽 문에 크게 들이닥치자 경손이 열 두 장사와 여러 별초를 거느리고 장차 성을 나서려는데 사졸에게 명하여 말하기를,

"너희들은 목숨을 돌보지 말고 죽어도 물러나지 말라."

고 하니, 좌우 별초가 다 땅에 엎드려 응하지 아니하였다. 경손이 이들을 다 성으로 돌려보내고 홀로 열 두 장사와 더불어 싸우는데, 검은 기(黑旗)를 들고 선봉에 선 자를 손수 쏘아서 거꾸러뜨렸다. 열 두 사람이 분전하자 몽고 병이 퇴주하였다.

경손이 큰 공을 여러 번 세워서 고종 20년(1233) 대장군, 지어사대사(知御史臺使)가 되었다. 24년(1237) 전라도 지휘사가 되어 담양, 해양(海陽 : 경남 사천군)을 휩쓸던 초적(草賊) 이연년 형제를 나주에서 무찔러 평정했다. 이 공으로 추밀원 지주사(知奏事)로 승진했는데 마침 어떤 사람이 그를 최우에게 무고하였다. 그러나 그것이 거짓으로 밝혀져 추밀원 부사(副使)로 전직되었다. 36년(1249)에 최항은 그가 인망이 높은 것을 시기하여 백령도로 귀양 보냈다. 고종 38년(1251) 최항이 계모 대(大)씨를 죽이고 대씨의 전 남편 아들 오승적을 죽였는데 김경손이 오승적의 인척이 된다고 하여 유배지에 사람을 보내어 바다에 던져 죽게 하였다.

## ▲ 이자성(李子晟)

이자성은 우봉군(牛峰郡) 사람이니 병부상서를 지낸 공정(公靖)의 아들이다. 자성이 성품이 군세고 용기가 있었다. 힘이 좋고 활을 잘 쏘아서 여러 번 종군하여 공을 세웠고 여러 번 벼슬을 옮기어 상장군이 되었다.

고종 18년에 몽고원수 살례탑(撒禮塔)이 군사를 일으켜 쳐들어오자 자성이 삼군을 거느리고 동선역(洞仙驛) 황주(黃州) 부근에 주둔하니 첩자가 적이 없다고 보고하였다. 삼군이 말안장을 풀고 쉬는데 몽고 병 8천여 인이 갑자기 들이치니 자성과 장군 이승자(李承子), 노탄(盧坦) 등 오륙 인이 죽기를 다하고 싸워 버티다가 자성은 날아온 살을 맞고 단은 창에 찔려 말에서 떨어졌다. 어떤 병사가 구하여 간신히 죽음을 면하니 삼군이 비로소 모여서 몽고 병을 격퇴하였다.

고종 19년(1232) 그 후에 조정이 강화로 옮긴 뒤 자성이 어사대 조예(皁隷) 이통(李通)이 경기의 초적과 개경 성안의 노예를 모아 반란을 일으키자, 조염경(趙廉卿), 최근(崔瑾) 등과 함께 삼군을 거느리고 가서 난을 평정하였다. 또 같은 해 충주에서 노군(奴軍)의 난이 터지자, 역시 삼군을 거느리고 가서 반란군의 우두머리인 우본(牛本)을 죽이고 난을 진정시켰다. 고종 16년 용문창(龍門倉)의 난과 동경(東京 : 慶州)에서 반란을 일으킨 최산(崔山), 이유(李儒) 등을 연하여 토벌하여 평정하였다.

동경을 평정한 후로 장군과 사졸들이 날마다 그 집 문 앞에 모여드니 자성이 권세 있는 자(權貴)들이 싫어할까 두려워하여 병을 평계로 벼슬을 내놓고 문을 닫았다. 38년에 문하평장사(門下平章事)로 돌아가니 왕이 애도하며 의열(義烈)이라는 시호를 내렸다.

## ▲ 김윤후(金允侯)

김윤후는 고종 때 사람이다. 일찍이 중이 되어 백현원(白峴院)에 살았는데 몽고 병이 쳐들어오니 처인성(處仁城)으로 난을 피하였다. 몽고원수 살례탑이 와서 성을 공격하자 윤후가 활을 쏘아서 죽였다. 왕이 그 공을 좋게 여겨 상장군을 주었는데 윤후가 공을 남에게 사양하여 말하기를,

"전시를 당하여 활과 살이 없었는데, 어찌 감히 무거운 상을 헛되이 받으리오?"

하며 굳이 사양하고 받지 아니하였다. 이에 다시 낭장을 내렸다.

나중에 충주산성 방호별감(防護別監)이 되었는데 몽고 병이 와서 성을 포위하니 무릇 칠십 여 일에 양곡이 거의 다하였다. 윤후가 사졸들을 격려하여 말하기를,

"만약 힘을 다하면 귀천이 없이 다 벼슬을 내리리니, 너희는 불신하지 말라."

고 하며 관노의 호적을 가져다가 불태우고 노획한 말과 소를 공평하게 나누었다. 이에 사람들이 모두 죽기를 각오하고 적을 물리쳐 몽고 병이 점점 꺾이어 다시 남쪽으로 나아가지 못했다. 그 공으로 감문위상장군(監門衛上將軍)을 하고 그 나머지 공이 있는 자는 관노와 백정에 이르기까지 벼슬을 내렸다.

고종 45년(1258) 동북면병마사가 되었지만, 그때 동북면은 이미 몽고의 수중에 들어갔으므로 부임하지 못했다. 원종 3년(1262)에 추밀원부사, 예부상서가 되었고 이듬해 벼슬이 수사공우복야까지 올랐는데 벼슬을 사양하고 물러났다.

## ▲ 한희유(韓希愈)

한희유는 가주(嘉州) 사람으로 본래 평안북도 가산면의 한 아전이
었다. 말타기와 활쏘기를 잘 하고 담력과 지략이 있었다. 일찍이 마을사
람들과 불을 놓아 사냥을 하는데(火獵) 희유가 말을 타고 불속으로 뛰어
들기를 날듯이 하니 사람들이 서로 돌아보며 놀랐다. 희유가 웃으며,

"대장부가 진을 무너뜨리며 적을 들이쳐야 죽음도 또한 두렵지 않
거든 하물며 이까짓 것쯤이야."

하였다. 김방경을 좇아서 진도와 탐라를 토벌하여 공을 세웠고 일
본 원정에도 선봉이 되었는데 단병(短兵)으로 싸움이 붙을 때 희유가 맨
손으로 적의 칼을 빼앗아 적을 베는 공을 세웠다.

일개 대정(隊正)에서 출발하여 대장군이 된 그는 많은 모함을 받기
도 하였다. 충렬왕 8년(1282)에는 영통사의 중 홍탄(洪坦)이 사사로운
감정으로 모함을 했는데 그것이 거짓으로 밝혀져 오히려 홍탄이 귀양
가기도 했다. 13년(1287)에 호두패(虎頭牌)를 받고 좌익만호가 되었다.
17년(1291) 쌍성에 주둔하여 합단의 침입에 대비하였다.

그 이듬해에 내안(乃顔)의 무리인 합단(哈丹)이 쳐들어오자, 연기
(燕岐) 싸움에서 원나라 장수 설도간(薛闍干), 나만알대왕(那蠻歹大王)
과 함께 적을 칠 때 적진의 용사 한 사람이 아군을 쏘는데 매번 쏠 때마
다 문득 거꾸러졌다. 희유가 창을 잡고 말을 달려서 적진에 뛰어들어 그
용사를 잡아가지고 나와서는 머리를 베어서 창끝에 꿰어 적에게 보이니
적의 사기가 꺾였다. 이때 대군이 내달아 크게 무찔렀다. 같은 해 6월에
충청도에서 합단의 잔당을 추격하여 580명의 항복을 받았다. 원나라에
서는 그를 회원대장군(懷遠大將軍)에 임명하여 삼주호부(三珠虎符)를
주고 궁시, 옥대, 은 등을 하사하였다.

희유가 왕을 좇아서 사냥을 할 때 쏘면 반드시 명중하여 여러 번 공을 세웠는데, 상을 받으면 사람들에게 주었다. 성품이 활달하여 재물을 쌓아두지 않으니 집이 가난하여 여러 번 남에게 빌어다 썼다. 벼슬에서 물러나서도 비록 늙었으나 늘 궁시와 갑옷 손질하기를 싸움에 임하는 것과 같이 하였다. 매번 달밤이면 긴 창을 잡고 달리되, 내 힘이 아직 쓸 만하다고 하며 좌중찬으로 충렬왕을 따라서 원나라에 들어갔다가 32년(1306)에 원나라에서 죽었다.

## ▲ 이춘(李椿)

이성계의 할아버지 도조(度祖)이다. 본관은 전주이며 처음 이름은 선래(善來)로 천호 행리(行里)의 넷째아들이다. 함흥 송두등리(松頭等里)에서 나서 충혜왕 3년(1342)년에 돌아가니 찬성사를 제수(贈) 받았다. 나중에 조선 태조가 즉위하니 추존하여 도왕(度王)이 되었다가 이태 뒤에 다시 도조(度祖)로 격상되었다. 원나라로부터 아버지의 천호 관직을 계승하고 아울러 학얀테무르(學顏帖木兒)라는 몽고식 이름을 받았다.

처음 이씨가 전주에서 함흥으로 옮겨온 것은 이태조의 4대조 이안사(李安社)부터이다. 처음에 이안사가 전주에 있을 때, 산성별감이 와서 그가 사랑하는 기생을 관계하므로 싸움이 벌어졌다. 지주(知州 : 주의 장관)가 조정에 알려 군사를 일으켜서 이안사를 죽이려 하자, 그가 미리 알아차리고는 강릉의 삼척현으로 옮겼다. 이때 170여호가 그를 따랐다. 뒤에 강릉의 안렴사가 새로 부임했는데 공교롭게도 전주에서 그와 싸우던 산성별감짜리였다.

장차 그가 부임한다는 말을 듣고서 이안사는 가족을 이끌고 바다

건너 함길도 의주의 용주리(湧州里 : 德興府)로 옮겼는데 170여 호가 또 따랐다. 얼마 후 원나라에 귀화하여 알동(斡東 : 경흥부 동쪽 30리)로 옮겨 살았다. 원나라에서는 오천호소(五千戶所) 다루하치(達魯花赤)를 내렸다. 그리고 그의 아들 행리가 천호직을 세습했는데 이 이가 익조(翼祖)이다.

처음에 이춘은 알동백호(斡東百戶) 박광(朴光)의 딸과 결혼하여 탑사불화(塔思不花)와 자춘을 낳았다.

어릴 적에 백룡이 꿈에 나타나 말하기를,

"나는 적지(赤池)의 백룡이다. 흑룡이 나의 거처를 빼앗으려 한다. 공은 활을 잘 쏘니 나를 위하여 이를 쏘라."

하였다. 꿈에서 깨어나고도 이상하게 여기지 않았는데 또한 꿈에 백룡이 다시 나타나 간청하기를

"그대가 어찌 내 말을 믿지 않느냐?"

하였다. 그제야 이상하게 여겨서 궁시를 들고 바라보니 구름과 안개가 짙은데 희고 검은 용 두 마리가 바야흐로 연못에서 싸우고 있었다. 도조가 흑룡을 쏘니 살 한 대에 연못으로 떨어졌다. 나중에 백룡이 꿈에 타나나서 고맙다고 하며 말하기를,

"그대의 후손에게 장차 큰 경사가 있으리라."

하였다. 일찍이 군에 있을 때 까치 두 마리가 진영의 큰 나무에 모여 있었다. 이를 쏘고자 하는데 나무와 떨어진 거리가 백보였다. 휘하의 병사들이 모두 맞추지 못하리라 말하였는데 춘이 쏘자 두 마리가 함께 떨어졌다.

## ▲ 이자춘(李子春)

이자춘은 이춘의 아들로 몽고식 이름은 우릇부하(吾魯思不花)요, 조선 태조의 아버지다. 충숙왕 2년(1350)에 태어났다. 어려서 다른 아이들과 달랐으며 점점 자라매 말타기와 활쏘기를 잘 하여 사졸들이 기꺼이 따랐고 사람들이 많이 따랐다.

처음에 첫째 부인 박씨가 죽자, 이춘은 쌍성총관의 딸 조씨(趙氏)와 재혼하면서 의주(宜州)에서 화주(和州 : 함흥평야)로 옮겼다. 처가의 세력을 의지하려 한 것인데 이로 인해 후계자 싸움이 일어난다. 전처 소생인 탑사불화에게 만호직을 물려주려고 하였는데 후처인 조씨는 자기의 맏아들 완자불화(完者不花)가 잇기를 바랐다.

이춘이 매듭짓지 못하고 죽자 탑사불화가 직을 이어 받았지만, 그도 두 달 뒤에 죽고 만다. 그때 탑사불화의 아들 교주(咬住)는 나이가 어렸는데 이를 빌미로 완자불화의 동생 나해(那海)가 총관의 세력을 등에 업고 관직을 세습하려고 했다. 이로 인해 전처 박씨 소생과 후처 조씨 소생 사이에 갈등이 일어났는데 원나라의 중재로 일이 해결되었다. 즉, 조씨는 적실이 아니므로 세습할 수 없고 또 교주는 나이가 어리므로 그가 자랄 때까지 숙부인 자춘이 세습하도록 한 것이다. 그래서 형 탑사불화의 천호관직을 물려받았는데 시일이 지나면서 자기세력을 끌어들여 아예 자리를 굳혔다.

이때 중국을 지배하던 원나라는 신흥세력인 명나라에게 밀려 기울고 있었다. 이 틈을 타서 원나라의 지배를 받던 고려에서는 공민왕이 반원정책을 추진하였는데 이자춘도 원의 주민분리정책으로 지위의 불안을 느끼고 있었다. 그때 고려가 쌍성총관부를 쳤고 이자춘이 여기에 내응하여 원나라 세력을 축출하는 데 큰 공을 세워서 고려의 벼슬을 받았다. 이 공로로 대중대부사복경(大中大夫司僕卿)이 되었으며, 개경에 1년 동안 머물렀다. 벼슬이 영록대부장작감사삭방도만호겸병마사(榮祿大夫將作監事朔方道萬戶兼兵馬使)에 이르렀다.

이 벼슬을 받고 돌아온 지 4년만인 공민왕 9년(1360)에 돌아갔다. 그가 죽자 사대부가 다 놀라면서 동북면에 사람이 없어졌다고들 하였다. 조선 태조 3년(1394), 4대조를 추존할 때 환왕(桓王)이라고 하였다가, 태종 때 다시 환조로 추존했다.

### ▲ 유실(柳實)

유실은 서령(瑞寧)부원군 숙(淑)의 아들이니 자못 날래고 배짱이 있었으며(驍勇) 말타기와 활쏘기를 잘 하였다.

공민왕 10년(1361), 10여만 명의 홍건적이 다시 쳐들어오자 왕은 안동으로 피난하였는데, 그때 왕을 호종하여 2등공신이 되었다. 12년 김용(金鏞) 일파가 홍왕사에서 난을 일으켰을 때 왕을 피난시킨 공으로 또한 2등공신이 되었다.

고려 우왕 때에 판도판서(版圖判書)를 지냈다. 전라도병마사가 되었는데 왜구의 배 20여 척이 임주(林州)를 노략질하니 유실이 지익주사(知益州事) 김밀(金密)과 함께 힘써 싸워서 이를 물리쳤다. 또한 낭산현(郎山縣)과 충제현(豊堤縣) 등을 노략질하는 왜구를 원수 유영(柳榮)과 함께 칠 때 활을 쏘아서 30여 인을 죽이고 약탈한 말과 소 200여 마리를 빼앗아서 돌려주자 우왕이 아주 기뻐하여 후한 상을 내렸다.

이듬해 해주와 평주에 왜구가 노략질하자, 최영, 변안열 등과 함께 이를 물리쳤다. 그뒤 고부와 태산(泰山) 등지에서 왜구가 관사를 불태우자 이를 추격했지만, 실패하고 전주를 함락 당했다. 계속해서 왜구를 물리쳤으나 군기를 잃었다고 탄핵을 받아 벼슬이 삭탈 당하고 유배되었다가 곧 이어 풀려났다. 나중에 밀직부사상의(密直副使商義)로 있다가 돌아갔다.

## ▲ 정지(鄭地)

정지의 처음 이름은 준제(准提)니 나주 사람이다. 몸집이 우람(壯偉)하고 성품이 너그러웠다. 어려서부터 큰 뜻이 있어서 글 읽기를 좋아했으며 큰 뜻(大義)을 깨쳐 사람들에게 해설하는데 막힘이 없었다. 늘 책을 끼고 다녔다.

공민왕 23년(1374)에 유원정(柳爰廷)의 추천으로 전라도안무사가 되었다. 우왕 3년(1377)에 왜구가 순천, 낙안 등지를 노략질하니 정지가 예의판서로 순천도병마사가 되어 이를 물리쳤다. 또 4년에 영광, 광주, 동복(同福) 등지와 담양현을 노략질하니 정지가 도순문사 지용기(池湧奇)와 함께 이를 격멸하였다. 9년에 남해(南海) 관음포(觀音浦) 싸움에서 왜구의 큰 배 120여 척을 치니, 시체가 바다를 까맣게 덮었다. 또한 남은 적을 쏘는데 시위를 당길 때마다 거꾸러졌다. 지가 부장들(將佐)에게 말하기를

"내가 일찍이 말 잔등에 땀이 나도록 나다니며 적을 죽인 것이 많은데 오늘처럼 통쾌한 적이 없었다."

하였다. 최영이 요동정벌을 추진하자, 우군도통사 이성계의 휘하에서 안주도도원수로 출전하였다가 위화도 회군에 가담하였다. 공양왕 원년(1389)에 왜구가 다시 창궐하여 양광전라경상도절제체찰사가 되어 총초토영전선성사(總招討營田繕城事)를 겸하였으며, 남원 등지에서 적을 크게 무찔렀다. 나중에 광주의 별업(別業 : 별장)에 퇴거하였다가 같은

해 병으로 죽으니 그때 나이 마흔다섯 살이었다. 시호를 경렬(景烈)이라고 하였다.

### ▲ 윤가관(尹可觀)

윤가관은 해평(海平)부원군 석(碩)의 증손자이며 지문하성사 지표(之彪)의 손자이고 대호군 보(寶)의 아들이다. 무략이 있고 말타기와 활쏘기를 잘 하였다. 공민왕 만년에 왕의 총애를 받아 가까이서 모셨는데 22년(1373) 한안(韓安), 홍륜(洪倫) 등으로 하여금 강제로 여러 비빈을 욕보이려 할 때에 가관에게 익비(益妃)를 범(通)하게 하였는데 가관이 죽음으로써 굳이 거절하였다. 이때 왕의 미움을 받아서 서인으로 폐하여졌다가 곧 풀려났다.

우왕 9년(1383) 경상도부원수가 되어 왜구를 막다가 안동, 예안 등지에서 패하고 부상을 입었다. 이 해 12월에는 경상도순문사로 합포(合浦 : 마산)를 지켰고 이듬해 함양에서 진주목사 박호안(朴好安)과 더불어 왜구와 싸워 크게 이겼다. 이때 왜구는 축산도(丑山島)에 거점을 두고서 자주 노략질에 나섰는데 이를 방비하였다. 또 못쓰게 된 무기를 녹여서 농기구를 만들게 하였고 둔전을 개척하여 군량을 비축했다. 성품이 청렴하여 기생(聲妓)을 가까이 하지 않았다. 벼슬이 판밀직사(判密直事)에 올랐다.

### ▲ 황상(黃裳)

황상은 의창현(義昌縣) 사람이니 회산군(檜山君) 석기(石奇)의 아들이다. 공민왕 초에 밀직부사가 되었고 3년(1354) 유탁(柳濯)을 따라서 원나라에 가서 장사성(張士誠)을 토벌하는 데 공을 세우고 돌아와서 지추밀원사가 되었다.

홍건적의 침입으로 왕이 복주(福州 : 安東)로 피난을 가자 왕을 호종한 뒤에 교주강릉도도만호(交州江陵道都萬戶)가 되어 종군하였다. 이때 개경에 머물고 있는 홍건적을 총병관 정세운(鄭世雲)의 휘하에서 안우(安祐), 이방실(李方實) 등과 더불어 20만 대병으로 포위 공격하여 적을 크게 무찌르고 개경을 되찾았다.

참지문하정사가 되었다가 찬성사에 올랐고 사직한 뒤 회산부원군이 되었다. 원나라에서 홍적을 평정한 공으로 벼슬을 주었다. 우왕 때에 여러 장수와 더불어 왜구를 막는데 노고가 컸다.

상이 무예에 능하고 용맹이 있어서 역대 왕들의 사랑을 받았다. 병란으로 나라가 어지러운데도 개와 매를 기른다고 왕에게 꾸지람을 듣기도 하고, 남의 아내와 간통을 하여 어사대의 탄핵을 받기도 하였으며, 아버지 기일에 장가를 들어 탄핵을 받았으나 왕들의 특별 배려로 무사하였다. 활을 잘 쏘아서 이름이 세상에 알려져 원나라 순제(順帝)가 친히 그 팔뚝을 가까이 당겨보았다. 그가 돌아가니 공정(恭靖)이라는 시호를 내렸다.

## ▲ 군만(君萬)

군만은 광대(優人)이다. 공양왕 원년에 그 아버지가 밤에 범에게 잡히니 군만이 하늘을 우러르며 활과 화살을 들고 산으로 들어갔다. 범이 그 아비를 다 먹고서 산굽이에서 군만을 노려보더니 크게 울부짖으면서 나와서는 삼킨 몸뚱아리(支節)를 뱉었다. 군만이 화살 한 대로 이를 죽이고 칼로 그 배를 갈라서 주검을 모두 거두고 태워서 장례를 지냈다.

## ▲ 현문혁(玄文奕)

현문혁은 강화 사람이다. 원종 11년(1270)에 배중손(裵仲孫)과 노영희(盧永禧) 등이 삼별초를 거느리고 승화후(承化侯) 온(溫)을 왕으로 받들어 강화에서 반란을 일으키니 문혁이 옛 서울 개경으로 달아났다. 별초의 배 너덧 척이 뒤쫓아 오는데 문혁이 혼자서 쏘니 화살이 꼬리를 물(相接)었다. 그의 아내가 옆에서 화살을 뽑아서 주니 뒤쫓던 사람들이 감히 가까이 하지 못하다가 문혁의 배가 얕은 곳에 박히니 별초들이 뒤이어 쫓아왔다. 문혁이 팔뚝에 화살을 맞아 배 한가운데 엎어지니 그의 아내가 말하기를,

"내가 쥐새끼 같은 무리에게 욕을 당하지 않으리라."

하고는 두 딸을 끌어안고 물에 뛰어들어 죽었다. 별초들이 문혁을 잡고서도 그 용기를 아깝게 여겨서 죽이지 않았다. 문혁이 도망하여 옛 서울로 돌아왔다. 그의 처는 곧은 절개 때문에 열녀로 표창 받았다.

## ▲ 반복해(潘福海)

반복해는 자가 유술(有述)이요, 호는 석암(石庵)이니, 거제 사람이다. 우왕의 총애(嬖幸)를 받아서 여러 번 벼슬을 옮겨 밀직부사가 되었다.

우왕을 따라서 서해도로 사냥을 나갔는데, 옹진에 이르러 우왕이 돼지(豕)를 쏘았는데, 멧돼지가 갑자기 들이쳐서 말을 들이받으니 우왕이 놀라 떨어졌다. 복해가 말을 박차고 곧장 나아가서 살 한 대로 멧돼지를 죽이니, 우왕이 위험을 모면하였다. 이를 계기로 총애가 날로 커서 성을 내려서 왕씨를 삼고 의아들로 삼았다. 우왕 11년(1385) 왕으로부터 말을 하사받았으며 13년 문하찬성사가 되어 추충양절익대좌명보리공신(推

忠亮節翊戴佐命輔理功臣) 호를 받았다.

이듬해 조반(趙胖)의 옥사 이후에 반목이 심해진 최영을 암살하려다 실패하였다. 이로 인해 아버지 익순을 비롯하여 형 덕해(德海), 장인 임견미 등과 함께 참살 당하고 처와 딸은 노비가 되었으며, 가산은 모두 적몰되었다. 이때 그의 아들 자건(自健)은 원나라에 망명하여 목숨을 건졌는데 조선개국공신 문하시중 배극렴의 사위인 까닭에 나중에 귀국하여 개국원종공신에 책봉되고 호조판서, 의정부좌찬성에 이르렀다.

# 조선시대의 명궁들

## ▲ 조선 태조 이성계(李成桂)

조선의 태조 이성계는 고려 충숙왕 4년 10월 11일(1335)에 영흥(永興) 흑석리(黑石里)에서 태어났다. 자는 중결(仲潔), 호는 송헌(松軒), 등극한 뒤에 이름을 단(旦), 자를 군진(君晋)으로 고쳤다.

고려에서 벼슬을 하였는데, 수문하시중(守門下侍中)에 이르렀다. 개국 원년 임신 7월 16일(1392) 고려 좌시중 배극렴 등의 추대를 받아서 보위에 올랐다. 태종 8년 5월 24일(1408)에 돌아가니 나이 일흔 여덟이었다. 고종 광무 3년(1899)에 추존하여 고황제가 되었다.

이태조는 콧대가 우뚝하고 얼굴이 아름다웠다(隆準龍顔). 키는 커서 우뚝하게 곧으며 귀가 큰 것이 남달랐다. 인물 됨됨이가 남달라서 함흥과 영흥에서 살 때에는, 북쪽 사람들이 매(鷹)를 구할 때는 반드시 뛰어(神俊)나기가 이모와 같은 것을 얻고자 한다는 말이 있을 정도였다. 힘과 배짱이 뛰어나고 활 쏘는 법이 신묘했는데, 대초명적(大哨鳴鏑 : 우는 살, 혹은 소리 나는 화살로 촉 뒤에 속이 빈 나무깍지를 붙여서 살이 날면 거기서 바람이 소용돌이를 일으키면서 소리를 냄)을 즐겨 쏘았으며 대나무살을 쓰지 않고 광대싸리를 살대로 삼았으며, 학의 깃(鶴羽)으로 넓고 길게 붙였으며, 고라니뿔(麋角)로 초(哨 : 촉 뒤에 붙여서 소리를 내는 나무깍지)를 썼으니 그 크기가 배만 했다. 촉은 무겁고 살대는 길어서 여느 살과 같지 않았다. 또 궁력(弓力)이 보통사람의 배는 되었다. 어릴 적에 아버지 이자춘을 따라서 사냥을 갔는데 자춘이 아들의 화살을 만져보고는 말하기를,

"사람이 쓸 수 있는 것이 아니다."

라고 하고 내던졌다. 이태조가 이를 주워서 살통에 꽂고 아버지 앞에 섰는데, 노루 한 마리가 나타났다. 이태조가 말을 내달으며 쏘아서 한 발에 죽였다. 노루 한 마리가 또 나타나서 이태조가 또 앞과 같이 하였다. 이같이 해서 모두 일곱 마리를 잡으니 아버지 이자춘이 크게 기뻐하며 웃었다.

또 일찍이 아버지 자춘을 따라서 사냥을 나가는데 얼음이 언 비탈로 말을 달리며 쏘면 문득 맞아서 한 발도 빗나가는 것이 없으니 오랑캐들이 감탄하면서,

"사인(舍人 : 벼슬아치의 아들을 존경하여 이르는 말)은 천하에 대적할 자가 없다."

고 하였다. 젊어서 정안옹주(定安翁主) 김씨가 담장머리에 갈가마귀(鴉) 다섯 마리가 모인 것을 보고 이를 쏘기를 청하였는데, 이태조가 한 발을 쏘니 다섯 마리가 모두 떨어졌다. 이를 이상히 여겨서 이태조에게 말하기를,

"삼가 이 일을 발설하지 말라."

하였다. 아버지 이자춘이 동북면도순문사 이달충(李達衷)을 전별하는 잔치를 들에서 벌였는데, 그때 이태조는 아버지 뒤에 서 있었다. 이자춘이 술을 돌리자 달충이 서서 술을 마시더니 태조가 술을 돌리자,

달충이 무릎을 꿇고 마셨다. 이자춘이 이를 괴상히 여겨서 물으니,

"이 사람은 남다른 인물이니, 공이 미칠 바가 아니오. 이 아들이 반드시 큰 인물이 되리라."

하였다. 이때 들판 건너(對岸)편에 노루 일곱 마리가 모여 있었다. 달충이 말하기를,

"어찌하면 노루 한 마리를 잡아서 오늘 안주를 하겠느냐?"

하니, 이자춘이 아들 이태조에게 명하여 휘하의 병사를 거느리고 가라고 하였다. 이태조는 휘하의 병사들을 산의 뒤쪽으로 돌아가서 노루를 놀라 달아나게 하라고 하였다. 그리고는 다섯 발에 다섯 마리를 잡고 또 한 마리를 쫓아서 살을 먹이려 하는데 마침 얼어붙은 커다란 연못이 바로 앞에 이르렀다. 이태조가 고삐를 잡고 건너뛰어(經度) 이를 쏘아 잡았고 나머지 한 마리는 살이 떨어져서 잡지 못했다.

일찍이 이두란(李豆蘭)과 사슴 한 마리를 같이 쫓아가는데 갑자기 쓰러진 나무가 가로놓여 있고, 노루는 그 밑으로 달아났다. 두란은 말을 당겨서 나무를 돌아갔는데 이태조는 나무 위로 펄쩍 뛰었다가 나무 밑으로 빠져나오는 말을 다시 타고 뒤쫓아서 잡았다. 이를 보고 두란이 경탄하기를,

"공께서는 하늘이 낸 사람이오. 남의 힘에 미칠 바가 아닙니다."

커다란 범 한 마리가 큰 덤불숲에 있다는 말을 어떤 사람한테 듣고는 이태조가 활을 잡으며 또 살 하나를 허리에 꽂고 가서 그 숲의 뒤쪽 언덕에 올라서는 사람들에게 아래로부터 몰아 올라오게 하였다. 이태조가 문득 보니 범이 옆쪽에 아주 가까이 있는 것을 보고 말을 달려서 이를 피했는데 범이 뒤쫓아 와서 말 잔등에 올라서는 할퀴려고 하였다. 이태조가 오른손으로 뿌리치니, 범이 나자빠져서 능히 일어나지 못하였다. 이를 보고 이태조는 말을 돌려서 활로 쏘아 죽였다. 이것도 동북면

에 살 때의 일이다.

강음(江陰 : 松嶽郡의 領縣)의 쉰물(酸水)이라는 땅에서 노루 다섯 마리를 모두 다섯 발에 다 죽였으며, 평시에 노루 서너 마리를 이어서 쏘아 잡은 일은 이루 다 적지 못할 지경이다. 장단(長湍)에서 사냥할 때는 사족백이말(네 발과 이마만 희고 온몸이 붉은 말 : 붉은 가라간쟈[五明赤馬])을 타고 높은 고개로 가는데 고개 밑으로 낭떠러지가 있고 거기에 노루 두 마리가 있다가 아래로 뛰어내렸다. 이태조가 곧장 말을 타고 뛰어내리는데 채찍질을 그치지 아니하니 뒤따르던 사람들의 낯빛이 다 바뀌는데 이태조는 앞서 달아나는 노루를 쏘아서 맞추고 급히 말을 돌려 멈추니 절벽 바로 앞이었다. 다른 사람들이 모두 경탄하자 이태조가 좌우를 둘러보고 웃으며 말하기를,

"내가 아니면 능히 하지 못하리라."

하였다. 일찍이 한참 무더울 때 냇물에서 목욕을 마치고 냇가에 앉아 있었는데 근방의 큰 숲속에서 날담비(蜜狗) 한 마리가 뛰어나왔다. 이태조가 급히 촉 없는 살(樸頭)을 잡고서 이를 쏘니 맞아서 넘어졌다. 이어 계속해서 뛰어나오는지라 무릇 스무 여남은 발에 이를 모두 잡아서 달아나는 놈이 하나도 없었다.

그 신묘한 활솜씨가 대개 이와 같았다. 들을 지나다가 꿩을 만나면 반드시 쫓아서 높이 날아오르게 하여 여러 길이 되어야 올려다보고 쏘아서 맞추었다. 일찍이 송도 교외에 사냥을 나갔는데 꿩을 보고는 사람에게 쫓도록 시키고 촉 없는 살로 이를 올려다보고 쏘아서 떨어뜨렸다. 그 때 왕복명(王福命)이 고려의 한 종친과 함께 이태조의 뒤에 서 있었는데, 두 사람이 말에서 내려 머리를 조아리며 축하를 하며 그 살을 달라고 하니, 이태조가 이를 주면서 말하기를,

"살이 스스로 맞추겠느냐. 다만, 사람에게 있을 뿐이다."

고 하였다. 보통 때는 크기가 배만한 나무 공을 써서 남에게 5,60보 밖에서 던져 올리게 하고는 나무촉 살을 써서 맞추었다. 일찍이 홍원(洪原)의 졸애(照浦)산에서 사냥을 하는데 노루 세 마리가 떼를 지어 나왔다. 이태조가 말을 달리면서 쏘아서 먼저 한 마리를 죽이고 같이 달아나는 노루 두 마리를 쏘았다. 한 발에 두 마리가 겹쳐 꿰이고는(疊洞) 그 살이 차꼬에 박혔다. 이원경(李原景)이 그 살을 가져왔는데 태조가 말하기를,

"어째서 이리 더디 오느냐?"

하니, 원경이 대답하기를,

"살이 나무에 깊이 박혀서 뽑느라고 늦었습니다."

고 하였다. 이태조가 말하기를,

"설사 세 마리라도 이 몸께서 쏜 화살이면 족히 꿰고 말리라."

하였다. 고려 공민왕이 벼슬아치(卿大夫)들로 하여금 과녁을 쏘게 하고는 몸소 구경하는데 이태조가 백 발을 쏘아서 백 발을 맞추니, 왕이 말하기를,

"오늘 활을 제대로 쏘는 사람은 오직 이모 한 사람뿐이다."

하고 감탄하였다. 하루는 여러 벼슬아치들에게 명하여 과녁을 쏘게 하고 해질 무렵에 이르러 내부(內府)에서 은으로 만든 작은 거울 한 개를 가져다가 80보 밖에 놓고 맞추는 자에게 이를 주기로 약속하니 이태조가 10발을 쏘아서 10발을 다 맞추니 왕이 감탄하여 칭찬하였다. 이태조가 같은 반열에 속하는 벼슬아치들(同列)을 송경동부(松京東部)의 배암골(蛇洞) 동쪽 기슭에 있는 덕바위(德巖)에 모이게 해서 과녁을 150보 밖에 세우고는 쏘는 살마다 다 맞추었다.

해가 거의 정오가 다 되어서 활 잘 쏘기로 세상에 소문이 나서 원나라 순제가 몸소 팔을 보았다는 찬성사 황상(黃裳)이 오니 여러 사람들

이 상과 함께 쏘아보기를 청하였다. 무릇 수백 발에 상은 50시를 연이어 맞춘 뒤부터는 혹은 맞고 혹은 아니 맞는데 이태조는 한 개도 맞지 않는 것이 없었다. 공민왕이 이를 듣고는 말하기를,

"이모는 참으로 보통 사람이 아니다."

하였다. 또 이태조가 같은 지위에 있는 벼슬아치들(同位)을 모두 모아서 활쏘기 모임을 베풀었는데 100보 남짓한 거리 밖에 서 있는 배나무의 줄기 끝에 배 수십 개가 매달려 있었다. 뭇 손님들이 이태조에게 이를 쏘기를 청하였는데 한 발로 정확히 맞추어서 다 떨어졌다. 이를 거두어서 손님들에게 갖다 주니 사람들이 탄복하여 술을 권하며 축하하였다.

이태조가 최영과 사이가 좋아서 정이 두터웠을 때 이태조의 위엄과 덕이 점점 성해지자 사람들 가운데 없는 일을 꾸며서 우왕에게 일러바치고자 하는 자가 있었다. 영이 노하여 말하기를,

"이공은 나라의 주춧돌이라, 만약 위급한 일이 갑자기 생기면 누구를 시켜서 감당하려는가?"

하였다. 그리고 매번 손님을 모셔다가 잔치를 하려고 하면 반드시 영이 이태조에게 말하기를,

"나는 면찬(麵饌)을 마련할 터이니, 공은 고기찬(肉饌)을 마련하소서."

하면, 이태조는,

"좋소."

하였다. 하루는 이태조가 이를 위하여 휘하의 병사를 이끌고 사냥을 나갔는데 노루 한 마리가 높은 고개에서 뛰어내리는 것이었다. 땅의 형세가 깎아지른 듯하여 여러 군사가 다 내려오지 못하고 산 밑으로 비스듬히 돌아서 내려와 모이는데 갑자기 대초명적이 위로부터 날아오는

소리가 들려서 올려다보니 이태조가 고개 위에서 곧장 치달아 내려오는데 그 기세가 번개 같았다. 노루가 아득히 떨어져 있는데 이를 쏘아서 정확히 맞추고 곧 말을 멈추고 웃으며 말하기를,

"이런 정도는 어린애의 주먹질이다."

라고 농담을 하였다. 최영의 휘하 선비 현귀명(玄貴命)이 군사 가운데 있다가 이를 몸소 보고 그 상황을 영에게 말하니, 영이 오래도록 감탄하였다.

이태조가 화령에 사냥을 갔다. 비탈이 험하고 꽁꽁 얼었는데 이태조가 험한 비탈을 달려 내려와 큰 곰 네 마리를 살 하나로 죽였다. 오랑캐의 장수 처명(處明)이 따라왔다가 감탄하면서 말하기를,

"제가 많은 사람을 겪었는데, 공의 재주는 천하에 제일입니다."

하였다. 우왕 4년 8월(1378), 범이 서울에 들어와서 많은 사람을 해쳤는데, 이태조가 이를 쏘아서 죽였다. 우왕이 일찍이 해주에 사냥을 나갔는데 임시거처(行宮)에서 여러 무신에게 명하여 과녁을 쏘게 했다. 노란 종이를 바탕으로 하고 크기가 주발(椀)만 하고 은으로 만든 작은 과녁을 그 가운데 놓으니, 지름이 겨우 두 치(二寸)이었다. 오십 보쯤에 놓았는데 이태조가 이를 쏘아서 은 과녁에서 벗어나지 않았다. 우왕이 이를 보고 기뻐하여 촛불을 켜놓고 계속했으며, 이태조에게 좋은 말 세 필을 하사하니, 이두란이 이태조에게 말하기를,

"기이한 재주를 남에게 자주 보일 것이 아닙니다."

하였다. 또 해주에서 살 만드는 이(矢人)가 새로 만든 살을 바치니, 이태조가 종이 두루마리를 낟가리에 어지러이 꽂아놓고 이를 쏘아서 다 맞추고 좌우를 돌아보며 말하기를,

"오늘 짐승을 쏠 때는 반드시 등뼈를 맞추리라."

하였다. 이태조는 평소에 길짐승을 쏠 때는 반드시 오른쪽 안시골

(雁翅骨)을 맞추었다. 이 날, 사슴 40여 마리를 쏘았으되, 모두 다 등뼈를 맞추니, 사람들이 그 신묘한 솜씨에 탄복하였다. 세상 사람들이 길짐승을 쏘는데, 짐승이 왼쪽에 있으니 그 짐승의 오른쪽을 쏘고, 짐승이 오른쪽에서 왼쪽으로 달려 나오면 짐승의 왼쪽을 쏘게 되는데, 이태조는 반드시 짐승을 쫓아가서 그 짐승이 비록 오른쪽에서 뛰쳐나올지라도 그 짐승이 왼쪽으로 달려가게 하고는 말을 꺾어 돌려서 이를 쏘아서 반드시 오른쪽 안시골을 맞추었으니, 사람들이 말하기를,

"이공은 짐승을 백 번 쏘면 반드시 그 오른쪽에 맞는다."

하였다. 고려 공민왕 때에 이태조가 임강(臨江 : 長湍) 화장산(華藏山)에 사냥을 나갔다. 달아나는 사슴을 쫓아서 낭떠러지에 이르니, 높이가 수십 자요, 비탈이 아주 심해서 사람들이 내려오지 못하는데 사슴이 사뿐히 뛰어내렸다. 이태조가 말에 채찍질을 하여 바닥에 사뿐히 뛰어내렸는데, 말이 넘어져서 일어나지 못하였지만, 곧 사슴을 쏘아서 잡았다.

그러나 이태조가 늘 겸손히 물러나 자중하는지라, 남을 이기려고 욕심내지 않으므로 매번 과녁을 쏘면 그 맞수의 잘 쏘고 못 쏨(能否)을 살피고 살의 많고 적음을 보아서 서로 비슷비슷하게 할 따름이요, 승부를 가리는 바가 없었으며, 남이 권하면 살 한 대를 더 하는 것에 지나지 않았다.

이상은 이태조가 평소에 활쏘기와 사냥을 할 때의 일이다. 이로 보면 이태조의 활쏘는 법은 백 년 전이나 천년 후나 가히 비할 자가 없다고 할 것이다. 이제 이태조가 싸움에 나갔을 때의 활쏘는 기술을 참고하면 다음과 같다.

고려 공민왕 11년(1362)에 원나라 승상 나하추(納哈出)가 홍원에 쳐들어와서 노략질을 하였다. 도지휘사 정휘(鄭暉)가 여러 번 싸워서 패하였다. 이태조가 동북면병마사로 정예 기병을 이끌고 수레너미(車蹦嶺)를 넘어서 그 아랫기슭에 이르렀다. 10여 기를 거느리고 적을 쳐서 그 비장 한 사람을 쏘아 죽였다. 처음에 이태조가 이르러서 여러 번 패한 모습을 물으니, 여러 장수가 말하기를,

"매번 싸움이 무르익을 만하면, 적장 한 사람이 쇠갑옷에 붉은 꼬리술로 꾸미고 창(槊)을 휘두르면서 돌진하면, 병사들이 흩어져서 감히 맞서 싸울 자가 없습니다."

하였다. 이태조가 그 사람의 됨됨이를 살펴서 혼자 감당하다가 짐짓 패주하니, 그 사람이 과연 내달아서 창을 다급하게 찔렀다. 이태조가 몸을 뒤집어서 말다래(옆구리)에 바짝 달라붙으니, 적장이 맞추지 못하고 빗맞은 창을 따라서 꺼꾸러졌다. 이태조가 곧 안장에 바로 타고 쏘아서 죽이고 추격하여 적들이 주둔한 곳까지 쳐들어갔다가 날이 저물어서 돌아왔다. 나하추의 아내가 말하기를,

"당신이 오래도록 세상을 두루 돌아다녔지만, 이같은 장군이 다시 있었는가? 마땅히 피하여 빨리 돌아가라."

고 하였으나 나하추가 따르지 않았다. 수일 후에 이태조가 함관령(咸關嶺)을 넘어서 다대골(韃靼洞)을 곧장 들이치니, 나하추가 10여 기를 거느리고 진 앞에 나왔다. 이태조가 또한 10여 기를 거느리고 진 앞에 나와서 상대하니, 나하추가 말하기를,

"우리가 처음 온 것은 본래 사유(沙劉), 관선생(關先生), 반성(潘誠) 등을 쫓아온 것이요, 당신네 땅을 침범하려는 것이 아니다. 지금 내가 여러 번 패하여 졸병 만여 기를 잃고, 비장 여러 사람을 죽였으니, 세가 심히 궁색한지라, 애걸하건대, 싸움을 파하면 명령하는 대로 따르리라."

하였다. 그러나 그 때에 적의 병세가 매우 극성하니, 이태조가 속임수인 줄을 알고 항복하게 하고자 하는데, 한 장수가 나하추의 옆에서 있어서 이를 쏘는데 시위를 놓자마자 거꾸러졌다. 또 나하추의 말을 쏘아죽이니, 다른 말을 타자 다시 이를 죽이고, 크게 싸워 오래도록 승부가 엇갈렸다. 이태조가 나하추를 바짝 쫓으니, 나하추가 급하여 말하기를,

"이만호(李萬戶)여, 양쪽의 장수가 어찌 서로 싸우는가?"

하고 이에 말을 돌렸다. 이태조가 또 말을 쏘아서 죽이니, 휘하 병사가 말에서 내려서 나하추를 구하여 겨우 죽음을 면하였다. 날이 저물어 이태조가 군사를 물리는데 스스로 후군이 되었다. 구불구불한 고갯길이 여러 겹인데 내시(宦者) 이바라실(李波羅實)이 맨 밑층에서 살려달라고 다급히 외쳤다. 맨 위층에서 보니, 은 갑옷을 입은 적장 둘이 바라실을 쫓아서 창을 겨누었는데 아주 다급했다. 그래서 말을 돌려서 두 적장을 쏘아 죽이고 20여 인을 연달아 죽였다. 다시 군사를 돌려서 공격하는데, 한 장수가 이태조를 쫓아서 창을 들고 찌르려고 하였다. 이태조가 급히 몸을 기울여서 떨어지는 것처럼 하면서 올려다보고는 그 겨드랑이를 쏘고 다시 말을 탔다. 또 한 적이 달려 나와서 이태조를 쏘았는데, 이태조가 말 위에서 일어서니 화살이 사타구니로 빠져나갔다. 이태조가 이에 말을 달리면서 쏘아서 그 무릎을 맞추었다. 또 내 한가운데서 적장을 하나 만났는데, 그 적장은 갑옷과 목두르개(護項), 낯가래개(面甲)를 했고, 또 특별히 턱싸개(面甲)까지 만들어 써서 입 열기를 편하게 했는데, 아주 단단하게 두루두루 감싸서 활로 쏠 틈이 없었다. 이태조가 짐짓 그 말을 쏘았다. 말이 깜짝 놀라서 날뛰니 그 적장이 힘을 다해서 고삐를 당기는데 그때 입이 열렸다. 이때 이태조가 활을 당겨서 그 입을 맞추었다. 이미 적장 셋을 죽이니 적이 크게 달아나기 시작했다. 이태조

가 철기를 이끌고 적진을 짓밟아서 죽이고 사로잡은 것이 많았다. 돌아와 정주에 주둔하였다.

수일을 머물러서 병사들을 쉬게 하고 난 뒤, 먼저 길목(要衝)에 매복을 숨기고 삼군을 나누어서 좌군은 성곶(城串)에서, 우군은 도련포(都連浦)에서 나오게 하고는 이태조는 중군을 이끌고 소두듥(松原)을 맡아서 나하추와 더불어 함흥 벌에서 만났다. 이태조가 단기로 북을 두드려 분위기를 돋우게 하고 달려 나가서 적을 시험했는데, 날랜 적장 셋이 함께 곧장 앞으로 달려 나왔다. 이태조가 짐짓 패해서 고삐를 당기고 말에 채찍을 가하는 모습을 보이니, 셋이 다투어 바짝 따라붙었다. 이태조가 갑자기 말을 돌려 오른쪽으로 빠지더니, 세 적장이 미처 말을 멈추지 못하고 앞으로 달려 나가자, 뒤로 쫓아가서 쏘는데 시위를 놓자마자 거꾸러졌다. 이리저리 옮겨 다니며 싸우면서 적을 매복한 길목으로 끌어들였다. 좌우의 복병이 일제히 활을 쏘면서 양쪽에서 들이치니, 적은 크게 패해서 달아났다. 나하추는 가히 대적하지 못할 줄을 알고 흩어진 병졸들을 수습해서 달아나는데, 돌아가기 전에 말하기를,

"이모(환조)가 말하기를, 내가 재주 있는 아들이 있다고 하였는데 과연 헛소리가 아니로다."

하였다. 또 나하추의 누이가 군중에 있다가 이태조의 뛰어난 무예를 보고는 마음속으로 기뻐하면서,

"이 사람은 천하에 짝이 없다."

고 하였다. 나중에 나하추가 친교를 맺어서(通好) 공민왕에게 말을 바치고 또한 이태조에게 슬갑과 북과 좋은 말 한 필을 보내서 예의를 다하니 대개 마음속으로 굴복한 것이다. 나중에 우왕이 개성의 윤(尹 : 관리) 황숙경(黃淑卿)을 보내니 나하추가 말하기를,

"내가 본래 고려와 싸우려 하는 것이 아닌데, 백안첩목아(伯顔帖木

兒 : 공민왕의 몽고식 휘)왕이 나이 어린 이장군을 보내어 나를 치매, 거의 죽을 지경이다. 이장군은 무고한가. 나이가 어리고서 용병이 귀신같으니, 참으로 하늘이 낸 재목이다."

하였다. 공민왕 8년에 고려 기사인티무르(奇賽因帖木兒)가 원나라에서 벼슬을 하여 평장(平章)이 되었는데 원나라가 망하자 김백안(金伯顔) 등과 함께 동녕부를 점령하고 웅거하였다. 그리고 전에 그 아버지 철(轍)이 고려에게 죽음 당한 것을 분하게 여겨서 북쪽 변경을 쳐들어와서 장차 원수를 갚으려고 하였다.

공민왕이 이태조와 서북면상원수(西北面上元帥) 지용수(池龍壽) 등에게 가서 이를 치도록 명하였다. 19년 봄 정월에 이태조가 동북면원수로 기병 5천과 보병 1만을 이끌고 동북면으로부터 새와이(草黃)와 설헌(薛列罕) 두 고개를 넘어서 압록강을 건넜다. 이 날 저녁에 서북방에 붉은 기운이 허공에 가득하여 그림자가 남으로 뻗으니 서운관이 이는 맹장의 기운이라 하였는데 왕이 기뻐하여 말하기를,

"내가 이모를 보내니, 반드시 그 응함이 있을 것이다."

하였다.

그 때, 동녕부 동지(同知) 이우로더믈(李兀魯木兒 : 李原景)이 이태조가 온다는 얘기를 듣고 험한 곳을 의지해서 저항하고자 우라산성(兀剌山城)을 지켰다. 이태조가 야툰(也頓)마을에 이르니, 원경이 와서 싸움을 돋우다가 곧 갑옷을 버리고 절하며 삼백여 호를 거느리고 투항하였다. 그 추장 고안위(高安慰)는 오히려 산성을 의지해서 항복하지 않으니, 이태조의 군대가 이를 에워쌌다. 그때 이태조가 활로 화살을 쏘는데 무릇 70여 발이 모두 얼굴을 정확히 맞히니, 성안의 사람들이 기가 꺾여서 안위는 살붙이(妻孥)를 버리고 밧줄을 타고 성을 넘어서 한밤중에 달아났다.

요양성을 칠 때, 그곳 장수 처명이 자기의 날램을 믿고 오히려 항거하려 들자, 이태조가 이원경을 시켜서 달래기를,

"너를 죽이기 쉽다마는, 다만 너를 살려서 거두어 쓰고자 하니, 빨리 항복하라."

하였는데 따르지 않았다. 원경이 말하기를,

"네가 우리 장군의 재주를 알지 못하고 그러는 것이다. 만약 항복하지 않으면 한 번에 쏘아서 꿰리라."

하였다. 그래도 오히려 항복하지 않았다. 이태조가 짐짓 그 투구(兜)의 눈(牟)을 쏘아서 떨어뜨리고 원경을 시켜서 달래었는데 그래도 좇지 않았다. 이태조가 또 그 다리를 맞추니, 처명이 살을 맞고 도망가다가 잠시 후 다시 와서 싸우고자 했다. 원경을 시켜서 달래기를,

"네가 만약 항복치 않으면 곧 너의 얼굴을 쏘리라."

하였다. 처명이 드디어 말에서 내려 머리를 조아리면서 항복하였다. 나중에 처명이 은혜에 감복하여, 매번 살 맞은 자국을 보면 반드시 흐느껴 울면서 평생토록 따르며 모시겠다고 하였다. 그리고 이태조가 운봉(雲峰)에서 왜구를 칠 때 처명이 이태조의 말 앞에서 힘을 다해 싸워서 공을 세우니 그때 사람들이 모두 이를 칭찬하였다.

원나라 장수 조무(趙武)가 원나라가 망하자 무리를 거느리고 공주(孔州)의 땅에 웅거하였다. 이때 이태조가 동북면에 있었는데 휘하 병사에게 이르기를,

"이 사람이 반드시 반란을 일으키고 말 것이니, 가히 두지 못하리라."

하고는 이에 무리를 이끌고 이를 치는데, 그 사람의 용감한 바를 아까이 여겨 쇠살을 쓰지 않고 촉 없는 살(樸頭)을 쏘아서 수십 번을 맞추었다. 무가 말에서 내려 절을 하니 드디어 사로잡았다. 무가 마음으로

복종하여 마침내 하인(廝養)이 되어서 종신토록 모셨으니, 벼슬이 공조전서에 이르렀다.

우왕 3년 5월(1376), 일본의 왜구가 경상도에 쳐들어왔다. 원수 우인렬(禹仁烈)이 싸움을 도와줄 장군을 보내줄 것을 청하였다. 우왕이 이태조와 김득제(金得濟)와 이임(李琳)과 류만수(柳曼洙)로 조전원수(助戰元帥)로 삼았다. 이태조가 날을 재촉하여 가서 적을 지리산 밑에서 만났는데, 서로 떨어진 거리가 200보쯤이었다. 한 적이 등을 돌리고 몸을 구부려서 손으로 엉덩이를 두드려 두려움이 없다는 것을 보여서 욕을 보이자, 이태조가 애기살(片箭)을 쏘아서 한 번에 꺼꾸러뜨렸다. 이에 적이 놀래서 기가 꺾이니, 곧 크게 이를 격파했다.

8월에 서해도 신주, 안악, 봉주에 쳐들어오니, 원수 찬성(贊成) 양백익(梁伯益) 등이 패하여 장차 장수를 보내어 싸움을 도와줄 것을 청하였다. 우왕이 이태조와 임견미(林堅味), 변안열(邊安烈), 류만수(柳曼洙), 홍징(洪徵) 등으로 조전원수를 삼아서 보냈다. 안열과 견미 등이 해주에서 싸워서 모두 패하였다. 이태조가 장차 싸우려 하는데, 투구를 백수십 보 밖에 놓고 쏘아서 승부를 점치는데 세 발 모두 관통시키고는 말하기를,

"오늘 일을 가히 알만하다."

하였다. 해주의 동쪽 오리쯤에 있는 동정자(東亭子)에서 싸웠는데 싸움이 비야흐로 무르익을 무렵, 한 장(丈)이 넘는 진흙구덩이를 마주쳤다. 이태조가 말을 한 번 뛰어서 넘었는데 뒤따르는 사람들이 모두 넘지 못하였다. 이태조가 대우전(大羽箭) 스무 발로 모두 쏘아서 죽이고 또 병사를 가로질러 들이쳐서 크게 깼다. 이 싸움에서 이태조가 처음 대우전 스무 발을 가지고 있었는데 싸움을 마칠 때 세 발이나 남았다. 좌우 사람들에게 말하기를,

"내가 모두 왼쪽 눈초리를 쏘아 맞추었다."

하였다. 그래서 사람들이 살펴보니 과연 모두 다 그러하였다.

우왕 6년 9월에, 왜적선 500여 척이 서천군의 남쪽 오리쯤에 있는 진포(鎭浦)에 머물고 충청, 전라, 경상 삼도를 노략질하였다. 이태조가 양광전라경상삼도도순찰사가 되어서 정벌에 나섰다. 변안열 등과 함께 남원에 이르러 적과 마주한 거리가 120리였는데 말을 하루 쉬게 하고 이튿날 아침에 동쪽으로 운봉을 넘으니, 수십 리 밖에 적이 있었다. 솥 뫼(鼎山)에 올라서 길 오른쪽의 험한 지름길을 보고는,

"적이 반드시 이리로 나와서 우리의 배후를 기습할 것이니, 우리가 마땅히 이리로 쫓으리라."

하였다. 그때 날이 이미 저물었는데 적의 선봉이 과연 갑자기 몰려 들었다. 이태조가 대우전 스무 개로 쏘고 계속해서 유엽전으로 쏘니 50 여 발에 모두 얼굴을 맞고는 시위를 놓자마자 꺼꾸러졌다. 무릇 세 차례 에 걸쳐서 힘을 다하여 싸워 죽이니, 이에 적이 산에 웅거해서 굳게 방 비했다. 이태조가 올려치는데 적이 죽을 힘을 다하여 아군을 막으니 아 군이 쫓겨 내려왔다. 이태조가 장수와 병사를 보고 말하기를,

"고삐를 단단히 당겨 말이 뛰지 않게 하라"

하고는 곧 뿔나팔을 불어서 병사를 정돈시켰다. 그리고는 개미처 럼 달라붙어 적진을 치게 하니, 적장이 창을 잡고 곧 이태조의 뒤를 아 주 다급하게 쫓아왔다. 부장(偏將) 이두란이 뒤를 돌아보라고 크게 외치 며 활을 쏘아서 죽였다. 이태조의 말이 살을 맞고 쓰러지니 말을 바꿔 탔는데, 또 맞아서 꺼꾸러졌다. 또 다시 바꿔 탔는데 살이 날아와서 이 태조의 왼쪽 무릎을 맞추었다. 이태조는 살을 뽑아서 오히려 기가 더욱 살아서 싸움을 더욱 다급히 독려하니, 군사들은 이태조가 다친 것을 알 지 못하였다. 적병들이 이태조를 여러 겹 에워싸니, 이태조가 몇 기와

함께 포위를 돌파하고 나왔는데 적병이 또 이태조의 앞으로 들이쳤다. 이태조는 여덟 명을 선 채로 죽이니 적이 감히 덤비지 못하였다. 이태조가 하늘을 가리켜 맹세하며 좌우를 지휘하며 말하기를,

"비겁한 자들은 물러나도 좋다. 내가 적에게 죽으리라."

하니, 장수와 병사들이 감동하여 용기가 백배하여 사람마다 죽기를 각오하고 싸우는데 땅에 박힌 것처럼 조금도 물러서지 않았다. 그때 한 적이 있어서 나이 겨우 15,6세쯤 되었는데, 생김생김이 날래고 뛰어나기가 견줄 데가 없었다. 흰 말을 타고 창을 춤추며 들이치는데 향하는 곳마다 흩어져 감히 대적하는 자가 없었다. 아군은 아기바틀(阿其拔都 : 아지바두)이라고 부르며 피하였다. 이태조가 그 용기와 재주를 아까이 여겨 두란에게 명하여 사로잡으라고 하니,

"죽이지 않으면 반드시 사람이 다치리라."

하였다. 아기바틀이 갑옷과 목두르개(護項 : 휘양)와 낯가리개(面甲)를 입어서 쏠 틈이 없었다. 이태조가 말하기를,

"내가 투구의 골대(頂子)를 쏘아서 벗길 테니, 너는 마땅히 쏘아 맞추어라."

하고는 드디어 말을 박차고 뛰어나가 골대를 정확히 맞추니, 투구끈이 끊어지면서 투구가 기울었다. 그 사람이 급히 이를 정돈하자, 이태조가 또한 쏘아서 골대를 맞추니 투구가 또한 떨어졌다. 이때 이두란이 이를 쏘아 죽였다. 이에 적들이 기가 꺾였다. 이태조가 몸을 빼쳐서 들이치니, 적들이 모두 흩어지고 선봉이 다 죽었다. 관군이 여세를 몰아서 크게 쳐부수었다. 남은 적 70여 인들이 지리산으로 달아나는데 이태조가 말하기를,

"천하에 적을 모조리 잡아 죽이는 나라는 없다."

하고서 뒤쫓지 않고 군대를 물렸다. 군악을 울리고 잔치를 크게 벌

여서 광대의 노래와 춤으로 한 판 흐벅진 놀이판(儺戲)을 베푸니, 군사들이 만세를 부르며 적의 머리를 바치는데 산과 같이 쌓였다.

여진인 호바두(胡拔都)가 요동에 있어서 동북면 백성들을 포로로 잡아갔다. 이태조가 그 도의 군무(軍務)를 대대로 관리하여 위의와 믿음이 남달랐으므로 우왕 8년 가을 7월에 동북면도지휘사로 있으면서 민심을 위로하고 달래는데 한산군 이색(李穡)이 시를 써서 보냈다.

이듬해 9년 가을 8월에 호바두가 또 단주(端州)에 쳐들어왔는데, 단주의 상만호(上萬戶) 육려(六麗)와 청주의 상만호(上萬戶) 황희석(黃希碩) 등이 여러 번 싸워서 모두 패했다. 이때 이두란은 모친상을 당하여 청주(淸州 : 北淸)에 있었는데 사람을 시켜서 불러 말하기를,

"나라의 일이 급하니, 자네가 상복을 입고 집에 있을 수 없다. 빨리 상복을 벗고 나를 따라나서라."

하니 두란이 상복을 벗고 엎드려 곡하며 하늘에 고하고 활과 살을 차고 따라나섰다. 호바두를 길주 벌에서 만나서 두란이 선봉이 되어 먼저 싸웠는데 크게 패해서 돌아왔다. 이태조가 막 도착하니, 호바두가 두터운 갑옷을 세 겹으로 입고 홍갈의(紅褐衣)를 껴입고, 암가라말(黑牝馬)을 타고 진을 가로로 벌여놓고 기다리다가 이태조를 가벼이 여기고 그 군사를 머물러 있게 하고는 칼을 빼며 몸을 내달아 나왔다. 이태조가 또한 단기로 뛰어나가 칼을 휘두르며 서로 싸우는데 양편이 다 아슬아슬하여 능히 서로 맞추지 못하고 있었다. 호바두가 말을 미처 다스리기도 전에 이태조가 급히 말을 돌려서 활로 그 등을 쏘았는데 갑옷이 두꺼워서 깊이 들어가지 아니하였다. 그러자 곧 그 말을 쏘아서 맞추니 말이 꺼꾸러지면서 함께 떨어졌다. 이태조가 또 쏘려고 하자, 그 휘하 병사가 크게 들이닥쳐 구하고 또 아군도 들이닥쳤다. 이에 군사를 몰아서 크게 쳐부수니 호바두가 겨우 몸을 빼쳐 달아났다.

이태조가 안변으로 돌아왔는데, 비둘기 두 마리가 밭 가운데 뽕나무에 모여 있었다. 이를 쏘아서 살 하나로 두 마리를 한꺼번에 떨어뜨리니, 한충(韓忠)과 김인찬(金仁贊)이 길 옆에서 김을 매다가 이를 보고는,

"좋다. 도령의 활솜씨여."

하니 이태조가 웃으며 말하기를,

"내가 도령을 이미 지났네."

하였다. 이어 두 사람에게 밥을 가져오게 하니, 두 사람이 조밥을 가져와서 이태조가 수저를 들었다. 이런 연유로 두 사람이 이태조를 따랐다.

우왕 11년 9월에 왜구의 배 150여 척이 함주, 홍원, 북청, 합란(哈蘭) 북쪽을 노략질하였다. 원수 찬성사 심덕부(沈德符) 등이 크게 패해서 적의 기세가 더욱 드세었다. 이태조가 가서 이를 치려고 함주에 이르렀는데 병영 중에 소나무가 70보쯤 떨어져 있었다. 이태조가 군사들에게 말하기를,

"내가 몇 번째 가지 몇 번째 송방울(松子)을 쏠 테니, 너희들은 이를 보아라."

하고는 곧 유엽전으로 쏘아서 7발에 다 맞추었는데 처음 말한 것과 같으니, 군중이 다 발을 구르고 춤을 추어서 환호하였다. 이튿날 이태조가 병사들보다 앞서서 단기로 적의 배후를 들이치니 향하는 곳마다 적들이 흩어졌다. 나왔다가 다시 들이치고 한 것이 여러 번이요, 손으로 죽인 적이 셀 수 없었으며, 쏠 때마다 갑옷은 모두 뚫렸으며, 혹 한 발로 사람과 말이 한꺼번에 꿴 것도 있었다. 적의 무리가 모두 흩어져 달아나니, 관군이 이 승세를 타는데 함성은 천지를 울리고 주검은 들판을 덮고 내를 막아서 한 사람도 도망한 자가 없었다. 이 싸움에서 여진의 군사가 승세를 타고 뒤쫓아 가서 죽이거늘, 이태조가 명하여 말하기를,

"적이 궁색하니 불쌍하다. 죽이지 말고 생포하라."

하니, 천불산(千佛山)에 들어간 적들이 모두 사로잡혔다.

우왕 4년(1388) 문하시중이 되었으며 최영과 함께 임견미, 염흥방 등을 주살하였다. 이 해 명 태조는 철령 이북이 본래 원나라에 속했던 땅이라고 하여 모두 요동에 귀속시키고 철령위를 두게 했다. 우왕이 병을 칭하고 요동 백호를 맞지 아니하였다. 4월에 홍무(洪武) 연호를 사용하지 못하게 하고 요동 정벌을 명하였다. 그리고 이때 요동 정벌이 결정되었지만 그는 반대했다. 그는 우군도통사가 되어 좌군도통사 조민수(曺敏修)와 함께 군대를 거느리고 위화도까지 나아갔으나 거기서 돌아왔다. 위화도 회군 뒤 개경에 돌아와 최영을 제거하고 우왕을 폐한 뒤, 창왕을 옹립시켜 고려를 움직이는 실권자가 되었다. 이듬해 다시 창왕을 폐하고 공양왕을 옹립시켰다. 공양왕 3년 전제개혁을 단행하고 4년 왕위에 올랐다. 태조 2년 3월부터 국호를 조선으로 쓰고, 왕사 무학대사(無學大師)의 건의로 5년 서울을 한양으로 옮겼다.

이태조가 탄 말은 여덟 마리였다. '횡운골(橫雲鶻)'은 여진에서 났는데 나하추(納氏)를 패주시키고 홍건적을 칠 때 탔다.(화살 둘을 맞음) '유린청(遊麟靑)'은 함흥에서 났는데, 우라를 치고, 해주와 운봉에서 왜구를 칠 때 탔다.(화살 셋을 맞았다) 서른세 살에 죽었는데 돌널(石槽)에 넣어서 묻었다. '추풍오(追風烏)'는 여진에서 났으며 화살 한 대를 맞았다. '발전자(發電赭)'는 안변에서 났다. '용등자(龍騰紫)'는 단천(端川)에서 났는데 해주에서 왜를 칠 때 탔으며 화살 한 대를 맞았다. '응상백(凝霜白)'은 제주에서 났는데 위화도 회군 때 탔다. '사자황(獅子黃)'은 강화 매도(煤島)에서 났는데 지리산에서 왜구를 칠 때 탔으며 '현표(玄豹)'는 함흥에서 났는데 토아동(兎兒洞)에서 왜를 평정할 때 탔다. 뒤에 세종이 호군 안견(安堅)에게 명하여 여덟 준마의 모습을 그렸다.

이태조에게는 왕비가 둘이었다. 비는 신의왕후(神懿王后) 한씨이고, 계비는 신덕왕후(神德王后) 강씨(康氏)이다. 한씨에게서 방우(芳雨), 방과(芳果), 방의(芳毅), 방간(芳幹), 방원(芳遠), 방연(芳衍)이 났고, 강씨에게서 방번(芳藩), 방석(芳碩)이 났다. 태조가 즉위한 뒤에 세자 책립 문제로 의견이 분분하였다. 그런데 늘그막에 태조는 계비 소생인 방석을 세자로 결정하였다. 이같은 처사에 신의왕후의 소생들이 큰 불만을 품었다. 이 중에서도 가장 불만이 큰 사람은 이태조의 창업을 돕는 데 공이 큰 방원이었다. 이런 불만이 왕자의 난으로 드러난다.

태조 7년, 태조가 병으로 누워있을 때 방원은 세자 방석을 보필하던 정도전, 남은(南誾) 등이 신의왕후 소생 왕자들을 제거하려 한다는 이유를 들어 사병을 동원, 이들을 살해하고 곧 이어 방석과 방번마저 죽여 후환을 없앴다. 새 세자는 방원의 요청에 따라 방과가 되었다. 방번, 방석 형제가 무참하게 죽은 것에 상심한 태조는 왕위를 방과에게 물려주고 상왕이 되었다.

정종 2년(1400) 제1차 왕자의 난에서 세운 공로에 비해 작은 대우를 받았다고 생각한 박포(朴苞)가 방간을 부추겼다. 방간은 그렇잖아도 야심과 호기가 있었지만, 인품과 공훈, 위세가 방원에게 미치지 못하여 속을 끓이던 중이었다. 박포의 말에 따라 군대를 일으켰고 방원도 군사를 일으켜 개경에서 싸움이 붙었다. 방간은 붙잡히고 박포는 처형되었다. 곧 이어 방원이 세자로 책립되고 곧 이어 왕위에 오르자 정종은 상왕이 되고 태조는 태상왕이 되었다.

자식들의 골육상쟁을 지켜본 태조는 방원을 크게 증오했다. 그래서 태종이 즉위하자 서울을 떠나 소요산(逍遙山)과 함주(함흥)에 머물기도 했다. 특히 함주에 있을 때는 태종이 문안 보내는 사람을 보낼 때마다 죽여서 함흥차사라는 말이 생길 정도였다.

태조는 태종이 보낸 무학의 간청으로 태종 2년(1402) 서울로 돌아왔다. 그리고는 덕안전(德安殿)을 새로 지어 정사(精舍)로 삼고 불도에 정진하며 조용한 나날을 보냈다. 태종 8년(1408) 창덕궁 별전에서 돌아갔다. 시호는 지인계운성문신무대왕(至仁啓運聖文神武大王)이다.

## ▲ 태종(太宗)

태종은 조선의 3대왕으로 이름은 방원이요, 자는 유덕(遺德)이니, 이태조의 다섯째 아들이다. 고려 공민왕 6년(1357) 7월 보름에 태어나서 정종 2년(1400)에 임금자리를 선양받았으며, 18년 8월 세종에게 위를 물려주고 세종 4년(1422)에 돌아가니, 나이가 쉰여섯이었다.

똑똑하고 신기를 타고 났으며 용감하고 슬기롭고 너그러웠다. 성균관에서 수학하고 길재와 같은 마을에 살면서 학문을 논하였으며 한 때 원천석에게 배우기도 하였다. 우왕 9년(1383)에 문과에 급제하였다.

공양왕 4년(1392) 3월, 이성계가 해주에서 사냥을 하다가 말에서 떨어져 중상을 입은 것을 기화로 수문하시중 정몽주가 간관(諫官) 김진양(金震陽) 등으로 하여금 공양왕에게 상소하게 하여 정도전 등 이성계파의 인물들을 유배시키고 이성계까지 제거하려고 할 때 판전객시사(判典客侍事) 조영규(趙英珪) 등으로 하여금 정몽주를 쳐죽이게 함으로써 대세를 만회하였다. 같은 해 정도전 등과 모의하여 도평의사사로 하여금 이성계 추대를 결의하게 하고, 왕대비(공민왕비 안씨)를 강압하여 공양왕을 폐위시키게 한 뒤 이성계를 위에 오르게 하였다.

제1차 왕자의 난을 일으켜 정도전과 방석을 제거하고, 방간과 박포

등이 일으킨 제2차 왕자의 난을 진압한 뒤 세자로 책봉되었다. 조선이 크게 정비되어 나라의 꼴을 제대로 갖추게 된 것은 태종 때이다. 이후 500년간 지속될 왕조의 기틀을 이때에 닦았다.

우왕 11년 이태조가 함주싸움(咸州의 役)에 참여했을 때 태종이 이두란, 고여(高呂), 조영규(趙英珪) 등을 이끌고 적을 유인하였다. 왜구의 선봉 수백이 쫓아오니 태종이 짐짓 쫓겨서 스스로 뒷쪽을 맡아서 아군의 복병이 숨은 곳에 깊숙이 들어왔다가 다시 병사를 돌려서 친히 활을 쏘니, 적 20여 인이 시위를 놓자마자 떨어졌다. 또한 고려 말에 삼군이 신경(新京 : 臨津縣의 북쪽 5리)의 땅에 모였다. 태종이 또한 갔는데 마침 노루 한 마리가 뛰어나왔다. 태종이 달려 나가서 화살 한 대로 죽이니, 여러 사람들(諸王十餘人)들이 언덕배기에 모여섰다가 이를 보고는 감탄하며 서로 돌아보며

"많은 사람들이 이씨가 장차 흥하리라고 하였는데 이를 두고 한 말이 아니냐."

라고 말하였다.

## ▲ 세조(世祖)

세조는 조선 제7대 왕으로, 이름은 유(瑈)요 자는 수지(粹之)이니, 세종의 둘째 아들이다. 처음에 진양대군에 봉해졌다가 세종 27년(1445) 수양대군으로 고쳐 봉해졌다. 태종17년(1417)에 태어나서 단종 3년(1455)에 왕위를 선양받아서 즉위 13년(1468)에 돌아갔다.

임금은 낯빛(日表)이 아름답고 활솜씨가 남달랐다. 나이 열여섯에 세종을 따라서 왕방산(王方山)에 사냥(講武 : 단오와 추석 때 왕이 몸소 나서서 열병을 하고 무예를 닦던 일)을 나갔다. 하루아침에 사슴과 노루

수십 마리를 쏘니 털에 묻은 피가 바람에 날려 겉옷까지 다 불그레하였다. 늙은 무인 이영기(李英奇) 등이 이를 보고는 눈물을 떨어뜨리며,

"오늘 태조의 신기한 무예를 다시 볼 줄을 몰랐다."

하였다. 문종이 일찍이,

> 鐵石其弓　그 활은 돌이나 쇠 같고
> 霹靂其矢　그 살은 천둥 번개 같다.
> 吾見其張　그 활을 얹은 것만 보았지
> 未見其弛　부린 것은 아직 보지 못했다.

라고 그 활에 썼다.

문종이 즉위 2년(1453)만에 돌아가고, 그 해 5월에 단종이 즉위하니, 7월부터 그의 심복인 권람(權擥), 한명회(韓明澮) 등과 함께 모의하여 그 해 10월 계유정난을 단행하여 심복을 요직에 배치, 국정을 마음대로 처리하였다. 조정 안의 반대세력을 제거하고 함길도도절제사 이징옥마저 죽여, 안팎의 반대세력을 모두 제거했다. 그리고 단종 3년(1455) 윤 6월 단종에게 왕위를 선양 받는다.

세조 2년(1456) 성삼문 등 사육신이 단종 복위를 모의하다가 발각되었다. 이 사건에 관련된 신하들을 모두 죽이고 뒤이어 집현전을 폐지시켰다. 이듬해(1457) 6월에 상왕(上王 : 단종)을 사육신의 모복 사건과 관련이 있다는 이유로 노산군으로 강봉하여 강원도 영월에 유배시켰다. 뒤 이어 노산군의 다섯째 숙부인 금성대군 유(瑜)가 유배지인 경상도 순흥에서 노산군 복위를 꾀하다가 발각되자 신숙주, 정인지 등의 주청으로 이 해 10월에 사사하고 노산군도 죽었다.

## ▲ 이지란(李之蘭)

이두란의 본성은 퉁(佟)이요, 이름은 두란이니 나중에 이 이름으로 바꾸었다. 처음 이름은 쿠룬티란티무르(古論豆蘭帖木兒)요, 자는 식형(式馨)이고 남송(南宋) 악비(岳飛)의 6대손으로 여진금패천호 아란불화(阿蘭不花)의 아들이다.

용감하고 말타기와 활쏘기를 잘 했으며 대대로 천호(千戶)를 세습했다. 고려 공민왕 때에 투항하여 북청주에 살면서 이태조와 결의형제를 맺었다. 지란이 사슴을 개강(价江) 위에서 쏘는데 이태조가 한 번 보고 크게 믿어서 신덕왕후 강씨의 조카딸(兄女)에게 장가들였다.

이태조가 일찍이 공과 함께 거리에서 지낼 때 어떤 아녀자가 물동이를 이고 지나가는데 이태조가 먼저 쇳덩이(彈丸)를 던졌다. 그리고 뒤이어 물이 채 나오기 전에 공이 곧 흙덩이(泥丸)로 쏘아서 이를 막으니 구경꾼들이 기이하게 여겼다. 운봉에서 왜구를 칠 때 이태조가 아기바틀의 갑옷을 맞춰서 이를 떨어뜨리자 공이 쏘아 죽였다.

이성계의 위화도 회군에 참가했고 태조 원년(1392) 명나라를 도와 건주위여진 추장 월로티무르(月魯帖木兒)의 반란을 정벌한 공으로 명나라로부터 청해백(靑海伯)에 봉해졌다. 제1차, 2차 왕자의 난에도 참가하여 많은 공신 칭호를 받았다. 태조가 영흥으로 은퇴하자, 그도 풍양에 은거하면서 남정, 북벌에서 살상을 많이 한 것을 뉘우치고 불교에 귀의하였다. 시호는 양렬(壤烈)이다.

## ▲ 이무(李茂)

자는 돈부(敦夫)이며 본관은 단양이다. 고려 때 과거에 올랐고 조선에서 정사공신(定社功臣)으로 단산부원군에 봉했다. 태종 2년에 우의 정이 되었는데 9년 민무구의 옥사에 연루되어 죽었다. 시호는 익평공 (翼平公)이다.

합단이 평양에 쳐들어오자, 낭장 이무가 달아나서 독산(獨山)에 올랐다. 적병이 산을 에워싸고 올라오는데 이무가 주머니에서 마른 양식을 꺼내먹으며 적병을 쏘아 목구멍을 맞추는데 시위가 떨어지자마자 꺼꾸러졌다. 이에 군사가 뒤쫓아 가서 크게 쳐부수었다.(『연려실기술』)

### ▲ 최윤덕(崔潤德)

최윤덕의 자는 여화(汝和) 또는 백수(伯修)요, 호는 임곡(霖谷)으로 흡곡(歙谷) 사람이니, 양장공(襄莊公) 운해(雲海)의 아들이다. 운해가 이름난 장수로 국초에 드러나서 서북면도순문사로 오랫동안 변방에 머물렀으므로 윤덕을 가까운 무자리(楊水尺 : 후삼국, 고려 때 사냥을 하거나 고리를 만들며 생계를 잇던 떠돌이 백성들)집에 맡겼다.

공이 점점 자라서 힘이 남달라서 강궁을 당기고 단단한 살을 쏘며 때로 무자리를 따라서 사냥을 나가곤 했다. 하루는 소에게 꼴을 먹이러 산중에 혼자 갔는데 커다란 짐승(大虫)이 숲에서 뛰어나오니, 뭇짐승들이 놀라서 우르르 흩어졌다. 공이 살 하나로 쏘아 죽이고 무자리에게 와서 알리는데,

"어떤 물건이 있는데 얼룩이 있고, 그 크기가 굉장하니 이것이 무엇이냐? 내가 이미 이를 쏘아서 죽였다."

고 하였다. 무자리가 가서 보니 범이라 깜짝 놀랐다.

이때 공의 아버지가 합포진에 있었는데 무자리가 공을 데리고 와서 뵙고는 그 용감하고 기운이 센 것을 말하니, 아버지가 말하기를,

"내가 마땅히 시험을 해보리라."

하고는 공과 함께 사냥을 나갔다. 공이 좌우로 달리며 쏘는데 맞지 않는 것이 없는지라, 아버지가 웃으며 말하기를,

"아이의 손재주가 비록 재빠르나, 오히려 법도를 아지 못하니 오늘 한 짓은 산골아이(山虞)의 재주에 지나지 않는다."

하였다. 이에 활쏘는 방법을 가르쳐서 드디어 이름난 장수가 되었다.

태종 10년(1410) 무과에 급제하였고 13년 경성등처절제사(鏡城等處節制使)가 되어 동맹가티무르(童盟哥帖木兒)를 복속시켜서 여진인들의 준동을 막았다. 세종 1년(1419)에 의정부참찬으로 삼군도통사가 되어 이종무와 함께 대마도를 정벌하였다. 세종 15년(1433) 파저강(婆猪江)의 여진인 이만주(李滿住)가 함길도 여연(閭延)에 침입하였을 때 평안도도절제사가 되어 이만주를 대파하였고, 이 공으로 우의정에 올랐다. 벼슬이 좌의정에 올랐다.

세종 때에 공이 평안도도절제사로 안주를 아울러 다스리는데 안 아낙이 울며 말하기를,

"범이 첩의 지아비를 죽였습니다."

하니, 공이

"내가 네 원수를 갚아주마."

하고는 곧 활과 칼을 차고 달려가서 범의 자취를 따라가서 이를 쏘아죽이고 그 배를 갈라서 사람의 뼈와 살을 거두어서 옷으로 싸고 널을 마련해서 묻으니, 그 아낙이 감동하여 울어마지 아니하고, 그 고을 사람들이 부모와 같이 공경하였다. 시호를 정렬(貞烈)이라고 하였고 세종 종묘(廟庭)에 모셨다.

## ▲ 이맹종(李孟宗)

이맹종은 태조의 넷째 아들 회안대군 방간의 아들이다. 평소 활을 잘 쏘았다. 회안이 정안(太宗)과 싸우다가 패하여 쫓겨났는데, 세종 때에 대(臺:司憲府, 司諫苑)에서 죄가 있다고 계를 올려 죽음을 받았다.

## ▲ 김덕생(金德生)

김덕생은 상산(商山) 사람 운보(云寶)의 아들이다. 우왕 6년 무과에 올라 전옥서령(典獄署令)이 되었다. 생김생김이 우람하고 힘이 뛰어났다. 어려서 화산벌(花山原)에 사냥 나갔다가 노루 한 마리가 발산동(鉢山洞)으로 달려가는 것을 보고 덕생이 몇 리 밖에서 활을 당겨 쏘았는데 시위를 놓자마자 꺼꾸러지니, 그 오묘한 활솜씨가 이와 같았다.

태종이 왕이 되기 전에 송거신(宋居信) 등과 함께 보좌하였는데 특히 말을 잘 타서 신임이 매우 두터웠다. 태조 4년 낭장으로 태종을 따라 후원에 나갔는데 사나운 범이 갑자기 나타나서 가마를 덮치니, 덕생이 살 한 대로 쏘아 죽이자 보던 사람들이 장하게 여기지 않은 자가 없었다.

정종 2년(1400) 제2차 왕자의 난 때 태종을 도와서 공을 세웠다. 이듬해 태종이 즉위하자 추충분의익대공신(樞忠奮義翊戴功臣)에 추봉되었다. 나중에 질투하고 미워하는 자들의 참소를 받아서 무거운 벌을 당하는데, 덕생이 범을 그려서 옛날 살던 곳(故處)에 놓고서는 쏘기를 청하였다. 백발백중하여 만에 하나 잘못이 없음을 보이고 마침내 형을 받으러 나아가서는 서서 죽었는데 오래도록 쓰러지지 않아서 사람들이 이를 다 이상하게 여겼다. 세종 때에 억울한 누명을 벗었다.

## ▲ 김윤수(金允壽)

김윤수는 선산 사람이다. 용기와 슬기가 뛰어났고, 활쏘기와 말타기를 일로 삼았으며 병법을 배웠다. 태종 11년(1411)에 무과에 올라서 조정과 민간(中外)에 두루 이름이 났다. 무예가 능하므로 번병(藩屛 : 왕실을 수호하는 제후)이 될 만하다 하여 세종이 병마사를 제수하였다. 벼슬살이 3년에 여연 병마사로 있을 때 오랑캐가 노략질하면 윤수가 문득 기묘한 꾀를 내어서 들이쳐서는 크게 쳐부수었다. 벼슬이 지사(知事)에 이르렀고, 시호를 호양(胡襄)이라고 하였다.

## ▲ 배후문(裵珝文)

배후문은 이석정(李石貞)과 함께 활을 잘 쏘아서 한 때 이름을 날렸다. 활 쏘는 것을 일삼아서 추위와 더위를 피하지 아니하며 달밤에도 활을 쏘니 두 사람 다 과녁을 쏘면 종일토록 과녁 한 가운데(鵠 : 帿는 베로 한 과녁인데 그 한 가운데다가 가죽을 댔다)를 벗어나지 아니하여 승부가 나지 않았다. 혹은 돌 위에 작은 과녁을 세우고 쏘는데 살이 곧장 과녁을 맞히니 돌에 닿아서 못쓰게 된 살이 하나도 없었다.

여진의 추장 중에 활쏘기를 잘 하는 자가 우문의 이름을 듣고는 재주를 겨루고자 하였다. 이에 50보 밖에 두 기둥을 세우고 비단 줄을 가로 걸쳐서 그 가운데에다가 작은 가락지를 걸고 우문이 세 발을 쏘아서 살이 가운데를 맞추니 추장이 탄복하기를 마지아니하였다. 우문이 일찍이 남에게 이르기를,

"하루는 이석정과 함께 활쏘기를 약속하고 먼저 도착해서 과녁을 아직 걸지 못하였는데 꿩 한 쌍이 그 옆에서 땅을 쪼고 있는데 100보쯤

이었다. 가는대(細箭)로 한 마리를 쏘고 또 한 마리가 날고자 할 때 또 쏘아서 죽이니 이것도 어쩌다 한 번 있는 행운(萬分 中의 一幸)이요, 늘 있는 일이 아니다."

하였다. 당상관에 오르지 못하여서 팔을 다쳐서(折臂) 고향(鄕曲) 으로 물러났는데 병으로 활을 쏠 수 없게 되니, 연한 활(軟弧)과 작은 살을 만들어서 작은 과녁을 몇십 보 밖에 걸고는 백 번을 맞추는데 하나도 빗나가는 것이 없으니, 비록 활쏘기를 잘 하는 자도 능히 미치지 못하였다.

### ▲ 이석정(李石貞)

이석정은 완산 사람이다. 힘이 남달라서 강궁을 당겼으며 종일토록 과녁을 쏘는데 한 발도 빗나가는 것이 없었다. 세종이 소문을 듣고는 후원에 과녁을 설치하고 쏘게 하니 또한 종일토록 한 발도 땅에 떨어지지 아니하였다. 아침을 먹으면 말을 타고 활을 잡고 살 여러 대를 끼고 나가서 정오가 되기 전에 돌아오는데 살의 수와 똑같이 꿩과 기러기를 잡아왔다. 벼슬이 첨지중추에 이르렀으나, 세조가 정난을 일으켰을 때 연일로 귀양 갔다가 죽음을 당했다.

### ▲ 김속시(金束時)

김속시는 여진 사람이다. 어려서 그 아버지를 따라서 투항하니, 무예가 뛰어났으며 경사(經史)를 아주 잘 알았다. 집이 조종현(朝宗縣) 산 골짜기에 있어서 날마다 사냥으로 일삼았다. 범을 잘 잡았으며 세조 행차(溫幸) 때에 살 한 대로 큰 범을 맞추었다.

## ▲ 임성정(任城正)

임성정은 종실이다. 거문고를 잘 타서 당시의 으뜸(第一手)이었으니 세종이 일찍이 칭찬하여 말하기를,

"임성의 거문고는 남다른 분위기가 있다."

고 하였다. 사람됨이 여위고 약해서 활쏘기와 말타기에 재주가 짧아 매번 탄식하기를,

"내가 비록 힘이 없고 못나서(殘劣) 활을 멀리 쏘지 못하나 잘 맞추는 것으로 좋은 점(賢)을 삼을 것이요, 또 그럼으로써 활의 참맛을 알리니(觀德), 또한 배워야 능할 것이다."

하고 매일 아침 활과 살을 들고 산에 올라서 과녁을 쏜 지 3년만에 마침내 활을 잘 쏘아서 이름을 날렸다.

## ▲ 유응부(兪應孚)

유응부의 자는 신지(信之)요, 혹은 선장(善長)이고, 호는 벽량(碧梁)이니, 기계(杞溪) 사람이다. 키가 컸으며 용모가 엄숙하고 장했고 날래서 능히 담장과 지붕을 뛰어넘었다. 활을 잘 쏘았고 무과에 올랐는데, 세종과 문종이 아꼈다.

성품이 효성스러워서 어머니의 마음을 위로할 만한 일이면 무슨 일이든 다 했다. 아우 응신(應信)과 함께 활 쏘고 사냥하는 것으로 세상에 이름이 났으니, 짐승을 만나서 쏘면 맞지 않는 것이 없었다. 어머니가 일찍이 포천의 농장(田庄)에 다녀올 때면 형제가 따라가는데 말 위에서 몸을 돌이켜 기러기를 쏘면 시위를 놓자마자 떨어지니, 어미가 크게 기뻐하였다.

공이 북병사로 재임할 때 시를 지으니,

將軍持節鎭夷蠻　장군이 되어 부절을 차고 오랑캐를 평정하니
塞外塵淸士卒眠　변방은 티끌까지 가라앉고 병사들은 잠이나 자네.
晝永空庭何所玩　긴긴 낮이면 뜰이 텅 비니 무엇을 하며 지낼까
良鷹三百坐樓前　사냥 나갈 좋은 매 삼백 마리가 누대 앞에 앉았네.


하였다. 세조 2년(1456)에 성삼문, 박팽년 등과 함께 반정을 꾀하다
가 화를 당했다. 처음에 창덕궁에서 명나라 사신을 초청하여 잔치를 벌
이는 날 거사하기로 하고 유응부와 성승(成勝 : 성삼문의 아버지)을 별
운검(別雲劒 : 2품 이상의 무관이 칼을 차고서 임금 옆에서 호위하던 임
시벼슬)으로 뽑아서 그 자리에서 세조를 죽이고 단종을 다시 세우기로
하였다. 계획이 다 정하여졌는데 한명회가 아뢰기를,
　"창덕궁 광연전(廣延殿)이 좁고 더위가 찌는 듯하니, 세자는 같이
오지 말고, 운검도 들이지 못하게 하소서."
　하니 세조가 그대로 하였다. 성승이 칼을 차고 들어가려고 하니,
명회가 말하기를
　"이미 운검은 들이지 않기로 하였소."
　하였다. 승이 물러나서 명회 등을 쳐 죽이려 하니, 삼문이 말하기를,
　"세자가 오지 않았으니 명회를 죽여도 소용이 없습니다."
　하였다. 응부는 그래도 거사하려고 하는데 성삼문과 박팽년은 굳
이 말리며 말하기를,
　"지금 세자가 경복궁에 있고 공의 운검을 쓰지 못하게 한 것은 하
늘의 뜻입니다. 만약, 이곳 창덕궁에서 거사하더라도 혹시 세자가 변고
를 듣고서 경복궁에서 군사를 동원하여 온다면 일의 성패를 알 수가 없

으니 뒷날을 기다림만 같지 못합니다."

하였다. 그러자 유응부가 말하기를,

"이런 일은 빨리 할수록 좋습니다. 만약 늦춘다면 말이 샐까 걱정입니다. 지금 세자는 비록 이곳에 오지 않았지만, 왕을 보좌하는 신하들이 모두 이곳에 있으니 오늘 이들을 모두 죽이고 단종을 호위하고서 호령한다면 천 년에 한 번 올까말까 한 좋은 기회이니 이때를 놓쳐서는 안 됩니다."

하였다. 그러나 성삼문과 박팽년이 좋은 계책이 아니라고 말려서 일이 멈추었다.

이때 같이 모의한 사람 중의 하나인 김질(金礩)이 일이 성공하지 못한 것을 알고서 급히 달려가 그의 장인인 정창손에게 알렸다. 이 일로 주모자 여섯 명이 국문을 받았다. 세조가 친히 국문에 나서서 말하기를,

"너는 무슨 일을 하려고 하였느냐?"

하니 유응부가 말하기를,

"명나라 사신을 초청하여 잔치를 벌이는 날에 내가 한 자루 칼로써 족하(足下 : 신분이 대등한 사람에게 쓰는 경칭)를 죽여서 폐위시키고 옛 임금을 복위시키려고 하였으나, 불행히도 간사한 놈이 반하여 들켰으니 응부가 다시 무슨 말을 하겠소. 그러니 족하는 나를 빨리 죽여주오."

하였다. 세조가 노하여 꾸짖기를,

"너는 상왕(단종)을 복위시킨다는 명분으로 사직을 도모하려고 한 것이 아니냐?"

하고는 즉시 무사를 시켜서 살가죽을 벗기게 하였으나 불지 않았으며 성삼문 등을 돌아보면서 말하기를,

"사람들이 일개 서생들과는 함께 일을 도모할 수 없다고 하더니 과연 그러하구나! 지난 번 사신을 초청하여 잔치를 벌이던 날, 내가 칼을

뽑으려고 하였는데, 그대들이 굳이 말리면서 '만전의 계책이 아니오' 하더니 오늘의 화를 불러들이고 말았다. 그대들처럼 꾀와 수단이 없으면 무엇에 쓰겠는가?"

하고는 다시 세조에게 말하기를,

"만약 이 사실 밖의 일을 묻고자 한다면 저 쓸모없는 선비들에게 물어보라."

하고 입을 닫고는 대답하지 아니하였다. 세조가 더욱 성이 나서 벌겋게 달군 쇠를 가져다가 그의 배 밑을 지지게 하니, 기름과 불이 이글이글 타올랐으나 얼굴빛 하나 변하지 않고, 천천히 달군 쇠가 식기를 기다려 그 쇠를 집어 땅에 던지면서 말하기를,

"이 쇠가 식었으니 다시 달구어 오라."

하고는 끝내 굴복하지 않고 죽었다.

그는 효성이 지극하여 집이 가난하였으나 어머니를 봉양하는 준비는 부족함이 없었으며 지극히 청렴하여 벼슬이 2품이면서도 거적자리로 방문을 가렸고 고기 없는 밥을 먹었다. 때로 양식이 떨어지기도 하니 처자가 이를 원망하고 있었는데, 그가 죽던 날에는 그의 아내가 길 가던 사람에게 말하기를,

"살아서 남에게 의지한 적이 없었는데 죽을 때는 큰 화를 입었구나!"

하고 탄식하였다. 관에서 가산을 몰수하는데 방안에는 떨어진 짚자리만 있었다.

## ▲ 이징옥(李澄玉)

이징옥은 양산 사람으로 지중추원사 전생(全生)의 아들이다. 무예와 용기가 뛰어났으며 범을 잘 쏘아서, 매번 눈을 부라리고 고함을 질러

범이 문득 눈을 감고 머리를 수그리면 한 번에 쏘아서 꺼꾸러뜨렸다.

일찍이 김해부사를 보러 갔는데 부사가 만나주지 아니하였다. 돌아오는 길에 젊은 부인이 슬피 우는 것을 보고 그 까닭을 물으니, 대답하기를,

"지아비가 범에게 먹혔는데 방금 대밭 속으로 들어갔습니다."

하였다. 징옥이 팔을 걷고 대밭에 들어가 범을 안고 나와서 칼로 배를 갈라 그 사람의 살점을 끄집어내니, 살점이 아직 삭지 않았다. 그 부인을 시켜서 살을 싸가지고 가게 하고 껍질을 벗겨 부인을 주고 부사에게 말을 전하게 하였더니, 부사가 크게 놀라 사람을 시켜서 쫓아와서 사과하고는 돌아오기를 청하였으나, 징옥은 거들떠보지도 않고 갔다.

어머니가 징옥 형제에게 산 멧돼지를 보고 싶다고 하니, 이때 징옥의 나이 열 넷이요, 징석(澄石)의 나이 열여덟이었다. 징석이 먼저 멧돼지 한 마리를 쏘아서 잡아오니 어머니가 크게 기뻐하였다. 징옥은 여러 날 뒤에 맨손으로 들어섰다. 어머니가 말하되

"남이 말하기를, 네 형의 배짱과 힘이 너에게 미치지 못한다고 했다. 네 형은 산 멧돼지를 잡아서 나에게 보였는데 너는 이틀만에 맨손으로 돌아오니 어찌 된 일이냐?"

하니, 징옥이 무릎을 꿇고 말하기를,

"시험 삼아 문 밖에 나와 보소서."

하였다. 어머니가 따라 나가 보니, 큰 멧돼지가 문밖에서 눈을 부릅뜨고 숨을 헐떡거리고 있었다. 이것은 대개 징옥이가 반드시 그 어머니로 하여금 산 모습을 보시게 하려고 이를 뒤쫓아서 산을 넘고 골짜기를 뛰어넘어 밤낮으로 뒤쫓아서 기운이 다하고 늘어지도록 한 뒤에 산 채로 잡아온 것이다. 나이 열여덟에 강계부사가 되었고 김종서를 따라 4군과 6진을 개척하는 데 공이 컸다. 종서가 사임하고 돌아오려 할 때

세종이 그 후임을 어렵게 생각하여,

"누가 경을 대신할 만한가?"

하고 물으니 종서는 징옥을 천거하였다. 그래서 김종서의 후임으로 함길도절제사가 되었다. 그는 용감하고 위엄이 있어서 여진인들이 두려워하였다. 한편으로는 청렴결백하여 백성이나 여진인들의 물건에 절대로 손대지 않았다.

단종 1년(1453) 수양대군이 계유정난을 일으켜 김종서, 황보인 등을 죽였다. 이때에 이르러 세조는 그 소식을 숨기고 가만히 박호문(朴好問)을 보내어 날랜 말로 빨리 달려가서 징옥을 대신하게 하고 징옥을 서울로 불러 들였다. 징옥이 박호문에게 교대하여 주고 오다가 하루만에 문득 생각하기를,

'절제사는 중한 책임인데 호문이 가만히 와서 교대하는 것은 웬일인가? 조정에서 전일에 큰 일이 없으면 나를 부르지 않겠다는 말이 있었는데 지금은 일도 없이 나를 교대시키는 것은 반드시 까닭이 있을 것이다.'

하고는 옷 속에 갑옷을 입고 도로 영문에 가서 의논할 일이 있으니 나오라 하여 호문이 나오자 쳐 죽이고 군사를 호령하여 서울로 쳐들어 오려고 하다가 다시 말하기를,

"나의 위엄과 신의가 이미 드러났으니 나는 이제 장차 강을 건너리라."

하고는 군사를 이끌고 북쪽으로 나가 종성에서 스스로 '대금황제'라 칭하고 도읍을 오국성(五國城)에 정하고 격문을 돌려 여진족에게 후원을 청하였다. 징옥이 장차 강을 건너려 종성에 이르자 마침 날이 저물었다. 종성관관 정종(鄭種)이 말하기를,

"어두운 밤에 군대를 옮기면 서로 잃어버리니 새벽을 기다리는 것

만 같지 못합니다."

하였다. 징옥이 그렇게 생각하여 믿고 의자에 기대어 졸고 있었다. 징옥의 아들이 의자 밑에 엎드려 있다가 갑자기 징옥에게 말하기를,

"꿈에 아버지의 해골에서 피가 의자다리로 흘러내렸습니다."

하였다. 징옥이 좋은 징조라고 말하였다. 그 말이 끝나자마자 정종이 군사를 들이쳤다. 징옥이 높은 담을 뛰어넘어서 민가에 숨었는데 정종이 뒤쫓아 와서 죽였다. 그때 나이 스물넷이었다.

## ▲ 박중선(朴仲善)

박중선의 자는 자숙(子淑)이니, 순천 사람이며 석명(錫命)의 손자다. 타고난 자태가 아름다워서 선 모습이 훤칠하고 풍채가 표연했다. 어려서 부모를 잃고 스승에게 의탁해서 글을 읽었는데 큰 뜻을 깨쳤다. 자라매 무예를 일삼으니, 활 다루는 솜씨가 뛰어나서 이름이 우림(羽林 : 禁衛, 임금을 호위하는 부대)에 널리 알려졌다. 달리는 말 위에서 몸을 뒤집어 나는 공을 잡았다. 세조 6년(1460) 무과에 올랐다.

세조 13년(1467) 이시애가 난을 일으키자 구성군(龜城君) 준(浚) 휘하의 평로장군(平虜將軍)으로서 황해도의 관군을 이끌고 토벌에 공을 세웠다. 이 공으로 적개공신이 되고 평양군(平陽君)에 봉해졌으며 병조판서에 승진되었다. 벼슬이 판돈령부사에 이르렀다. 시호를 양소(襄昭)라고 하였으니, 아들 원종(元宗)이 무과에 올랐고, 영의정이 되었다.

## ▲ 구치홍(具致洪)

구치홍은 능성 사람이니, 영의정 치관(致寬)의 아우이다. 말타기와

활쏘기를 일삼아서 재주가 이미 일가를 이루었으되 행동을 더욱 조심스럽게 하였다. 허풍을 떨지 않고 큰일도 대수롭지 않게 여겼으며, 편안하고 말수가 적어서 사람이 감히 무사로서 맞먹으려 들지 못했다.

건주위 여진을 물리치는데 공을 세웠고, 세조 13년(1467) 이시애가 반란을 일으키자 구성군 준의 종사관이 되어 난을 평정하고, 시애(施愛), 시합(施合) 형제의 목을 가지고 와 서울에서 효시하였다. 벼슬이 지중추부사에 이르렀고, 시호를 호양(胡襄)이라고 하였다.

### ▲ 이종생(李從生)

이종생의 자는 계지(繼之)니 함평 사람이다. 타고난 품성이 솔직하고 너그러워서 남들이 큰 그릇이라고 하였다. 자라매 활을 잘 다루어서 세조 6년(1460) 7월 별시에서 무과에 올랐다. 세조 10년에 임금이 무사를 뽑아서 금원(禁苑)에서 활쏘기 구경을 하는데 공이 세 발을 모두 맞추니 임금이 크게 상을 내려서 동관진첨사(潼關鎭僉使)가 되었다.

이시애의 난 때 선봉장이 되어 북청 만령(蔓嶺)에서 적을 대파하였다. 그때 이종생이 선봉이었는데 적의 세력이 점점 성해지므로 좌우가 모두 넋을 잃고 감히 나아가지 못하고 대장 역시 어찌하지 못했다. 공이 곧 말에서 내려 나무를 뽑아 좌우로 휘두르니 군사가 모두 다리를 떨며 고함을 치면서 앞으로 나아갔다. 공이 용감하게 쳐들어가니 적이 허물어지고 대군이 뒤를 따랐다. 이를 보면서,

"저 검은 얼굴에 커다란 옥을 붙인 이가 누구요?"

하였더니, 사람들이 다투어 말하기를

"그가 바로 이위장(李衛將)입니다."

하였다. 이 공으로 적개공신이 되고 함성군(咸城君)에 봉했다. 이

듬해 건주위 여진을 물리친 공으로 영변대도호부사가 되었다.

타고난 성품이 올곧고 너그러웠으며 관에서 일을 처리하는 데 대세를 따르고 사람을 대하는데 온화하였다. 술을 몹시 즐겨서 한없이 마셨으나, 실수가 없었으므로 명장으로 주덕(酒德)을 겸하였다는 평을 들었다. 사도병마사를 두루 지냈다. 시호를 장양(莊襄)이라고 하였다.

### ▲ 어유소(魚有沼)

어유소는 충주 사람으로 자는 자유(子游)니, 명장 득해(得海)의 아들이다. 태어나매 영특하고 활을 다루는 솜씨가 뛰어났다.

세조 원년(1456)에 무과에 으뜸으로 뽑혔다. 6년(1460) 여진 정벌에 공을 세웠고 8년에 회령부사로 이시애가 반란을 일으키자 좌대장으로 1천 명의 군사를 이끌고 북청, 경성, 만령 등지에서 많은 공을 세웠다. 이 공으로 적개공신이 되었으며 예성군(蘂城君)에 봉해지고 평안도 병마, 수군절도사에 임명되었다.

그 해 겨울 명나라가 건주위 여진을 정벌할 때 조선에 군사를 청하였는데 강순(康純)의 좌상대장(左廂大將)으로서 고사리(高沙里)로부터 올미부(兀彌府)를 쳐서 건주위 이만주 부자를 죽이는 등 큰 공을 세웠다. 바야흐로 군사를 돌릴 때 오랑캐의 기병 수십이 돌격해오므로 우리 군사가 흩어졌다. 유소가 눈을 부릅뜨고 나와서 군사들은 따르지 못하게 하고 혼자서 이리저리 내달으며 쏘니, 쏘는 것마다 명중하였다. 적이 두려워하여 물러서서 감히 가까이 오지를 못하였다.

성종 10년(1479) 명나라의 요청으로 다시 건주위 정벌을 하게 되자 서정대장에 추천되어 1만 군사를 거느리고 만포진에 이르렀다. 그러나 압록강의 물이 아직도 얼지 않아 건널 수 없고 또 그곳에 머물면 군사들

중 얼어 죽는 자가 속출할 것을 염려하여 조정에 알리지도 않고 군사를 돌렸다. 이에 탄핵을 받아서 그해 말에 경기도에 있는 그의 농장으로 부처되었다가 이듬해 다시 강원도 양근군(陽根郡)으로 유배되었다.

그러나 성종은 그의 무재를 아껴서 대간의 반대에도 불구하고 이듬해 8월에는 숭정대부를 제수하고 이조판서 겸 오위도총관에 임명하였는데 문신들의 심한 반발에 부딪혀 행동지중추부사로 물러앉았다. 벼슬이 찬성판중추에 이르렀다. 성종 22년(1491) 10월에 성종의 강무(講武) 도중 경기도 영평의 함정현(檻穽峴) 활터(射場)에서 기진하여 갑자기 죽었다. 시호를 정장(貞莊)이라고 하였다.

공의 성품이 본래 너그러워 남으로 하여금 거스름이 없으며 무릇 아랫사람을 아껴서 진실하고 일을 처리하는 것이 정확하고 세밀하여 선비의 기개가 있었다. 진을 벌여서 적을 마주하는데 뜻과 생각이 안정되었고, 궁력이 아주 세어서 삼백 근(百鈞)짜리 활을 썼고, 쏘면 반드시 맞았다.

### ▲ 황치신(黃致身)

황치신의 자는 맹충(孟忠)이요, 장수 사람이니, 희(喜)의 아들이다. 태어나매 튼튼하며 어려서부터 활을 잘 쏘아서 이름이 났다. 하루는 연습 삼아서 사냥을 나갔는데 살이 짐승을 꿰고서 마른 그루터기에 박혔는데 가히 뽑지를 못하니, 군사가 탄복을 하였다. 처음 이름은 동(董)인데 이는 동중서가 다시 태어났다고 하여 태종이 붙여준 이름이다. 태종에게 이름을 하사받은 뒤 음서로 공안부부승(恭安府副丞)이 되었으나, 얼마 뒤 그 이름이 형제들과 맞지 않다 하여 다시 치신이라 고쳐 하사받고 곧 사재직장에 임명되었다. 여러 벼슬을 거쳐 경기감사와 호조판서를 지냈다. 시호를 호안(胡安)이라고 하였다.


## ▲ 봉석주(奉石柱)

봉석주는 자가 군보(君輔)요, 호는 서관(墅觀)이니, 하음(河陰) 사람이다. 날래고 활을 잘 쏘았으며 격구는 당대의 1인자였다.

계유정난에 간여하여 정난공신이 되고 첨지중추원사가 되면서 강성군(江城君)에 봉해졌다. 정2품에 이르렀으나, 사람됨이 탐욕스럽고 포악해서 고리대금으로 재산을 모았다. 세조 6년(1460) 전라도처치사로 있을 때 선군(船軍) 30인으로 하여금 황원곶(黃原串) 목장의 묵은 땅을 경작하게 하여 면화 74석 6두를 거두어 횡령한 것이 문제가 되어 탄핵을 받았다. 또 전라수사로 있을 때 군졸들을 이끌고 여러 섬에 참깨와 목화를 심게 하고 그 수확을 챙겨, 그의 곳간에는 국고나 다름없이 많은 곡식과 재물로 가득 찼다.

세조 10년(1464) 역모죄로 몰리어 김처의(金處義), 최윤(崔潤) 등과 함께 주살 당하고 훈작과 관직을 삭탈당했다.


## ▲ 이효백(李孝伯)

신종군(新宗君) 이효백은 자가 희삼(希參)이니, 정종의 서자(別子) 덕천군(德泉君) 후생(厚生)의 아들이다. 특히 활을 잘 쏘아서 모화관의 시사에서 30발 중 29개를 과녁에 명중시켜 세조를 감탄시켰다. 이로 인해 특명으로 당상관에 올랐다. 그 뒤 곧 정의대부에 오르고 세조 13년(1467) 신종군(新宗君)에 봉하여졌다. 그 해 이시애의 난 때 세조가 친히 정벌하려고 할 때 선봉장으로 내정되었고 이듬에 무과에 급제하였다.

벼슬이 병조참판에 이르렀으며 시호를 공간(恭簡)이라고 하였다.

아우 효숙, 효성, 효창과 함께 4형제가 모두 활을 잘 쏘았는데, 그 중 가장 잘 쏘아 세조, 예종, 성종의 사랑을 받았다. 공이 활 쏘는 재주(藝)는 오묘한 경지에 이르렀고(觀德에 妙) 알아보는 눈(鑑)은 아주 밝았(洞微에 明)다. 거평정(居平正) 복(復)과 진례정(進禮正) 형(衡) 등 7인과 더불어 이름을 사종(射宗)이라고 하였다.

공의 무덤은 광주(廣州) 도론리(道論里)에 있는데, 그 터는 공이 늘 활 쏘고 사냥하던 곳이다. 공이 문득 이 언덕에 올라서 걸상을 놓고 멀리 바라보면서 기뻐하기를,

"반드시 이곳에 묻히련다."

하였는데, 어느 날 활줄이 갓끈에 퉁겨서 거기에 매달렸던 큰 구슬을 잃었는데 장사지낼 때 발견되었다.

## ▲ 이광(李光)

이광의 자는 명원(明遠)이요, 평창(平昌) 사람이니, 형조참판 계남(系男)의 아들이다. 5,6세에 책을 읽을 줄 알았다. 시와 문장이 뛰어나고 붓놀림에 힘이 있었으며 또 활을 잘 쏘았다.

성종 22년(1491) 사마시에 뽑혔다. 성종 25년(1494) 연산군이 돌아간 성종을 위하여 불재(佛齋)를 올리자 성균관의 유생으로서 이목(李穆) 등과 함께 상소를 하여 정거처분을 받았다. 연산군 1년(1495) 증광시에 문과에 올라서 홍문관부정자로 있다가 하루아침에 병으로 돌아가니 그 때 나이 스물 셋이었다.

## ▲ 유순정(柳順汀)

류순정의 자는 지옹(智翁)이요, 진주 사람이니, 목사 양(壤)의 아들이다. 일찍이 점필재(佔畢齋) 김종직을 따라서 학문을 배웠다. 또한 활을 잘 쏘아서 무인 중에서도 그와 겨룰 자가 드물었고 문무를 겸비하여 자못 촉망받았다.

성종 18년(1487) 문과에 올랐다. 압록강 연안의 야인을 정벌할 때 공을 세우기도 했으며 평안도관찰사로 있을 때는 연산군의 밤 사냥이 불편하다고 진언하였다가 임사홍의 모략을 받기도 했다. 연산군 때 이판이 되었는데 박원종, 성희안 등과 함께 중종반정을 모의하여 정국공신이 되었으며 청천(菁川) 부원군에 봉해졌고 숭정대부에 올랐다. 벼슬이 영의정에 이르렀다. 시호는 문정(文定)이다.

## ▲ 박영(朴英)

박영의 자는 자실(子實)이요, 호는 송당(松堂)이니, 밀양 사람이며 이참 수종(壽宗)의 아들이요, 양녕대군 지(禔)의 외손자다. 성종 2년(1491)에 태어났다. 어려서 말타기와 활쏘기를 배웠으며 무예가 뛰어나고 담장과 지붕을 뛰어넘었으며 활을 쏘면 명중하였다. 나이 스물 하나에 이극균을 따라 여진을 정벌할 때 종군하였고 스물 둘에 무과에 올라 선전관으로 뽑혔다.

자신이 무인으로서 유식한 군자가 되지 못한 것을 늘 한탄하였다. 성종이 돌아가자(1494) 스물 넷에 궐내에서 숙직(入直)하다가 한밤중에 잠을 자지 않고 흐느껴 울며 말하기를,

"말 달리고 칼을 휘두르는 것은 힘깨나 쓰는 사내가 할 일이다. 사

람이 학문을 하지 않으면 어찌 군자가 되리오."

하고는 고향에 돌아가서 낙동강 가에 집을 짓고 살면서 송당(松堂)이라고 편액을 하고, 정붕(鄭鵬), 박경(朴耕)등을 벗 삼아 배움에 힘썼다.

일찍이 고향으로 돌아가는 길에 어느 주막에 들었는데 우연히 큰 장사하는 사람이 함께 들게 되었다. 여러 도둑이 그를 따라왔다. 공이 그 기미를 알고 활과 살을 가지고 다락에 앉아 있었더니 밤중에 과연 도둑이 와서 에워쌌다. 이를 보고 공이 소리를 질러 말하기를,

"너희들이 한밤중에 몰려와서 장차 어찌 하려는 것이냐? 나는 선산에 사는 박내금(朴內禁)이다."

하고는 활 시위소리와 함께 도둑들이 서있는 곳으로 살이 날아가니, 도둑들은 깜짝 놀라서 달아났다. 이로부터 이름이 더욱 날렸다.

어느 날 말을 타고 화려한 옷을 입고 저녁 무렵에 남소문을 지나는데 골목 어귀에서 아름다운 여인이 손짓하며 부르므로 공이 말에서 내려 따라가니 집이 깊숙한 곳에 있었다. 그 집에 이르니 날은 이미 어두웠는데 그 여인은 공을 대하고는 갑자기 눈물을 주르르 흘렸다. 공이 그 까닭을 물으니 그 여인은 귓속말로,

"공의 풍채를 보니 여느 사람이 아닌데 나로 인하여 비명에 죽겠습니다."

하였다. 공이 놀라서 그 까닭을 물으니 대답하기를,

"도적의 무리가 저를 미끼로 삼아서 사람을 꾀어 들이고는 그들의 입은 옷과 말과 안장을 나누어 갖고 살아온 지가 해포가 넘었습니다. 제가 이곳에서 매일 달아날 것을 궁리했으나 도둑의 일당이 많으므로 잡혀서 죽을까 두려워 못하였는데 공은 능히 저를 살릴 수 있습니까?"

하였다. 공이 즉시 칼을 빼어들고서 잠을 자지 않고 기다리는데 밤

중이 되자 과연 방의 위쪽 다락에서 여인을 부르는 소리가 나면서 밧줄
이 내려왔다. 공이 몸을 솟구치면서 벽을 차서 무너뜨리고 급히 여자를
업고 몇 겹으로 에운 담을 뛰어넘어 나왔다. 여인이 붙잡는 옷자락을 잘
라 버리고 달려 나왔다. 옷자락 잘린 옷을 보이면서 항상 손자들에게 경
계하였다.

여러 벼슬을 거쳐 병조참판과 경상좌병사에 이르렀다. 의술에도
능했다. 중종 35년(1540)에 돌아가니, 나이 70이었다. 시호는 문목(文穆)
이다.


### ▲ 신용개(申用漑)

신용개의 자는 개지(漑之)요, 호는 이요정(二樂亭), 또는 송계(松
溪), 수옹(睡翁)이니, 영의정 숙주의 손자요, 감사 면(沔)의 아들이다.
세조 8년(1463)에 태어났다. 타고난 자태가 호방하고 시원시원하고 인
품이 단정해서 바라보면 의연하여 가히 함부로 하지 못할 것 같고, 막
상 대하면 따뜻하고 부드러웠다. 문장이 힘이 있고 활을 다루는 솜씨가
또한 뛰어나 그를 아는 사람들이 훗날 장수와 재상이 될 그릇이라고
하였다.

이시애의 난 때 공의 아버지 면이 창졸간에 변을 피할 수가 없어
서 마루 위 곡루(曲樓) 틈에 숨었다. 적이 찾다 못하여 그대로 가는데
아전 하나가 숨은 곳을 가르쳐 주어서 마침내 해를 당했다. 공이 자라
자 반드시 원수를 갚고자 홍유손(洪裕孫)과 약속하고 여러 번 함길도
로 가서 그때 아전의 얼굴과 이름을 알아두었다. 그 뒤 어느 날 그 아
전이 일이 있어서 서울에 왔다. 그때 공은 사인 벼슬에 있었다. 홍유손
과 함께 어둠을 타서 원수가 묵고 있는 집에 가서 유손으로 하여금 불

러내어 관청일로 서로 얘기하는 것처럼 하고 공이 뒤에서 도끼로 찍어 죽였다.

성종 19년(1488)에 문과에 오르고 호당에서 사가독서를 하기도 했다. 연산군 4년(1498) 무오사화 때 김종직의 문인이라 하여 한 때 투옥되기도 했으나 곧 석방되어 직제학을 거쳐 도승지가 되었다. 8년에는 왕을 기피하는 인물로 지목되어 충청도수군절도사로 좌천되었다가 이듬해 예조참판이 되어 명나라에 다녀온 뒤 갑자사화에 연루되어 전라도 영광에 유배되었다. 중종 때에 재상이 되어 좌의정에 이르렀고 중종 14년(1519)에 돌아가니, 나이 일흔이었다.

인품이 꿋꿋하여 당시 선비들의 중심인물이 되었다. 성종은 그의 높은 학문과 덕을 사랑하여 어의를 벗어서 입혀준 적도 있었다고 한다. 시호를 문경(文景)이라고 하였다.

### ▲ 한충(韓忠)

한충의 자는 서경(恕卿)이요, 호는 송재(松齋)니, 청주 사람이다. 성종 17년(1486)에 태어났다. 뜻이 굳세고 기개가 호방하며 의리를 좇음을 미친 것과 같이 하고 악을 미워함을 원수와 같이 하였다. 음률을 좋아하고 거문고를 잘 탔으며 더욱 활을 잘 쏘았다.

중종 8년(1513) 문과에 올랐다. 13년(1518) 종계변무(宗系辨誣 : 조선 왕이 고려의 중신 李仁任의 후예라고 기록된 명나라의 사서를 바로잡기 위한 해명)에 주청사 남곤의 서장관이 되어 명나라에 갔으나 남곤과 의견이 충돌하여 그의 미움을 받았다. 직제학, 도승지를 거쳐 15년(1520) 충청수사로 있을 때 기묘사화가 일어나자 그가 평소에 조광조와 사귀었다고 하여 거제로 유배되었다. 중종 16년(1521)에 신사무옥이 일어나자 그의 자가 황서경(黃瑞慶)이라는 자의 이름과 음이 같아서 남곤의 책략으로 투옥되었다가 중종의 친국 후 풀려났으나 남곤이 보낸 하수인에게 곤장을 맞아 죽으니 그때 나이 서른여섯이었다. 율려, 음양, 천문, 지리, 복서에 능하였다. 시호는 문정(文貞)이다.

### ▲ 유용근(柳庸謹)

유용근의 자는 규복(圭復)이니, 진주 사람이다. 성종 16년(1485)에 태어났다. 생김생김이 엄하고 꾀가 많고 과단성이 있으며 활을 다루는 솜씨가 좋아서 동무들이 장수의 재목으로 기대하였다.

중종 19년(1519) 북방에서 야인들이 사람과 가축을 납치해가자 승지로 있던 그를 함경도병마절도사에 특별히 제수하였다. 기묘사화 때 조광조 일파로 지목되어 진원(珍原)에 유배당했다. 그 뒤 함부로 배소를 이탈하여 광주의 이자정(李自楨)의 집에서 술을 마시며 즐긴 죄로 연일로 옮겼다가 중종 23년(1528) 풀려났으나 돌아오는 길에 죽었다.

### ▲ 황형(黃衡)

황형의 자는 언평(彦平)이요, 창원 사람이니 사정(寺正) 예헌(禮軒)의 아들이다. 독서하여 큰 뜻을 깨쳤으며 원보곤(元甫崑)의 딸과 결혼하였다. 원이 이때 문천군(文川君)을 제수 받았는데 공이 하루는 따라가서 사냥을 하는데 큰 멧돼지가 달려들었다. 이에 살 한 대로 쏘아 죽이니 원이 놀랍게 여겼다. 문장과 무예를 다 잘 할 수가 없다고 하고 드디어 말타기와 활쏘기를 열심히 하여 성종 17년(1486년) 무과에 올랐다.

중종 5년(1510) 삼포왜변이 일어나자 방어사가 되어 제포에서 왜구를 크게 무찌르고 경상도병마절도사가 되었다. 또 7년 평안도 변방에서 오랑캐가 반란을 일으키자 순변사로 나가 이를 진압하였다. 벼슬이 공조판서에 이르렀다. 시호를 장무(莊武)라고 하였다.

## ▲ 윤희평(尹熙平)

윤희평의 호는 수양세가(首陽世家), 황락거사(黃落居士), 갈옹(鶡翁)이고 자는 사신(士愼)이니, 해주 사람이다. 키가 아홉 자요, 문장과 무예와 여러 가지 재주가 동무들 가운데 우뚝 뛰어났다. 성종이 원수가 될 만한 자를 뽑는데 희평이 어린 나이로 응시해서 뽑혔다.

성종 22년(1491) 원수 허종(許琮)의 비장이 되어 여진족 토벌에 참가했으며 중종반정에 참가하여 정국공신이 되었다. 중종 5년(1510) 삼포왜변 때 원수 유순정의 종사관으로 왜구를 쳤고 그 공으로 병조참의에 승진, 해양군(海陽君)에 책봉되었다. 여러 벼슬을 거쳐 중종 35년(1540) 지중추부사가 되자, 왕에게 '구군팔진육화육변십이장진도(九軍八陳六花六變十二將陳圖)'를 올려 무략을 논하였다.

풍채가 당당하고 말타기와 활쏘기를 잘 했으며, 군략에 뛰어난 부장으로서 평생 남북의 변경에 장수로 머물면서 여진과 왜구의 침입에 대비하여 군사를 조련시키는 데 힘썼다. 활 쏘고 말 다루는 힘은 늙도록 쇠하지 아니하였다. 많은 책을 두루두루 읽어서 역대의 산천과 형세를 잘 알았으며, 여러 나라의 연혁과 오랑캐들 부락의 풍토 및 습속에 이르기까지 두루 통하지 아니하는 곳이 없었다. 벼슬이 공조판서에 이르렀다. 시호는 양간(襄簡)이다.

## ▲ 임형수(林亨洙)

임형수의 자는 사수(士秀)요, 호는 금호(錦湖)니 평택 사람이다. 공이 어린 나이에 급제하니, 문장을 잘 하고 활을 잘 쏘았으며 생김생김(風儀)이 아름답고 기색(氣岸)이 좋아서 사람들이 큰 그릇(國器)이라고 칭찬하였다. 또 사람됨이 뜻이 높고 그 기개가 한 세상을 뒤덮을 만하였으며 또한 문무를 겸하였다. 일찍이 사가독서로 호당에 들어가 이황, 김인후 등과 함께 사귀었는데, 술이 취하면 곧 호탕하게 노래를 부르며 시를 지었다. 한 번은 이황의 자를 부르며 말하기를,

"자네는 사나이의 장쾌한 취미를 아는가? 나는 안다."

하였다. 황이 웃으며,

"말해 보라."

하였더니

"산에 눈이 하얗게 쌓일 때, 검은 돈피 갖옷을 입고 하얀 깃이 달린 화살을 허리에 차고, 팔뚝에는 백 근짜리 센 활을 걸고 철총마를 타고 채찍을 휘두르며 골짜기로 들어가면, 긴 바람이 골짜기에서 일어나고 초목이 다 부르르 떨리는데, 느닷없이 큰 멧돼지가 놀라서 갈팡질팡하고 있을 때, 곧 활을 힘껏 잡아당겨 쏘아죽이네. 말에서 내려 칼을 뽑아서 이 놈을 잡고, 고목을 베어서 불을 놓고 기다란 꼬챙이에 그 고기를 꿰어서 구우면 기름과 피가 끓으면서 뚝뚝 떨어지는데, 걸상에 걸터앉아서 저며 먹으며 커다란 은 대접에 술을 가득히 부어 마시고, 얼근히 취할 때 하늘을 쳐다보면 골짜기의 구름이 눈이 되어 취한 얼굴을 비단처럼 펄펄 스친다. 이런 맛을 자네가 아는가? 자네가 잘 하는 것은 다만 글자를 다루는 조그마한 재주일 뿐일세."

하고 무릎을 치며 너털웃음을 웃었다.

일찍이 홍문관의 벼슬 수찬으로 있다가 회령판관으로 나갔는데 어떤 때는 이틀 사흘에 한 번 먹고, 혹은 한 끼에 여러 사람의 밥을 한꺼번에 먹으며 말하기를,

"장수 될 자는 불가불 이와 같이 성품을 길러야 한다."

하였다. 또 오랑캐(藩胡)를 잘 달래고 다스려서 그들의 마음을 얻었다.

명종 원년(1545)에 제주목이 되었다가 윤원형에게 미움을 받아서 관직을 빼앗겼다. 명종 2년(1547)에 양재역 벽서사건이 일어나자 소윤(少尹) 윤원형에게 대윤(大尹) 윤임 일파로 몰려 유배되었다가 죽음을 받았다.

공은 주량이 한정이 없었다. 사약을 내렸을 때 독주를 열여섯 사발이나 마셨는데도 까딱도 하지 않아서 다시 두 사발을 더 마셨는데도 아무렇지도 않아서 마침내는 목을 졸라 죽였다. 독주를 받아들고는 크게 웃으며,

"이 술은 잔을 주고받는 법이 없다."

하니, 종 하나가 울면서 안주를 가져왔다. 공이 물리치면서,

"상두꾼(香徒)들이 벌쓸 때에도 안주는 안 쓰는 법이거늘, 이게 어떤 술이라고…"

하면서 쭉 들이켰다.

## ▲ 조광원(曺光遠)

조광원의 자는 회보(晦甫)요, 창녕 사람이니, 우찬성 계상(繼商)의 아들이다. 성종 23년(1492)에 태어났다. 어려서 재주가 뛰어났고 슬기로웠으며 또 몸가짐이 무거워서 절도가 있었다. 더 자라매 동네에서 자기

의 용기를 내보였으며(賈勇當街), 활쏘는 재주가 뛰어나서 좌우로 아울러 쏘되 백발 중 한 발도 놓치지 아니하였다. 점점 자라매 호걸다운 풍습을 갈고 닦았고(刮磨豪習) 또 생각을 바꾸어 배움에 힘을 써서(折節力學) 문과에 올랐다.

김안로가 나라를 쥐고 흔드니, 공의 부자가 함께 모함을 받았다가 안로가 패하자 비로소 풀려났다. 활쏘기 시합에서 으뜸을 함으로써 통정대부에 올랐고 남북병사와 서북감사와 경상도도순찰사와 감사를 거쳐서 벼슬이 판돈령에 이르렀다. 선조 6년(1573)에 돌아가니, 나이 여든 둘이었다. 시호를 충경(忠景)이라고 하였다.

### ▲ 장필무(張弼武)

장필무의 자는 무부(武夫)이며, 호는 백야(栢冶)이니, 구례 사람이며 무과군수(武郡守) 사종(嗣宗)의 손자이다. 중종 5년(1510)에 태어났다. 어려서 잘못이 있어서 매를 맞는데 울면서 말하기를,

"원컨대 어깨나 팔을 다치지 말으소서. 어버이께 효도하고자 하나이다."

하니, 부모가 이상히 여겼는데 나중에 무과에 올랐다.

명천현감으로 있을 때 범이 큰 걱정꺼리였는데 북병사가 수령과 변장들에게 명하여 병사를 동원하여 이를 에워싸서 잡으라고 하였다. 공이 혼자서 살 하나를 지니고 가니 이마가 흰 범이 바위 위에 엎드려 있는데 거리가 200보쯤이었다. 공이 활을 가득 당겨서 쏘니 범이 아래로 떨어져서 그 걱정이 끊어졌다.

선조 5년(1572) 함경도병마절도사가 되어 오랑캐의 침입을 막았고 이듬해 경상좌도병마절도사가 되었다. 선조 7년(1574)에 죽으니 나이

예순 다섯이었다. 무인이면서도 역학(易學)에 밝았고 명조 선조대의 무인으로는 가장 청렴결백하기로 이름이 났다. 시호는 양정(襄貞)이다.

### ▲ 이양생(李陽生)

이양생은 경주 사람으로 본래 천한 서얼이었다. 일찍이 신을 삼아서 생계를 꾸렸다. 비록 글은 읽지 못하였으나 무예에 능하여 장용대에 들어와서 군졸이 되었다. 이시애를 정벌하는데 종군하여 공을 세워서 적개공신 칭호를 받았고 계성군(鷄城君)에 봉했다. 서얼 출신이기 때문에 품계가 가선대부에 이르렀으나 한 번도 좋은 직책에 등용되지 못했다.

온순하고 부지런한데다가 서글서글(純謹樂易)하여 추호도 사사로움이 없었으며 말타기와 활쏘기를 잘 하여 범을 잡는 데는 누구도 따르지 못했고, 남의 안색을 보고 반드시 도적을 가리되 열 번에 한 번 실수가 없음은 또한 누구도 흉내낼 수 없으니, 매번 범을 잡고 도둑을 잡는 일이 있으면 조정에서는 공에게 맡겼다. 그 중에서도 관악산 일대에서 항거하던 고도(古道), 김말응(金末應) 등을 소탕한 일과 충주의 수리산(愁里山), 여주의 강금산(剛金山) 도적을 소탕한 것은 유명하다.

평생을 겸사복으로 지냈으나 불평 한 마디 없었고, 옛날 자신이 신장사하던 저자를 지날 때는 반드시 말에서 내려 옛 동무들과 땅에 앉아서 이야기하다가 가곤 했다. 시호는 양평(襄平)이다.

### ▲ 한봉운(韓奉運)

한봉운은 본우(本虞) 사람이다. 활을 잘 쏘아서 세조의 눈에 들었다. 그는 궁력이 아주 약했으나 사나운 범을 보면 반드시 활을 가득 당

거서 살 하나로 맞춰 죽이니 평생 동안 잡은 것이 숫자로 헤아리지 못할 정도였다. 일찍이 궐내의 잔치판(儺會)에서 광대(優人)가 범가죽을 쓰고 달려 나오면서 봉운에게 범을 쏘는 시늉을 하라고 하였는데, 봉운이 작은 활과 쑥대화살(蓬矢)을 들고 뛰어나가다가 발을 잘못 디뎌 섬돌에서 떨어져 팔이 부러지니, 사람들이 말하기를,

"진짜 범 앞에서는 용감하고 가짜 범 앞에서는 겁을 먹는다."

고 하였다.


## ▲ 김세적(金世勣)

김세적은 활을 잘 쏘아서 당대에 대적할 사람이 없다고 하였다. 성종 5년(1474) 무과에 장원급제하고 성종의 눈에 들어서 크게 쓰였다.

집에 있을 때, 활 만드는 이(弓人)를 청하여 활을 만드는데 헛되이 보내는 날이 없었다. 활을 실경(架上)에 걸어놓고 늘 손대지 않은 것 같은 것이 수백여 정이었다. 관가에 나가도 또한 그러하여서 매번 활을 벽에 기대놓고 손으로 매만져 잠시도 멈추지 않았다. 틈만 나면 반드시 밖에 나가서 베과녁(侯)을 쏘고 맞추지 못하면 작은 과녁(的)을 쏘았으며 비가 오면 들어앉아(縮坐) 작은 종이를 벽에 붙이고 작은 감탕(사철)나무로 만든 활을 만들어 쏘니, 그 힘 기르기를 부지런히 한 까닭에 하루 종일 쏘되 과녁 한가운데(鵠)를 벗어나지 않았다. 더욱이 짐승을 잘 쏘아서 당기면 맞지 않는 것이 없었다.

성종의 총애가 이보다 더 비길 바가 없어서, 경기감사로 하여금 날마다 그 부모에게 고기를 가져다주게 하였다. 상을 받은 것이 셀 수 없었으니, 왕의 친척과 훈구대신이라도 능히 미치지 못하였다.

승지를 거쳐 나이 마흔이 되지 못하여 벼슬이 이품에 이르렀다. 그

가 선위부사가 되어 명나라에 갔을 때 각국 사신들이 모인 자리에서 연발연중의 활솜씨를 보여서 각국의 사신들을 크게 놀라게 하였다. 어버이가 병이 나서 갔다가 병에 전염되어 죽으니 독자인 데다가 아들까지 없어서 남들이 애석하게 여겼다.

### ▲ 민발(閔發)

민발은 자가 분충(奮忠)이요, 여흥 사람이다. 세종 19년(1437) 음서로 내금위에 속하였다가 단종 1년(1453)에 무과에 급제했다. 이시애의 난 때 율원군(栗元君) 종(徖)의 휘하로 출전하여 적개공신이 되고 중추부동지사가 되었으며 여성군(驪城君)에 봉했다.

예종 즉위 해에 형 서(敍)가 남이와 함께 모반한 혐의로 처형되자 이에 연루되어 관직과 공신록을 삭탈당하고 충주로 귀양 갔다가 이듬해 예종의 특지로 풀려나고 관작이 복구되었다.

종일토록 과녁을 쏘되, 살이 땅에 떨어지지 않았으며, 짐승을 쏘면 능히 살 한 대로 잡았다. 시호는 위양(威襄)이다.

### ▲ 구문로(具文老)

구문로는 능성 사람이다. 키가 여덟 자나 되었고 얼굴에 커다란 검은 사마귀가 있는데 크기가 손바닥만 했다. 사람됨이 튼튼하고 장해서 말타기와 활쏘기를 잘 했으며 범을 쏘기를 좋아하였다. 세조가 일찍이 동쪽 교외(東郊)에 나갔는데 문로가 범에게 쫓겨서 해를 당할 뻔하였다. 임금이 사람을 시켜서 나무 사이로 달아나라고 시켰는데 문로가 뛰어서 나무 위로 올라가니 범이 말을 쫓다가 따르지 못하고 바위틈에 걸터앉

았다. 임금이 문로를 불러서 위로하기를,

"네가 비록 재주가 좋으나 꾀가 나만 못하다. 그때 나무 사이로 달아나지 않았으면 능히 죽음을 면키 어려웠을 것이다."

하였다. 문로가 이에 나아가서 아뢰기를,

"신이 청컨대 범을 쏘아죽이고 가마를 따르겠습니다."

하니, 임금이 활과 화살을 주었다. 문로가 말에 채찍을 가해서 범을 살 한 대로 죽이니, 임금이 크게 기뻐하고, 가마를 호위하던 사람들이 칭찬해마지 않았다.

세조 5년(1460) 북쪽 오랑캐(건주여진)를 정벌할 때에 맨손으로 죽인 것이 아주 많으니, 오랑캐들(虜人)이 서로 경계하여 말하기를,

"얼굴에 검은 사마귀 있는 장군을 피하라."

고 하였다.

## ▲ 김세한(金世翰)

김세한은 말타기와 활쏘기를 잘 했고 팔 힘이 좋아서 무사들 가운데 으뜸(冠)이 되었으며 벼슬이 병사(兵使)에 이르렀다.

## ▲ 이희안(李希顔)

이희안의 자는 우옹(愚翁)이요, 호는 황강(黃江)이니, 강양(江陽) 사람으로 동추(同樞) 윤검(允儉)의 아들이다. 김안국의 문인으로 10세 때 능히 글을 지을 줄 알았으며 중종 12년(1517) 사마시에 합격하였다.

명종 9년(1554)에 유일(遺逸 : 등용되지 못한 자 가운데 덕망 있는 자)로 천거되어 고령현감이 되었으나 관찰사와 뜻이 맞지 않아 곧 사직

하였다. 그 뒤 군자판관에 제수되었으나 사직하고 고향에 돌아가 조식과 교유하며 학문을 닦았다. 명종 14년(1559)에 돌아가니 나이 쉰 여섯이었다.

효성스럽고 벗들과 절친하게 지내는데 힘쓰고 배우기를 좋아했으며 남을 사랑하고 물건을 아끼는 마음은 비길 바가 없었다. 재주가 좋아서 활쏘기와 말타기를 두루 잘 했고, 무관의 반열에서 뛰어났지만, 마침내 세상에 쓰이지 못했다.

### ▲ 이항(李恒)

이항의 자는 항지(恒之)요, 호는 일재(一齋)니 성주 사람이다. 연산군 5년(1499)에 태어났다. 성품이 굳세고 기개와 도량이 굉장하고 컸으며 호탕하여 평범함을 지나쳤고 용기와 배짱이 두둑했다. 어려서부터 마을에서 놀면 여러 아이들이 두려워하였다. 자라면서 의를 위해 목숨을 아끼지 않아서 만 리 밖까지 누비고 다닐 뜻이 있었고, 씨름과 말타고 활쏘기가 한때에 으뜸이었다. 흉악한 도적과 모반한 노비가 있다는 말을 들으면 반드시 가서 이를 무찔렀다. 일찍이 과거 공부를 하는데 남치욱(南致勖), 치근(致勤), 민응서(閔應瑞) 등의 무리가 오직 선생의 지휘를 우러를 따름이었다.

서른 살이 되었을 때 판서로 있던 백부가 불러 꾸짖으니, 깨달아 반성하고 같이 놀던 동무를 돌려보내고는 스스로 학문을 시작하여 성현의 글을 섭렵하였다. 주희의 「백록동강규(白鹿洞講規)」를 읽고는 더욱 분발하여 도봉산 망월암(望月庵)에 들어가 몇 해를 독학하여 깨달은 바가 컸다. 그 뒤 벼슬에 나아가지 않고 태인으로 돌아가 스스로 농사지으면서 어머니를 봉양하고 학문을 닦는 데 전념하였다. 당시의 학자 백인

걸은 이항의 학문이 조식에 비길 만하다고 칭찬하였다. 기대승, 김인후, 노수신 등과 교유하였고 성리학에도 조예가 깊었다.

명종 21년(1566) 명경수행하는 선비를 뽑을 때 첫 번째로 추천되어 사축승전(司畜承傳)에 임명되었다. 벼슬이 장악정(掌樂正)에 이르렀다. 선조 9년(1576)에 돌아가니 나이 일흔 여덟이었다. 시호는 문경(文敬)이다.

### ▲ 김행(金行)

김행의 자는 주도(周道)요, 호는 장포(長浦)니 강릉 사람이다. 문과에 올라서 벼슬이 목사에 이르렀다. 백인걸과 성수침의 문하에서 수학하였는데, 성수침의 아들 성혼과는 평생 형제처럼 지냈다.

사람이 깨끗하여 고고하고 호탕하면서 뛰어나서 동무들이 무거히 여겼는데 그 재주와 기운을 업고 세상에 구차하게 영합하지 않은 채 다만 고을에서 조용히 살 뿐이었다. 성품이 강직하여 내직에 있지 못하고 현감, 군수, 목사 등 주로 외직에 머물렀다. 글씨에도 능하여 호장활동하다는 평을 들었다.

순변사 신립이 광주에 와서 공과 함께 활을 쏘았는데 여러 날에 마침내 미치지 못했다. 임금이 가히 장수가 될 만한 자를 물으니 립이 공의 활솜씨가 맞수가 없으며 지략이 뛰어나다고 아뢰었다. 선조가 그 도의 병사를 제수하고자 하니, 그 전에 돌아갔다.

### ▲ 최경창(崔慶昌)

최경창의 자는 가운(嘉運)이요, 호는 고죽(孤竹)이니, 해주 사람이다. 문과에 올라서 벼슬이 부사(府使)에 이르렀다. 인품이 호탕하고 거침이 없어서 마치 신선 가운데 있는 사람 같았다.

명종 10년(1555) 열 일곱 살에 을묘왜란이 일어났는데, 퉁소를 구슬피 불어 왜구들을 향수에 젖게 하여 물리쳤다는 이야기가 전한다. 선조 1년(1568) 문과에 급제하여 북평사가 되고 예조, 병조의 원외랑을 거쳐서 사간원 정언에 올랐다. 선조 8년(1575) 영광군수로 좌천되었는데 뜻밖의 외직에 충격을 받고 사직하였다. 그 뒤 가난에 시달리다가 다음해 대동도찰방(大同道察訪)으로 복직하였다. 15년 쉰 셋에 선조가 종성부사로 제수하였다. 그러나 북평사의 무고한 참소가 있자, 대간에서는 갑작스런 승진을 문제 삼았으므로 성균관 직강으로 명을 고쳤다. 이에 서울로 돌아오는 도중에 종성객관에서 돌아갔다.

학문과 문장에 능하여 구봉(龜峰) 송익필과 동고(東皐) 최립, 율곡 이이 등 여러 재주 있는 사람들과 함께 무이동에서 시와 문장을 서로 주고받으니, 세상 사람들이 이들을 팔문장이라고 불렀다. 당시에 뛰어나 백광훈, 이달과 함께 삼당시인으로 불렸다. 그의 시는 청절하고 담백하다는 평을 얻었다.

재주가 뛰어나고, 활쏘기도 아울러 잘 했다. 임금이 일찍이 문관을 모아서 재주를 시험하는데 그 당시 활을 잘 쏘기로 이름난 사람이 마음에 꺼리니 공이 웃으면서 말하기를,

"걱정하지 말라. 내가 오늘 몸이 아프다."

하고 이에 한 발을 헛쏘았다. 일찍이 세상 사람들의 구설수(物議)에 올랐을 때, 임금이 교(敎)를 내리시기를,

"최 아무개가 문무를 겸하여 재주가 있는지라, 내가 장차 크게 쓸 터이거늘 너희들이 감히 이를 위하느냐?"

하였다.

## ▲ 김여물(金汝岉)

김여물의 자는 사수(士秀)요, 호는 피구자(披裘子), 또는 외암(畏菴)이며 순천 사람이다. 명종 3년(1548)에 태어났다. 어려서 영특하고 힘이 많았으며 활 쏘고 말타기를 잘했다. 스무 살에 진사를 하고 서른에 문과에 으뜸으로 뽑히니, 풍채가 아름답고 신수가 훤해서 여러 사람과 잘 어울리되 당시 호걸 가운데서 그를 앞지를 자가 없었다.

문무를 겸했으나 성품이 호탕하고 법도에 얽매이는 것을 싫어하여 높은 벼슬자리에 등용되지 못하였다. 충주도사를 거쳐서 담양부사를 지냈고 1591에는 의주목사로 있었으나, 서인 정철의 당으로 몰려 파직, 의금부에 투옥되었다. 임진왜란이 일어나자 도체찰사 유성룡이 그가 무략에 뛰어난 것을 알고 옥에서 풀어 자기 밑에 두려고 하였으나 도순변사로 임명된 신립이 공이 재능이 있고 배짱이 뛰어난 선비임을 알고 자기의 종사관으로 임명해줄 것을 간청하여 신립과 함께 출전했다.

신립이 충주의 단월역에 이르러 군졸 몇을 이끌고 새재(鳥嶺)의 형세를 정찰하는데 상주에서 패한 이일을 만나서 조령 방어가 어렵다는 것을 알고 충주에서 배수진을 치기로 하였다. 공은 이것을 반대하고 많은 적을 적은 수의 군사로 물리치는 데는 먼저 조령을 점령하여 지키는 것이 좋고, 그렇지 못하면 평지보다는 높은 언덕을 이용하여 적을 역습하는 것이 좋겠다고 했으나 이루어지지 않았다.

새재의 싸움에서 공이 반드시 패할 것을 알고 아들에게 글을 적어 주며 말하기를,

"삼도에서 임금을 모시려고(三道勤王) 일어난 군대가 한 사람도 도착하지 않으니, 우리가 팔을 걷어붙이고 싸움을 하나 돕는 이들이 없도다. 사내가 나라에 목숨을 바치는 것은 당연하되 다만 나라의 부끄러움

을 갚지 못하고 큰 뜻을 이루지 못하니, 이것이 한스러울 뿐이다."

하였다. 적이 미친 물결과 같이 달려들자, 원수 신립이 어쩔 줄 몰라 급히 보고하고자 공에게 글의 초고를 잡으라고 하였는데, 갑옷을 입고 활을 잡은 채 화살을 허리춤에 꽂고 붓을 바람소리가 나도록 휘둘러서 글쓰기를 마치고 붓을 던지니 한 자도 틀린 것이 없으니, 바라보던 사람들이 웅성거렸다. 싸움이 이롭지 못하여 립과 같이 탄금대 밑에 이르러 적 수십을 맨손으로 죽이고 물에 빠져 죽었다.

### ▲ 방진(方震)

방진은 상주 사람이니, 벼슬이 군수(寶城郡守)에 이르렀다. 하루는 도적떼(火賊)가 집안으로 뛰어드니 공이 적을 쏘는데 살이 다하여 방에 있는 살을 찾으라고 소리를 질렀다. 그런데 시녀가 적과 내통하여 몰래 살을 훔쳐내서 살이 없었다. 공의 딸(이순신의 부인)이 응답하며 말하기를,

"여기 있습니다."

하면서 급히 베틀에 지르는 대를 한 아름 안아다가 마루에 던졌다. 그 소리가 화살 흩어지는 것과 똑같으니, 적들이 평소 공의 활솜씨를 두려워하였으므로 살이 많다는 말을 듣고는 흩어졌다.

### ▲ 심수경(沈守慶)

심수경의 자는 희안(希安)이요, 호는 청천당(廳天堂)이며 풍산 사람이니, 첨사(僉使) 사손(思遜)의 아들이요, 좌의정 정(貞)의 손자다. 중종 11년(1516)에 태어났다. 문과에 으뜸으로 뽑혔고 호당(湖堂 : 讀書堂;

문관 중에서 문학이 뛰어난 사람에게 휴가를 주어서 오로지 학업만을 닦게 하던 서재[賜暇讀書라고도 함]에 들어갔으며 팔도의 수령을 두루 거치고 깨끗한 벼슬아치(淸白吏)로 기록에 올랐다. 선조 23년(1590)에 우의정이 되니 나이 일흔 다섯이었다. 벼슬에서 물러나 기로소(耆老 所 : 耆社. 나이가 많은 임금이나 정이품 이상의 일흔 살이 넘은 문관을 예우하기 위하여 설치한 기구)에 들어갔고, 25년 임진년에 의병을 일으 켰으며 33년(1600)에 돌아가니 나이 여든 넷이었다.

일찍이 명종이 무장(武場)에 몸소 나와 문무 벼슬아치들에게 명을 하여 모두 재주를 시험하였다. 이때 공이 도승지로 말을 달리면서 활을 쏘는데 다섯 발을 쏘아서 네 발이 관중하니 그 때 무장들이 이에 미치지 못했다. 임금이 궐내의 명장으로 극구 칭찬하면서 가선 벼슬을 특별히 더 내렸다. 공이 나이가 들어서 물러난 뒤로는 아이현(阿耳峴)과 만리현 (萬里峴)의 여러 원로들과 더불어 돌아가면서 모임을 열어 혹은 베과녁 을 쏘거나 혹은 작은 과녁을 쏘면서 지냈다.


## ▲ 이순신(李舜臣)


이순신의 자는 여해(汝諧)요, 덕수 사람이니, 정정공(貞靖公) 변 (邊)의 현손이다. 인종 원년(1545) 3월 초에 한성 건천동에서 태어났다. 어머니는 초계(草溪) 변씨(邊氏)로 수림(守琳)의 딸이다.

할아버지 백록(百祿)이 조광조와 뜻을 같이 하다가 기묘사화로 참 화를 당한 뒤 아버지 정(貞)도 관직에 뜻을 두지 않아 이순신이 태어날 때쯤 해서는 가세가 많이 기울어 있었다. 그럼에도 불구하고 그가 뒤에 나라에 큰 공을 세울 수 있었던 것은 그의 어머니 변씨의 영향이 컸다. 변씨는 아들들을 끔찍이 사랑하여 집에서 엄하게 가르쳤다. 모두 4형제였는데 돌림자인 신(臣)자 위에 삼황오제 중에서 복희(伏羲), 요(堯), 순(舜), 우(禹)임금을 차례로 따서 이름을 지었다.

어려서 영특하고 남에게 끌려 다니지 않아서 여러 아이들과 노는데 나무를 깎아서 활과 살을 만들고 거리에서 놀면서 제 뜻과 맞지 않는 사람을 만나면 그 눈을 쏘니 어른이나 나이 지긋한 사람들도 꺼려서 감히 그 문 앞을 지나지 못했다. 자라매 선비의 학문을 배우다가 나이 스물 둘에 비로소 무과를 배웠다. 힘과 활쏘기, 말타기가 뒤따르는 자가 없었으니, 같이 무예를 닦는 동무들(同遊의 武夫)이 종일 우스갯소리로 서로 놀리기를, 공만큼은 남달리 알아 모셔야 한다고 하였다.

선조 9년(1576)에 무과에 올랐다. 선조 20년에 조산의 만호가 되어 녹둔도(鹿屯島) 둔전의 일을 아울러 맡았다. 8월에 오랑캐가 공의 나무 울타리(木柵)를 에워쌌는데 붉은 벙거지를 쓴 사람 여럿이 깃발을 날리니 공이 유엽전으로 활을 당겨서 그 붉은 벙거지 쓴 자들을 연이어 맞추고 수십여 인을 쏘아 죽이자, 적이 급히 물러갔다. 공이 이운용(李雲龍) 등과 함께 추격하여 잡혀간 남녀 60여 인을 빼앗아왔다.

24년 전라좌수사가 되니 공이 진중에 있으면서 무기를 갖추고 수리하고 또 일을 마치면 날마다 장수와 병사들과 함께 과녁을 쏘았다. 임진왜란에 삼도수군통제사로 있으면서 쓰러져가는 나라를 다시 일으키는 큰 공을 세웠다.

임진년 5월 7일, 옥포에서 왜선 26척 불태움.

5월 8일, 적진포에서 왜선 13척 불태움

5월 29일, 노량의 왜선을 바다로 유인하여, 거북선을 이용 12척 파괴.

6월 2일, 당포에서 싸워 왜장 구루시마(來島通元) 전사시킴.

6월 5일, 당항포 싸움에서 왜의 대선 9척, 중선 4척, 소선 13척 불태움.

7월 6일, 견내량에서 왜의 충각선 7척, 대선 28척, 중선 17척, 소선 7척 격파. 이 싸움에서 와키사카베에(脇坂左兵衛), 와타나베(渡邊七右衛門) 등 이름난 적장들 다수 전사.

9월 1일, 부산포에서 적선 100여 척 격파.

1597년 왜군 재침입. 왜군의 모략과 정적의 모함을 받아서 권율 밑에서 백의종군.

7월, 삼도수군통제사 원균 칠천량에서 궤멸. 이항복의 간청으로 이순신 재임용.

8월 15일. 명량에서 남은 군사 120인과 배 12척으로 적군 133척과 싸워 31척 격파.

선조 31년 노돌싸움에서 순국하니 나이 쉰 넷이었다. 시호를 충무(忠武)라고 하였다. 묘는 충남 아산군 음봉면의 어라산(於羅山)에 있다.

### ▲ 황진(黃進)

황진의 자는 명보(明甫)요, 장수 사람이니, 익성공(翼成公) 희(喜)의 5대손이다. 사람됨이 위엄있고 기개와 절의를 숭상하였으며 키가 컸고 수염이 아름다워서 모습이 아주 듬직하였다. 어려서부터 활쏘기, 말타기를 일삼았으며 힘이 뛰어나고 잽싸고 걸음이 빨라서 마치 나는 것과 같았다.

선조 5년(1572)에 무과에 올랐다. 23년에 종숙(從叔) 윤길(允吉)을 따라서 일본에 사신으로 갔는데 일본 사람이 그 재주를 보여 달라고 하여 길가에서 과녁을 쏘았는데 그 거리가 50보였다. 공이 그 옆에 작은 과녁을 놓고 쏘는데 맞지 않는 것이 없으며, 또 살 두 대를 연이어 쏘아서 새 두 마리를 함께 떨어뜨리니, 구경꾼들이 놀라고 탄복하였다.

일본에 다녀온 뒤 동복현감에 임명되자 일본이 장차 전쟁을 일으킬 것이라고 판단하여 무예의 단련에 열중하였다. 임진왜란이 일어나자, 전라도관찰사 이광(李光)을 따라서 군대를 이끌고 용인에 이르렀으나 왜군에게 패하여 남하하던 중에 공이 병사를 이끌고 진안로(鎭安路)에서 적을 탐지하다가 선봉으로 오는 적을 쏘아 죽였다. 이어 안덕원(安德院)에서 적을 격퇴하였으며 이치(梨峙) 싸움에서 적을 물리쳤다. 이 공으로 익산군수가 되고 충청도조방장을 겸했다.

이어 30년(1593) 정유(丁酉) 2월 전라병사 선거이(宣居怡)를 따라 수원에서 왜적과 싸웠다. 3월에는 충청도병마절도사가 되어 안성으로 진을 옮긴 다음 대오를 정비하여 적과 대치했다. 이때 적장 후쿠시마(福島正則)가 안산성을 탈취하려고 죽산부성(竹山府城)을 나와 안성에 진군하자 공은 군사를 이끌고 이들과 맞서 싸워 죽산성을 점령한 뒤 퇴각하는 왜군을 상주까지 추격하여 대파시켰다.

그 뒤 6월 적의 대군이 진주를 공격하자 진주성 싸움에서 공이 충청병사로 도우러 갔다. 의병장 김천일, 병마절도사 최경회(崔慶會)와 함께 성을 굳게 지키며 9일간이나 싸웠다. 하루는 적이 성 밑에 들이닥치니, 공이 공시억(孔時億) 등 세 사람과 사내종 수이(壽伊)와 더불어 죽기를 다짐하고 싸우는데 공이 탄환을 다리에 맞아서 피가 가죽신발에 가득 찼으나 오히려 이를 느끼지 못하고 더욱 급히 싸우니 살이 꼬리를 물고 날아가 살을 대는 서너 사람이 오히려 대지 못하였으며, 엄지손가락이 닳고 헐기에 이르렀지만, 오히려 아픔을 깨닫지 못하고 활쏘기를 잠시도 그치지 않았다. 또 살 하나가 능히 적 여러 명을 꿰고 살을 맞은 자는 모두 선 채로 죽으니, 적이 크게 패해서 달아나는데 주검이 여러 리까지 깔렸는데 아군은 사상자가 없었다. 그런데 적병 하나가 가만히 엎드려 있다가 탄환(丸)을 쏘아서 공의 이마를 맞추니 엎드려져서는 기가 끊기었다. 시호는 무민(武愍)이다.


## ▲ 김명원(金命元)

김명원의 자는 응순(應順)이요, 호는 주은(酒隱)이며 경주 사람이
니, 대사헌 만균(萬鈞)의 아들이다. 중종 29년(1534)에 태어나 이황의 문
하에서 수학하였다. 활을 잘 쏘았으며 풍채가 좋고 태도가 의젓해서 어
려서부터 장수감이라고 하였다. 명종 13년(1558) 사마시에 합격하여 요
직을 두루 거쳤다.

선조 20년(1587) 우참찬이 되었을 때 왜구가 녹도를 함락하자, 도
순찰사가 되어 이를 물리쳤다. 22년 정여립의 난을 수습하는데 공을 세
워서 평난공신이 되었고 경림군(慶林君)에 봉해졌다.

임진왜란에는 상을 당하였던 중에 다시 복직하여 팔도도원수가 되
었으나 한강 및 임진강 방어에서 중과부적으로 패했다. 선조 33년(1602)
에 우의정이 되었고 좌의정에 이르렀으며 35년에 돌아가니, 나이 예순
아홉이었다. 시호는 충익(忠翼)이다.


## ▲ 장응기(張應祺)

장응기의 자는 경수(景受)요, 연안 사람이다. 선조 16년(1583) 무과
에 올라서 임진왜란 때 배천군수로 있었다. 8월 말 왜장 구로다(黑田長
政)가 도내의 왜군을 모아 대병력으로 연안에 쳐들어오니, 공이 해서초
토사 이정암(李廷馣)과 함께 성을 지키는데 적장 하나가 흰 깃발을 들
고 성을 돌았다. 공이 한 발을 쏘아서 죽이고는 곧 성을 뛰쳐나와서 그
머리를 베니 적들이 고슴도치처럼 우르르 모여들어서 공의 왼쪽 뺨을

찔러서 뺨의 살이 떨어지니, 공이 이를 잡고 심하게 싸워서 수십여 인을 죽였는데 적들이 흩어졌다. 성에 달라붙는 자들을 쏘는데 살이 빗나가는 것이 없었다. 적장 구로다로부터 한나라의 번쾌(樊噲)와 장비(張飛) 같다는 평을 받았다. 공을 세워서 배천군수가 되어 연안별장을 겸하고 군사 500명으로 연안성을 계속 지켰다.

정유재란 때는 창녕현감으로 곽재우의 휘하에 들어가 창녕 화왕산성 방어에 참여하였다. 인조 8년(1630)에 돌아가니, 나이 예순 다섯이었다.

## ▲ 신호(申浩)

신호의 자는 언원(彦源)이요, 평산 사람이니, 선대부터 전라도 고부에 옮겨 살았다. 재주와 힘이 뛰어나서 늘 나무살을 500보까지 쏘았다. 명종 22년(1567) 무과에 올라 내외직을 거치다가 무용이 뛰어나다고 하여 조산보의 만호에 임명되었다.

임진왜란이 일어나기 한 두 해 전에 왜군이 혹시 쳐들어올지 모른다 하여 무장 들 중에서 뛰어난 인물들을 발탁하여 남쪽지방에 배치하였는데 낙안의 군수로 있던 그는 정읍의 이순신, 순천의 권준(權俊), 흥양의 배흥립, 광양의 어영담(魚泳潭) 등과 함께 뽑혔다.

임진왜란이 일어나자, 그 전해에 전라좌수사로 뽑힌 이순신을 도와 견내량, 안골포 등의 싸움에서 큰 공을 세워 통정대부가 되었다. 정유재란 때는 교룡산성수어사로 있다가 남원성이 왜군에 포위되자 이를 구원하러 갔다. 그 때에 공이 동쪽 문으로 나와서 적을 쏘는데 살이 다하자 오히려 칼을 들고서 이리저리 들이치니, 적들이 감히 가까이 하지 못하였다. 스스로 옷을 벗으며 이빨 하나를 뽑아서 사내종에게 주어서 집에 알리게 하고, 마침내 이복남(李福男), 임현(任鉉) 등과 함께 죽었다. 시호는 무장(武壯)이다.

## ▲ 정발(鄭撥)

정발의 자는 자고(子固)요 호는 백운(白雲)이니, 경주 사람이다. 선조 12년(1579) 무과에 올라서 선전관과 현령을 거쳐서 부산진첨절제사가 되었다. 임진왜란에 적이 성을 에워싸고 바짝 들이치니, 공이 낯빛을 변하지 않고 활을 쏘는데 적의 시체가 산과 같았다. 적들이 서로 경계하기를, 검은 옷을 입은 장군에게 가까이 가지 말라 하였는데 대개 공이 검은 핫옷(袍)을 입었기 때문이다. 살이 이미 다하자 옆에서 달아나기를 청하니, 공이 웃으며 말하기를,

"사내가 죽음을 두려워하랴. 내가 마땅히 이 성에서 귀신이 되리라. 가고자 하는 자는 가거라."

하니, 사졸들이 모두 감격하여 울고 더불어 그 성에서 싸우다 죽었다. 시호는 충장(忠壯)이다.

## ▲ 임정식(任廷式)

임정식은 봉사(奉事) 벼슬을 하였다. 타고난 품성이 꾸밈이 없고 곧았으며, 활쏘기와 말타기에 재주가 좋았다. 임진왜란 때 중봉(重峰) 조헌을 따라서 금산 싸움에서 척후병으로 멀리 나가있다가 형세가 급해지자, 말을 박차고 적진으로 돌진하여 죽었다.

## ▲ 홍계남(洪季男)

홍계남은 남양(南陽) 사람이니, 충의위 언수(彦秀)의 아들이다. 배짱과 힘이 뛰어났고 활쏘기와 말타기를 잘하여 금군이 되었다. 선조 23년에 통신사 군관이 되어 황진 등과 더불어 일본에 다녀왔다.

임진왜란이 일어나자, 아버지를 따라서 안성에서 군사를 일으켜 인근 고을을 누비며 여러번 싸워서 다 이겼으며 머리를 벤 것이 아주 많으므로 당상에 올라서 경기조방장이 되었다. 계남이 일이 있어서 다른 진영에 갔는데 아버지 언수(彦秀)가 죽었다. 적이 그 주검을 가져가니, 계남이 급히 돌아와서 단기로 적진에 쳐들어가 크게 부르짖기를,

"네놈들이 우리 아버님을 죽이니, 나도 네놈들에게 죽으리라."

하니, 적이 그 주검을 내던지고 몰려나와서 사면으로 에워쌌다. 계남이 왼팔로 아버지를 잡고 오른팔로 칼을 휘둘러서 적을 감당하니, 적이 감히 조여 치지 못하였다. 돌아와서 아버지 주검을 진중에 모시고 적의 머리를 바쳤다.

아버지를 대신하여 의병의 선두에 서서 높은 곳에 성을 쌓고 적정을 살피면서 곳곳에서 싸웠다. 이듬해 다시 군사를 거느리고 전라, 경상 지역으로 진출하여 이빈(李薲), 선거이, 송대빈(宋大斌) 등과 함께 운봉, 남원, 진주, 구례, 경주 등지로 옮겨 다니며 전공을 세웠다.

## ▲ 류형(柳珩)

류형의 자는 사온(士溫)이요, 진주 사람이다. 명종 21년(1566)에 태어났다. 사람됨이 덩치가 크고 훤칠(魁偉)하여 어려서부터 제멋대로 굴고 남에게 얽매이지 않았다. 말달리기와 칼싸움(擊劍)을 좋아하고 생계

를 돌보지 아니하니, 어머니가 울며 말하기를,

"내가 너 하나 때문에 죽지 못해 사는 것이어늘, 네가 오늘날 이렇게 보잘것없으니, 과연 누굴 믿고 살겠느냐?"

하니, 공이 말하기를,

"걱정 마소서. 사내가 마땅히 큰 공을 떳떳이 세워서 어머니를 잘 모시겠습니다."

하고 드디어 집안을 다스려 재물을 많이 모았다. 또 스승을 찾아서 학문을 배우더니 이윽고 탄식하기를,

"사내가 몸을 드러내어 벼슬하지 아니할 바가 아니나, 재주가 꼭 남의 글을 하는데 힘을 다하리오."

하고는 이에 아침에는 활을 쏘고 저녁이면 글을 읽었다.

선조 25년(1592) 임진에 의병장 김천일을 따라 강화에서 활동하다가, 의주행재소에 가서 선전관이 되었다. 27년(1594) 무과에 뽑혔다. 임금이 일찍이 무신들을 불러서 몸소 활쏘기를 구경하는데 공의 모습(儀表)이 출중한 것을 보고 눈여겨보다가, 한 발에 과녁을 맞히니 임금이 불러서 공의 할아버지와 아버지(父祖)의 이름을 묻고는,

"나랏일에 힘써서 너의 할아버지 이름을 더럽히지 말라."

하며 특별히 말을 내려서 장려하였다. 공이 감읍하여 등에 '진충보국' 네 글자를 검게 물들이고 다녔다.

신설된 훈련도감에서 군사조련에 힘쓰다가 헤남현감으로 나갔는데, 정유재란 때 원균이 패하였다는 말을 듣고 통곡하면서 이순신의 막료가 되어 수군의 재건에 힘썼다. 노량싸움에서 적탄을 맞고 쓰러진 이순신을 대신하여 전투를 지휘한 사실이 왕에게 알려져 부산진첨절제사에 발탁되었다. 여러 관직을 거쳐 인조 7년(1615)에 돌아가니, 나이 쉰이었다. 시호는 충경(忠景)이다.

## ▲ 신정(申霆)

신정은 평산 사람이다. 무예가 뛰어나고 멀리쏘기(遠射)로 온 나라
에 이름이 났다. 선조 25년 임진왜란 때 임진(臨津)에서 전사하였다.

## ▲ 송덕영(宋德榮)

송덕영은 호가 사정(四貞)이니, 연안 사람이다. 선조 26년(1593)
무과에 올라서 만호가 되었다. 인조 2년에 맹산현감이 되었다. 이괄(李
适)이 군사를 일으켰다는 말을 듣고 길마재(鞍峴)까지 쫓아가서 정충
신(鄭忠信), 이희달(李希達) 등과 더불어 죽기를 각오하고 싸우는데, 활
을 쏘면서 앞으로 뛰어나가니 빗나가는 살이 없었으며 적병들이 시위
를 놓자마자 꺼꾸러졌다. 난이 평정되자 그 공으로 연창군(延昌君)을
봉하였다.

정묘호란에 공이 중군으로 병사 남이흥과 함께 안주, 남성(南城)을
지키다가 순국하였다. 시호는 충장(忠壯)이다.

## ▲ 신몽헌(申夢憲)

신몽헌의 자는 여식(汝式)이요, 평산 사람이니, 정(霆)의 아들이다.
어려서부터 옳지 못한 것을 보면 참지 못하였고 말타기와 활쏘기를 잘
했다. 광해군 10년(1618) 나이 열 아홉에 무과에 올랐다. 이름이 알려지
지 않고 천거하여주는 사람이 없어 관직에 나아가지 못하였는데 주사
최정운(崔挺雲)의 발탁으로 무장이 되었다.

광해군 10년(1618)에 명나라가 후금을 토벌하고자 조선에 원병을

요청하자, 광해군은 강홍립을 오도도원수로 삼아서 13,000명을 파견하였다. 이때 공은 우영장 이일원(李一元)의 휘하로 참가하였다. 이듬해 심하 싸움(深河의 役)에서 우미령(牛尾嶺)에 진격하여 적 수천 명을 만났는데 주장(主將)이 크게 놀라서 어찌할 바를 모르니 몽헌이 노하여 말하기를,

"이런 쥐새끼 같은 적들을 보고 이와 같이 어쩔 줄을 모르니 큰 적이면 어찌하리오."

하고 드디어 진에서 말을 박차고 뛰어나가, 10여 인을 쏘아죽이고 머리 셋을 베었다. 공 또한 몸에 살을 맞아서 상처가 심하였으므로 주장이 그 상처를 안타까이 여겨서 뒤에 머물면서 치료하게 하니, 몽헌이 크게 외치기를,

"사내가 싸움터에서 죽는 것은 행복한 것이다. 어찌 뒤로 물러나겠는가?"

하고는 드디어 따라 나가서 전사하였다.


## ▲ 장만(張晩)


장만의 자는 호고(好古)요, 호는 낙서(洛西)이며, 인동 사람이니, 애꾸눈이었다. 힘과 배짱이 뛰어나고 활을 잘 쏘아서 장수의 재주가 엿보였다. 선조 22년(1589) 생원, 진사 양시에 모두 합격하고 여러 벼슬을 두루 거쳤다.

봉산군수로 있을 때는 명나라 군사가 와서 그들에게 급식을 제공하였는데 조금이라도 마음에 차지 않으면 수령들을 결박하고 욕을 보이는 등 행패가 심하였으나 그들을 잘 다스려서 도리어 환심을 샀다. 이러한 일이 조정에 알려져 통정대부에 오르고 동부승지로 승진되었다.

함경도관찰사로 있을 때는 누루하치(奴兒哈赤)가 침입할 것을 경계하여 그 대책을 세울 것을 상소하였고, 광해군 2년에는 동지중추부사로 호지(胡地)의 산천지도를 그려 바쳤다.

공이 공사를 공명정대하게 처리하여 오히려 다른 신하들의 시기를 받게 되어 벼슬을 포기할 각오로 시정을 논하다가 광해군의 노여움을 사자 병을 칭하고 물러났다. 이듬해 인조반정으로 새 왕이 오르자 도원수에 임명되어 원수부를 평양에 두고 후금의 침입에 대비하였다. 옥산부원군에 봉해졌다. 인조 2년(1624)에 이괄의 난을 평정하여 진무훈(振武勳)에 올랐다. 시호는 충정(忠定)이다.

### ▲ 박의(朴義)

박의는 고창현 사람이다. 용기가 있고 말타기와 활쏘기를 잘 했고 무과에 뽑혀서 부장(部將)에 제수되었다. 인조 14년 병자호란에 병마절도사 김준룡(金俊龍)이 일으킨 근왕병(勤王의 師)을 따라서 나섰다. 수원에서 오랑캐를 만나서 광교산에서 크게 싸우는데 적장 양고리(揚古利)를 활로 쏘아죽이니 양고리는 누루하치의 사위로 무훈왕(武勳王)에 봉한 자였다.

### ▲ 능창군(綾昌君)

능창군의 이름은 전(佺)이니, 원종의 셋째 아들이요, 인조의 아우이다. 어려서 배우지 않아도 능히 글을 할 줄 알았으며 또 말타기와 활쏘기를 잘 했다. 그래서 사람들이 입방아를 찧어서 현혹시키기를,

"능창군은 기상이 비범하다."

하고 혹은,

"정원군(定遠君 : 능창군의 아버지)의 집에 왕기가 매우 성하다."

하고 혹은,

"인빈(仁嬪 : 능창군의 어머니 인헌왕후)의 무덤자리가 매우 좋다."

하여서 광해군이 은근히 시기했다.

광해군 7년(1615) 신경희(申景禧)의 추대를 받아 왕이 되고자 한다
는 죄수 소명국(蘇鳴國)의 무고로 광해군은 그를 교동에 감금시켰는데
토인(土人) 고봉생(高封生)을 시켜서 집안에 같이 거주하게 하고 밖에서
늘 석회수로 밥을 지어 들여보내자 고봉생은 날마다 제 밥을 덜어서 주
었다. 어느 날 사람이 들어와 문과 창을 모두 닫고 섶을 쌓아 그 아궁이
에 불을 질렀다. 능창군은 죽음을 모면하지 못할 줄 알고 이에 손수 부
모에게 영결을 고하는 편지를 한 장 써서 몰래 고봉생에게 부쳐 보내고
이내 목매어 죽었다. 그때 나이 열일곱이었다. 인조가 즉위하자 대군으
로 추봉되었다. 시호는 효민(孝愍)이다.


## ▲ 김응하(金應河)


김응하의 자는 경의(景義)요, 안동 사람으로 철원에 살았으니 고려
의 명장 김방경의 후손이다. 키가 여덟 자가 넘고 힘이 아주 좋고 활솜
씨가 뛰어났으며 기색이 훤칠하고 행동거지가 조용하여 거칠고 사나운
무인 기질이 전혀 없었으며 술 여러 말을 마시되 또한 어지러운 지경에
이르지 않았다.

선조 37년(1604) 무과에 올랐다. 처음엔 별로 인정을 받지 못하다
가 평소 공의 재주를 아끼던 호남(湖南) 박승종(朴承宗)이 병조판서가
되자 비로소 선전관이 되었으나 이듬해 여러 사람의 질시를 받아서 파

직 당했다. 광해군 원년(1608) 박승종이 전라관찰사로 나가자 다시 기용되어 비장이 되었다. 그 때 나라에 근심스러운 일(國恤)을 당하였으므로 주장이 관내에 명을 내려 술과 계집을 가까이 하지 못하게 하였는데, 휘하의 사람들이 몸소 그 영을 지키는 자가 드문데 장군이 홀로 자신을 다스리기 근엄하여 낮에는 활을 쏘고 밤에는 병서를 읽었다.

광해군 2년(1610)에 다시 선전관에 임명되었으며 영의정 이항복의 천거로 경원판관으로 뽑힌 뒤 삼수군수(三守郡守), 북우후(北虞侯)를 거쳤다. 광해군 10년(1618) 명나라가 후금을 칠 때 조선에 원병을 청해오자, 부원수 김경서 휘하에서 좌영장으로 있다가 이듬해 2월 도원수 강홍립을 따라 압록강을 건넜다. 심하의 싸움에 좌영병을 거느리고 혼자적을 맞아서 힘써 싸웠으나 병사가 적고 형세가 어려워 군사들이 능히 따르지 못하였다. 장군도 말을 잃고 큰 버드나무 밑으로 걸어 나와 쏘아 죽인 자가 많으니, 오랑캐 병사들이 담장과 수풀처럼 벌여 있으되 장군이 선 곳에서 백보 안으로는 텅 비어 있었다. 살이 다 떨어지자 적병들이 몰려들었고 장군은 죽었다. 그때가 광해군 11년(1619)이었다.

이듬해 명나라 신종은 그가 장렬하게 죽은 것을 보답하려고 특별히 조서를 내려 요동백(遼東伯)에 봉했으며 처자에게는 백금을 하사하였다. 조정에서도 공의 죽음을 가상히 여겨 영의정을 추증하였다. 시호는 충무(忠武)이다.

### ▲ 장린(張遴)

장린은 자가 군택(君擇)이요, 장연 사람이다. 힘과 배짱이 좋고 활솜씨가 뛰어나서 능히 천자강궁을 당겼는데 쏘면 맞지 않는 것이 없었다.

정묘호란 때 용천의 수비가 허술해서 부사 이희건은 성을 버리고 적과 싸우다 죽고자 하였다. 맏형 흘(仡)과 함께 성을 사수하자고 하였으나 받아들여지지 않자, 친척과 의병 900여 명을 모아서 집을 지켰다. 청나라가 대군을 이끌고 와서 열 겹으로 포위하고 항복할 것을 외치며 공격하였다. 이때 그의 종형 우(遇)가 의병 수백 명을 데리고 와서 합세하니, 청나라 군사들이 감히 침범하지 못하고 물러갔다.

공이 의병을 이끌고 도농도(都農島)로 들어가 지키다가 명나라 도독 모문룡이 보내준 배로 대계도(大界島)에 가서 의병장 정봉수와 합세하였다. 모문룡은 이들을 위로하고 명나라에 이를 알렸다. 의병장들이 공의 공적을 조정에 알리려 하였으나 이를 사양하고, 이립(李立)을 주장이라고 하여 이립의 장계를 들고 몸소 비변사에 알렸다. 인조는 그를 불러 싸움하던 일을 자세히 듣고 그 절의를 가상히 여겨 중부주부(中部主簿)를 제수하고 추파(楸坡)의 만호직을 주었다.

효종이 심양에 볼모로 갈 때(瀋邸行) 따라간 장사군관 여덟 요원(壯士軍官八員)에 뽑히니, 세상에서 칭찬하는 여덟 장사가 이것이다. 효종이 위에 오른 뒤에 특별히 별군직을 마련해서 여덟 사람을 임명해서 늘 가까이 두었다.

효종 4년(1653)에는 고산리(高山里) 첨사(僉使)가 되었을 때는 큰 범 세 마리를 잡아서 강계 지역의 호환을 근절시켜서 효종의 특명으로 당상관에 올랐다.

## ▲ 서유대(徐有大)

서유대는 자가 자겸(子謙)이요, 달성 사람이다. 영조 8년(1732)에 태어났으며, 콧마루가 두툼하고 입이 커서(豊準闊口) 생김(顧眄)이 듬직

했다. 나이 스물 다섯에 무용(武力)이 좋아서 음관으로 특별히 천거되니 임금이 불러 보고 활쏘기를 명하였다. 공이 처음에 깍지와 팔찌(決拾)에 익숙지 못하였으나 큰 각궁(大角弓)을 당겨서 여섯 냥짜리 쇠살(六兩鐵箭)을 먹여 선 채로 쏘는데 백보를 더 나가니 보는 이마다 장하게 여겼다. 무과에 올랐으며 오영(五營)의 대장을 두루 거치고 벼슬이 한성판윤에 이르렀다.

체격이 크고 성품이 너그러워서 군졸의 원성을 산 바가 없어서 당시 사람들은 그를 복장(福將)이라 불렀으며, 글씨에도 능하여 대자(大字)를 잘 썼다. 순조 2년(1802)에 돌아가니 나이 일흔 하나였다. 시호는 무익(武翼)이다.

### ▲ 안득붕(安得鵬)

안득붕은 김해(金海)에서 대대로 살았다. 글을 잘 하고 활을 잘 쏘아서 정조 때 승지가 되었다. 활을 배웠는데 눈이 새벽별과 같아서 칠흑 같은 밤에 과녁을 쏘아도 맞지 않는 것이 없으니, 매일 밤에 짚신을 백보 밖에 걸어놓고 쏘면 다섯 발이 짚신에 모였다. 그가 습사하던 곳을 사장고개(射場峴 : 金海郡 晴川里에 있음)라고 하는데 지금까지 전한다. 또한 필법이 보기 좋아서 궁중 시녀(女官)들이 널리 쓰는 국문(國文)의 글씨체(속칭 宮體)도 공의 손에서 나온 것이라고 한다.

### ▲ 노지사(盧知事)

노지사의 이름은 전하지 않고 다만 직책 이름으로 전한다. 활을 잘 쏘았으며 후세 사람들이 그가 습사하던 곳에 사정(射亭)을 세우니, 이것이 노지사정(盧知事亭)이다. 인조 때 사람이라고 전하나 자세하지 않다. 모악고개(母嶽峴) 밑에서 살았으며 날마다 경리 양호(임진왜란 때 원군으로 온 명나라의 경리)의 빗집 뒤(碑閣後原)에 올라가서 과녁을 쏘니 정을 세운 곳이다.

못쓰게 된 촉을 집에 쌓아둔 것이 두 말이요, 연전하러 다니는 길 가운데에 작은 언덕이 솟아 있었는데 하도 많이 다녀서 저절로 패이면서 길이 뚫렸으니, 활쏘기 연습을 도대체 몇 해나 했으며, 또 거기 들인 공이 얼마나 많았던가를 알 수 있다. 늘 이로써 활 배우는 자의 묘한 방책이라고 하여 묻는 자에게 보이기를 좋아하였다.

## ▲ 최길진(崔吉鎭)

최길진은 철종 때 사람이다. 활을 잘 쏘아서 늘 삼순(三巡)에 열 네 발을 연이어 맞추고 마지막 살은 일부러 과녁 앞에 떨어뜨렸다. 많이(長巡) 내면 마흔 여덟, 아홉 발은 과녁의 중심(鵠)을 벗어나지 아니하되 살 한 두 대는 맞추지 않는 것이 늘 하던 버릇이라, 여섯 도(六道 : 함경, 평안 양도 외)의 활쏘기 시합에서 마흔 발을 연이어 맞추어서 으뜸이 되었다. 집안이 넉넉하여 남에게 베풀기를 좋아하였으며, 활 만드는 사람(弓人)과 살 만드는 사람(矢人)을 집에 데려다가 좋은 재료로 좋은 활과 좋은 살을 만들어서 동무와 후학들에게 쓰도록 주었다.

## ▲ 권대규(權大奎)

권대규는 의성에 대대로 살았으며 철종 때 사람이다. 활솜씨가 뛰어났으며 특별한 재주가 있으니, 여러 사람들과 쏘는데 남의 살이 뚫지 못하고 베과녁에 걸리면 쏘아서 그 살을 쪼개는데 한 대를 놓치지 않았다. 비록 열 개, 백 개에 이르러도 매번 이와 같이 하니 반드시 쪼개는 재주는 남들의 감동을 사 세상 사람들이 귀신같은 활솜씨(神射)라고 칭찬하였다.

## ▲ 배익환(裵益煥)

배익환은 울산군 사람이다. 경상좌도 병영에 속했으며 활을 잘 쏘아서 철종 때에 병사가 관직을 놓고 돌아가는데 그 뛰어난 재주를 아껴서 조정에 천거하여 경영군관이 되었고 무과에 뽑혔다.

늘 활을 잘 쏘아서 땅에 떨어지는 것이 없었고 과녁을 많이 상하니, 같이 쏘는 한량들이 속으로 원망하였다. 익환이 이에 말하기를,

"초시부터 오시까지 낱낱이 주워주면 과녁을 다시는 상하지 않게 하리라."

하고 청하니, 한량들이 그 뜻을 잘 알지 못하면서도 예 예 하고 대답하였다. 이에 익환이 초시를 쏘아서 과녁의 중앙(鵠) 아랫부분 한 가운데를 관통하고는 살 줍기를 청하고 또 쏘니 살이 앞 살이 뚫어놓은 구멍에 꽂혀서 온종일 이와 같이 하고 과녁의 다른 부분은 상하지 않았다.

대개 익환이 나이 스물에 비로소 활쏘기를 배웠는데 활쏘기를 배우는 날에 과녁을 오십 간(間) 밖에 놓고서 활을 가득 당긴 힘으로 쏘아서 매 보름 뒤에는 한 간(間)을 뒤로 옮겨서 쏘았는데 5년을 그렇게 해서 120보에 이르렀으며 일만 오천 순으로 기약하고 비 오고 눈 오는 이외에는 매일 80순을 쏘아서 200일에 비로소 마쳤으며, 활을 배운 날부터 과녁을 쏘아서 살이 땅에 떨어지지 아니한 까닭에 과녁이 120보 밖에 옮겼으나 그 재주가 또한 똑같아서 과녁을 맞히는 것(審)이 비록 멀

리하나 가까운 것과 같아서 마침내 터럭 하나의 차이도 없었으며, 세상의 활 배우는 사람들이 가까이 쏘는 법을 시행하지 않음을 탄식하고 애석하게 여겼다. 세상 사람들이 그를 배오중(裵五中)이라고 불렀다.

## ▲ 안택순(安宅舜)

안택순은 서울에 대대로 사니, 고종 때 사람이다. 활을 잘 쏘아서 늘 한 획(劃) 50시의 시수(矢數)를 쏘았으며 술을 좋아하여 취하지 않은 날이 없었다. 엉망진창으로 취하여 정신까지 오락가락하여 술기운을 이기지 못하나 활을 잡고 정에 올라서 시위를 당기고 만개할 때에도 혼미한 모양이 몸이 바람에 흔들리는 나무와 같은데, 바야흐로 살을 떠나보낼 때는 눈을 번쩍 뜨고 정신을 차려서 살을 날리면 빗나가는 것이 없는 모양이 평상시와 같았다.

## ▲ 박인회(朴寅會)

박인회는 고종 때 사람이며 서울에서 대대로 살았다. 활을 잘 쏘아서 남의 살을 쓰는데 다만 그 가볍고 무거움을 들으면 그 차이가 크게 다르다고 해도 살고가 똑같아서 조금의 변화도 없이 낱낱이 관중하였다. 또한 50시 시수를 쏨으로써 세상에 이름을 알렸다.

## ▲ 한문교(韓文敎)

한문교는 서울 사람이니, 고종 때의 명궁이다. 궁력이 강하여 늘 한냥닷 전(一兩五錢)의 살을 쏘았다. 활을 손수 만드는데 재료를 뽑고

법을 모방하는 것이 지극히 정교하고 빈틈이 없어 일세의 양궁(良弓)이 되었다.

### ▲ 양기환(楊基煥)

양기환은 고종 때 사람이니, 서울에 살았다. 활을 배울 적에 집 뒷산 기슭에 살받이 두 개를 마주 놓고서 몸소 쏜 살을 주우면서(揀箭) 맛터질(양쪽으로 혼자 오가면서 쏘는 것)하여 날마다 백 순을 정하고 백일을 계속해서 만 순을 마치니 쏘면 맞지 않는 것이 없었다.

### ▲ 김학원(金學源)

김학원은 양기환과 이웃이다. 기환과 함께 아침저녁으로 더불어 활을 쏘아서 활 잘 쏜다는 이름이 났다.

### ▲ 정행렬(鄭行烈)

정행렬은 고종 때 사람으로, 대대로 서울에 살았다. 문장을 잘 하고 활을 잘 쏘았으며 궁시를 평가하는 것이 귀신같아서 그 평을 한 번 들으면 이름(聲價)이 배나 높아졌다. 고종 갑자에 활을 잡아서 후학을 많이 길렀다. 순종 갑자에 나이 80이었지만 궁력이 오히려 세었으며 활 쏘기 시작한 지 60년이 되었으므로 함께 쏜 한량들이 황학정에서 잔치를 벌여 축하하니 활터 풍속에 이를 '집궁회갑'이라고 한다.

이 책이 처음 나온 1996년에는 활쏘기 자료가 없었습니다. 단행본이라고는 『조선의 궁술』뿐이었습니다. 그런데 17년이 지난 지금에는 자료가 너무 많아졌습니다. 이 책을 시작으로 단행본으로 수많은 책이 나왔습니다. 그리고 인터넷이 활성화되면서 10여 년 전과는 상황이 많이 달라졌습니다.

이렇게 자료가 많아지면 좋아야 하는데, 사실은 그 반대가 되었습니다. 자료가 너무 많다 보니 도대체 어떤 것이 중요한 자료이고 어떤 것이 허접한 자료인지 알 수 없게 된 것입니다. 더욱이 인터넷을 통해서 떠도는 자료들은 출전이나 근거를 밝히지 않는 것들이 대부분이어서 혼란을 가중시킵니다. 이미 알 만큼 아는 사람들은 그런 자료를 골라 볼 능력이 있지만, 활에 처음 접한 사람들로서는 정말 고역입니다.

그래서 여기서는 모든 자료를 소개하기보다는 활을 이해하려는 분들에게 가장 필요한 책들을 소개할까 합니다. 특히 자료 접근성이 좋아야만 하는 것이어서 도서관이나 서점에서 쉽게 구할 수 있는 자료(2012년 기준)를 중심으로 소개하겠습니다.

① 대한궁도협회, 『한국의 궁도』, 대한궁도협회, 1986

② 정진명, 『한국의 활쏘기』, 학민사, 1999

③ 정진명, 『이야기 활 풍속사』, 학민사, 2000

④ 김집, 『국궁교본』, 황학정, 2005

⑤ 이건호, 『과녁 너머에 무엇이 있나?』, 북인, 2007

⑥ 정진명, 『활쏘기의 나침반』, 학민사, 2010

①은 대한궁도협회에서 낸 책입니다. 대한궁도협회의 공식 교과서라고 보면 될 듯합니다. 1929년 조선궁술연구회에서 낸 『조선의 궁술』을 요즘에 맞게 고친 것입니다. 옛책을 고치는 과정에서 살을 붙일 것은 붙이고 버릴 것은 버렸는데, 자세한 점은 있지만 아쉬운 점 또한 없지 않습니다. 예를 들면 역대의 명궁들을 빼버린 것 등이 그렇습니다. 『조선의 궁술』은 일제 강점기 때 당시의 한량들이 위기에 처한 우리의 활쏘기를 지키려고 만든 책입니다. 한국의 활쏘기에 관해서는 기준으로 삼아야 할 책입니다.

『조선의 궁술』이 나온 후로 한국 사회는 큰 변화를 겪었습니다. 이 변화는 활터에도 밀려들었고, 그 결과 활쏘기도 많이 달라졌습니다. 달라진 풍속을 정리하는 것은 물론 옛 자료까지 샅샅이 뒤져서 우리 활의 모든 것을 한 눈에 볼 수 있도록 정리한 책이 ②입니다. 1929년과 1999년 사이에는 70년이라는 세월이 놓여 있습니다. 그 사이 변한 활터 풍속을 밝히려고 해방 전후에 집궁한 구사들을 만나서 채록 정리한 책이 ③입니다. ②의 근거가 되는 내용들이 담겼습니다.

④는 황학정에서 낸 책입니다. 황학정에서 운영하는 국궁교실에서 쓸 목적으로 기획하여 만든 책입니다. 활을 쏘는 사람들이 참고하기에 좋은 책입니다.

⑤는 활쏘기를 한 사람의 체험기입니다. 활쏘기에 대한 개념이나

주장이 아니라 활터에서 생활하며 보고 느낀 것을 담담하게 써서 활이 우리 삶에 어떤 영향을 끼치며 어떤 마음가짐으로 활을 쏘아야 하는가 하는 것을 생각하게 하는 책입니다.

⑥은 전통 활쏘기의 비밀을 밝히려고 한 책입니다. 활터에는 우리의 상식과는 잘 안 맞는 금언이나 글귀들이 많이 전해옵니다. 그런데 그런 것들이 굉장히 깊은 세계에 뿌리내리고 있다는 것을 활을 쏘는 당사자들도 잘 모릅니다. 그래서 여러 가지 체험을 바탕으로 우리 활이 지닌 비밀을 드러내려고 한 책입니다. 특히 단전호흡과 기의 차원에서 활쏘기를 보는 시각은 이 책이 처음입니다.

이밖에도 활 공부에 필요한 책들을 조금 더 간추려보면 다음과 같습니다.

국궁문화연구회, 『한국사정의 역사와 문화』, 국궁문화연구회, 2004

국립민속박물관, 『조선시대 대사례와 향사례』, 국립민속박물관, 2010

김은신, 『명궁백선』, 백중당, 2005

김일환, 『궁시장』, 화산문화, 2002

김집, 『황학정백년사』, 황학정, 2001

김해성, 『사경』, 자유문고, 1999

김형국, 『활을 쏘다』, 효형출판, 2006

김호, 『활이 바꾼 세계사』, 가람기획, 2002

나영일, 『우리 활터 석호정』, 서울대학교출판문화원, 2012

민경길, 『조선과 중국의 궁술』, 이담북스, 2010

박계숙 박취문, 『부북일기』, 우인수 역, 울산박물관, 2012

박병연 편, 『전주 천양정사』, 도서출판 탐진, 1995

사법비전연구회, 『평양 감영의 활쏘기 비법』, 푸른나라, 1999

세계민족궁대회 조직위원회, 『세계 전통 활쏘기의 현황과 과제』, 국궁문화연구회, 2007

유영기 · 유세현, 『세계 전통 활 화살 어제와 오늘』, 영집궁시박물관, 2008

─────────, 『우리나라의 궁도』, 화성문화사, 1991

육군박물관, 『학예지 제7집(국궁 문화 특집)』, 육군박물관, 2000

─────, 『학예지 제18집』, 육군박물관, 2012

─────, 『한국의 활과 화살』, 육군박물관, 1994

이석희 외, 『국궁논문집 제1~7집』, 온깍지궁사회, 2001~2009

정진명 편, 『전통 활쏘기』, 온깍지활쏘기학교, 2012

─────, 『활에게 길을 묻다』, 고두미, 2005

지철훈, 『궁도개론』, 출판사 미상, 1978

편찬위원회, 『경남궁도사』, 경남궁도협회, 1999

─────, 『경북궁도사』, 경북궁도협회, 2003

─────, 『충북국궁사』, 충북궁도협회, 1997


활을 잘 알려면 그것을 만들고 쓴 사람들을 알아야 하고, 그 사람들을 잘 알려면 먼저 그들이 무슨 생각을 하고 살았는지 알아야 하며, 그들의 생각을 잘 알려면 그들이 세운 나라를 잘 알아야 합니다. 나라는 그 겨레의 생각이 현실화되어서 나타난 것이기 때문입니다. 따라서 각궁의 주인이 고구려인들로 밝혀진 이상, 각궁을 제대로 알려면 그들이 활로 세운 고구려라는 나라를 먼저 알아야 합니다. 고구려를 아는 데 필요한 책은 대체로 다음과 같습니다.

『삼국사기』

『二十五史抄(상중하)』단국대학교출판부, 1977

이규보, 『동명왕편』, 박두포 역, 을유문화사, 1974

고구려연구재단, 『고구려 문명 기행』, 고구려연구재단, 2005

─────────, 『다시보는 고구려사』, 고구려연구재단, 2004

김병모, 『한국인의 발자취』, 정음사, 1986

노태돈, 『고구려사 연구』, 사계절, 1999

룩 콴텐, 『유목민족제국사』, 송기중 역, 민음사, 1984

박시인, 『알타이 인문 연구』, 서울대학교출판부, 1986

사회과학원, 『고구려 문화사』, 논장, 1988

신채호, 『조선상고사』, 문공사, 1982

윤내현, 『한국고대사신론』, 일지사, 1986

───, 『고조선 연구』, 1989

───, 『고조선 연구』, 일지사, 1995

이기백 편, 『한국사시민강좌 제2집』, 일조각, 1988

이 옥, 『고구려 민족형성과 사회』, 교보문고, 1984

이은봉, 『단군신화의 연구』, 온누리, 1986

이지린, 『고조선 연구』, 열사람, 1989

이지린, 강인숙, 『고구려 역사』, 논장, 1988

이형구 편, 『단군을 찾아서』, 1994

이형구, 박노희, 『광개토왕릉비 신연구』, 동화출판공사, 1986

천관우 편, 『한국 상고사의 쟁점』, 일조각, 1975

우리들의 얼을 올바르게 아는데 가장 중요한 것은 우리말의 뿌리
를 아는 것입니다. 이것은 활의 이름을 아는 데도 중요합니다. 그런데

활의 부분 명칭이 지닌 말의 뿌리에 대해서 밝힌 글은 아직 보지 못했습니다. 그래서 이 책에서는 제가 아는 지식을 중심으로 풀어보았습니다. 우리말의 어원을 밝히는데 필요한 책들은 다음과 같습니다.

『삼국유사』
『계림유사』
『천자문』(영인본), 단국대학교출판부, 1971
『훈몽자회』(영인본), 단국대학교출판부, 1973
강길운, 『고대사의 비교 언어학적 연구』, 새문사, 1990.
━━━, 『한국어계통론 상』, 형설출판사, 1988
━━━, 『한국어계통론 하』, 형설출판사, 1992
서정범, 『우리말의 뿌리』, 고려원, 1996
양주동, 『증정 고가연구』, 일조각, 1965
이기문, 『국어사 개설』, 탑출판사, 1972
이남덕, 『한국어 어원연구』, 이화여자대학교출판부, 1987
이병선, 『한국고대국명지명연구』, 아세아문화사, 1988
정호완, 『우리말의 상상력』, 정신세계사, 4324(1991)
최창렬, 『우리말 어원연구』, 일지사, 1986
허  웅, 『용비어천가』, 정음사, 1982

그리고 활을 좀 더 잘 아는 데 필요한 기타 자료는 다음과 같습니다. 활을 이해하는 데는 동양문화 전반을 알아야 하는데, 그런 상식과 더불어 활쏘기가 내가권 무술의 원리로 이루어졌다는 것을 이해하는 일이 중요합니다. 활을 제대로 보는 안목을 갖추고 내면의 원리를 이해하는 데 필요한 배경지식을 주는 책들입니다.

『고려사』(영인본), 아세아문화사, 1983

『연려실기술(고전국역총서)』

『만기요람(고전국역총서)』

권근, 『입학도설』, 권덕주 역, 을유문화사, 1990

강명관, 『조선의 뒷골목 풍경』, 푸른역사, 2003

고영, 『무경사학정종』, 민경길 역, 한국학술정보, 2010

권오길, 『인체기행』, 지성사, 2000.

김남수, 『침뜸의학개론』, 정통침뜸연구소, 2002

김홍경, 『동양의학혁명』, 신농백초, 2009

김홍경 편역, 『음양오행설의 연구』, 신지서원, 1993

남회근, 『주역강의』, 신원봉 역, 문예출판사, 2005

료명춘 · 강학위 · 양위현, 『주역철학사』, 심경호 역, 예문서원,
   1994

박영호, 『다석사상으로 본 불교 반야심경』, 두레, 2001

박희선, 『생활참선』, 정신세계사, 4326

뱅크로프트, 『선-실재를 직접 가리키는 것』, 박규태 역, 평단문화
   사, 1986

서산, 『선가귀감』, 법정 역, 불일, 1993

신원봉, 『인문으로 읽는 주역』, 부키, 2009.

어윤형 · 전창선, 『음양오행으로 가는 길』, 세기, 1998

오이겐 헤리겔, 『활쏘기의 선』, 정창호 역, 삼우반, 2004

유홍준, 『나의 문화유산 답사기』, 창작과비평사, 1993

이찬 편저, 『태극권경』, 하남출판사, 2003

이훈종, 『민족생활어사전』, 한길사, 1995

이훈종, 『국학도감』, 일조각, 1970

이희익, 『무문관』, 경서원, 1989

일리인, 『인간의 역사』, 이순권 역, 범우사, 2002

정진명, 『우리 침뜸 이야기』, 학민사, 2009

──, 『우리 침뜸의 원리와 응용』, 학민사, 2011

정태혁, 『명상의 세계』, 정신세계사, 4324

조헌영, 『한방 이야기』, 윤구병 역, 학원사, 1987

존 우, 『선의 황금시대』, 김연수 역, 한문화, 2006

차문섭, 『조선시대 군제 연구』, 단대출판부, 1995

최효식, 『조선후기 군제사 연구』, 신서원, 1995

한동석, 『우주 변화의 원리』, 대원출판, 2008

후외려 외, 『송명이학사』, 박완식 역, 이론과실천, 1993

한규성, 『역학원리강화』, 동방문화, 1993

허인욱, 『옛 그림에서 만난 우리 무예 풍속사』, 푸른역사, 2005

허임, 『침구경험방』, 강상숙 외 역, 허임기념사업회, 2006